協合財經法律叢書

變革中的金融科技法制

谷湘儀、臧正運 編審

五南圖書出版公司 印行

FinTech

推薦序一

金融科技用科技把金融創新推向新境界，而法制變革的速度將決定誰是贏家！

金融科技之發展除了技術與商業模式之創新外，更需仰賴監理法規及時的調整與開放，台灣目前非常需要更多的金融科技發展論述與法制改革探討。有鑑於此，協合國際法律事務所精心規劃出版《變革中的金融科技法制》。本書由長期致力於金融新創領域且有豐富實務經驗的兩位專家，協合國際法律事務所谷湘儀律師以及政治大學金融科技監理創新實驗室臧正運執行長共同編審。本書透過專業法律思維探討金融科技監理與法制變革，理論與實務兼具，內容豐富精彩具國際觀，更融入剖析台灣金融科技發展許多重面向，是目前台灣探討金融科技法規開放與法制建立非常需要的專業書籍。

本書從金融科技對現行法規之挑戰出發，針對全球金融科技最新、最重要的發展趨勢做了全面的介紹，探討監理科技、監理沙盒、資安風險、數位認證、區塊鏈與加密資產、電子支付與跨境匯款、P2P網路借貸、機器人理財、純網銀以及開放銀行等議題之機會與挑戰，並納入台灣金融科技實務最新發展各面向所涉及到的重要法律及監理問題，內容深入淺出，讓讀者在最短的時間內了解許多先進國家在金融科技發展的成功經驗，相信讀者在研讀後一定能從此書中得到許多金融科技的新知識與寶貴經驗。

相較於國際金融科技市場之發展，台灣金融科技產業必須戮力急起直追，尤其在法制的變革上更是重要。政府除了需盡快研提相關政策與修法外，也應引進國際監理科技之發展技術與經驗，改變監理思維，才能真正做到強化金融科技之監理效能，協助產業創新發展。本書絕對是一本金融科技產業參與者不能錯過的好書，非常適合希望了解金融科技發展與監理的相關專業人員、教師、學生以

及讀者們閱讀。台灣非常需要培育更多金融科技人才，因此我要特別推薦本書，希望本書能協助宣導正確的金融科技新知與國際觀，為台灣的金融科技法制教育做出最實質的回饋與貢獻。我也非常期望金融科技這股破壞性創新的力量，可以在台灣轉變成為正能量，為台灣創造出新的產值與就業機會，提升金融業之發展量能，並帶動我國整體產業的經濟成長。

前金管會主委／國立政治大學金融科技研究中心主任

王儷玲

推薦序二

　　很榮幸能為協合國際法律事務所、谷湘儀律師及臧正運教授的新書寫推薦序，過去我在金管會副主委任內，就經常向臧老師請益，如今我在國發會任職，也接觸到更多金融以外的新科技應用，因此也常在各種研討會或公聽會場合上遇到這二位學者，在此首先要肯定這二位學者過去幾年投入在金融科技理論與實際案例研究上的心血，並獻上最高的敬意。出書本來就不是一件容易的事，出版一本專業書籍並獲得社會肯定更是一件高難度的事情，作者兩年前出版了《金融科技發展與法律》一書，成為台灣各界想要了解金融科技的聖經寶典之一。經過二刷及再版的熱銷之後，如今作者深感各項金融科技議題的快速發展與演進，原先的版本已無法跟上當前議題，於是孜孜矻矻，在很短的時間內，就出版了這本《變革中的金融科技法制》，涵蓋的領域與議題也更為廣泛，相信讀者讀了之後一定會對金融科技議題的掌握更為確實。

　　看看這幾年台灣在金融科技議題上的討論，從早先什麼是金融科技，金融科技帶來的各項破壞性創新應用，以及金融監理沙盒實驗的場域驗證，一直到相關法規的修訂與風險控管探討，可以知道台灣在金融科技的發展上，政策上或許有些人認為仍不夠積極開放，但整體發展仍與許多先進國家並駕齊驅。近來在創新應用方面產生許多令人驚艷的發展，例如虛擬通貨的應用從ICO（Initial Coin Offering）轉向為STO（Security Token Offering），避免社會各界持續將焦點關注在各種虛擬通貨本身的價格變化與投機行為，並重新將思維引導到如何利用虛擬通貨的加密技術協助新創企業獲得投資人的信賴而給予資金支持，主管機關金管會也適時宣布STO的初步規範，相信不久將來STO將為群募（crowd funding）帶來新的動能與發展。

　　另外一個重要發展是開放銀行（Open Banking）的議題，金

融機構在取得客戶同意授權前提下，透過應用程式介面（Application Programming Interface, API）的數位科技，將客戶資料分享給第三方服務提供者（Third-Party Service Providers, TSPs），客戶藉由第三方服務提供者所提供的創新服務，可獲得更完整的金融資訊，或取得更多元的金融商品或服務選擇。在這個過程中，銀行應先建立通用的應用程式介面，讓客戶可以將自己的資料帶著走，同時需要克服開放資料範圍與標準、開放應用程式介面、第三方服務提供者管理方式、客戶資料所有權、資訊安全標準及爭議處理機制等議題。過去在台灣誰可以使用聯徵中心的資料一直以來都是一個熱烈討論的議題，我們也欣然看到金管會以負責任的態度，在確保資安、個資、消費者保護，以及創新及對等資訊提供之下，願意有條件讓相關金融服務業者可以查詢聯徵中心的資料。

　　第三個趨勢是電子支付的蓬勃發展與純網路銀行的開放，金管會將《電子支付機構管理條例》及《電子票證發行管理條例》合併成《電子支付法》，消費者不同帳戶餘額將可以在不同電支平台間互轉，例如「街口支付」儲值金可轉到「LINE Pay一卡通」帳戶，概念類似不同銀行的跨行轉帳，同時也擴大電支使用範圍，例如用電支繳納保險費，未來民眾可以掃描保費帳單上提供之QR code，就完成繳費程序。再者，今年中金管會將揭曉兩家純網路銀行，相信將為銀行業帶來鯰魚效應，凡此種種皆驗證台灣這幾年來金融科技的蓬勃發展。然而，我們相信金融科技的進展不會僅止於此，而將呈現加速躍進情況，因此作者在出版完本書之後，應該不會休息太久，很快又要針對未來許多重要課題如消費者的資料權、數位稅等發表他們的研究成果，讓我們拭目以待，在此之前先衷心向讀者推薦本書，相信你一定會喜歡並收穫滿滿。

前金管會副主委／國家發展委員會副主委

鄭貞茂

2019年5月13日

金融科技法律二部曲——
《變革中的金融科技法制》

2016年起本所十餘位專業又熱誠的年輕律師在谷湘儀合夥律師的率領下組成了FINTECH小組，並於2017年將我們研究的成果推出金融科技法律專書《金融科技發展與法律》，介紹及比較國際上發展中的金融科技創新與法制，成為坊間第一本完整討論金融科技法制的專書，2018年並再依新發展推出增訂版。書籍發行後，受到金融科技領域廣大的迴響，法律書籍竟罕見地再版印刷。

隨著金融科技在國內的落地以及國際市場進一步的發展，業者及監理機關必須面對全新的法制調適與監理挑戰。有鑑於此，我們認為必須速迅推出金融科技法律的第二部著作以掌握最新發展，《變革中的金融科技法制》一書於是誕生。

本書的主題包含「我國金融科技創新實驗的運作現況」、「監理科技的國際發展對我國的啟示」、「數位身分對金融科技深化的影響」、「加密資產與籌資法制的對話與展望」、「跨境支付與匯款的最新發展與法制議題」、「P2P網路借貸與新型態理財服務的最新法制進展」、「我國發展純網路銀行的機會與挑戰」，以及「Open Banking浪潮的關鍵法制議題」等，分析各界關心的最新議題，期待能為產官學界搭建相關監理法規制度的對話基礎，也是本所對相關國內法制發展貢獻心力的再次嘗試。

最後，本書能順利完成特別要感謝政大法學院臧正運老師及資訊領域專家陳奕甫先生共同參與撰擬及指導，也要感謝本所FINTECH律師群在忙碌的工作之餘擠出時間完成這本金融科技法律二部曲——《變革中的金融科技法制》，我們竭誠歡迎各界指教。

協合國際法律事務所

林進富所長

作者簡介

谷湘儀律師

協合國際法律事務所合夥律師／專精於金融、信託、證券化、資產管理
等財經領域，國內多件監理沙盒案件委任律師

《金融科技發展與法律》編審及合著

曾受金融相關公會及機構委託，進行二十餘件研究計畫，包括：「自動
化工具執行資產配置及再平衡交易適用法規分析及法規修正建議」、
「有價證券帳簿劃撥設質相關作業採電子化方式辦理之探討」、「機
器人投資顧問（Robo-Advisor）國外實務及相關法令與管理措施之研
究」、「修正現行基金適合度評估規範以符合投資組合銷售模式之探
討」及「研議不動產證券化條例修正草案」等

臧正運博士

美國杜克大學法學博士，現任國立政治大學法學院助理教授、金融科技
研究中心金融科技監理創新實驗室執行長、公司治理法律研究中心研究
員／曾任澳洲新南威爾斯大學法學院研究員（數位金融監理團隊及「法
律、市場與監管中心」成員）及協合國際法律事務所律師

研究方向為國際金融法、金融監理的理論創新與策略選擇，目前聚
焦於金融科技監理、監理沙盒、監理科技、區塊鏈、密碼資產與虛

擬通貨、開放銀行等新興金融法議題的研究。其著作曾於Capital Markets Law Journal, Banking & Finance Law Review, Review of Banking and Financial Law, UNSW Law Journal及The University of Pennsylvania Journal of Business Law等國際法學期刊發表，並編審與合著《金融科技發展與法律》一書。目前於政大開設「金融科技法制與監理」、「國際金融治理」及「財經法理論與實務」等課程

陳奕甫

具企業評價資格之美國註冊會計師（CPA/ABV）／於顧問業負責加密資產、雲端運算等新興科技治理、風險與合規之整合性諮詢，並於銘傳大學金融科技學院兼任講師／曾任職金融監督管理委員會銀行局，代表我國參加ISDA年會及跨國銀行監理官聯繫會議

廖婉君律師

協合國際法律事務所合夥律師／專精於跨國投資及企業併購、證券金融法規、資本市場、創投業、商業不動產交易及旅館經營實務、銀行聯貸、共享經濟及新創事業等相關法律領域

協合國際法律事務所律師群

詳各篇內文

目　錄

第一篇

總　論

FinTech

導論——
迎接金融科技發展之法律挑戰

谷湘儀

一、全球FinTech發展趨勢

（一）金融海嘯帶來革新與反思

2008年全球性金融海嘯及其後的歐債危機，席捲各國金融產業，系統性的風險讓原本看似牢不可破的傳統金融體系一夕之間近乎崩盤，數百萬人因此失業，各國政府挽救傳統金融機構犯下的錯誤並進行檢討之時，推動金融革新的思潮興起，結合金融（Finance）與科技（Technology）兩項元素之FinTech產業亦逐漸開展，配合科技之發展及網路之發達，以數位方式改變傳統金融服務的模式，使其金融服務貼近消費者的需求，打破傳統金融業者壟斷的市場。

破壞式創新（Disruptive Innovation）是指透過科技的創新改變既有的商品或服務模式，擴大並開發新的消費市場。2015年6月世界經濟論壇（World Economic Forum, WEF）所發布「The Future of Financial Services How disruptive innovations are reshaping the way financial services are structured, provisioned and consumed」的報告中，提出了數項由FinTech帶來變革之金融領域，包括支付（Payment）、保險（Insurance）、資本募集（Capital Raising）、存貸（Deposit and Lending）、投資管理（Investment Management）及市場供應（Market Provisioning），過去幾年來，伴隨物聯網、人工智慧、雲端運算、區塊鏈等技術精進，FinTech業者不斷在各領域突破創新，不論是區塊鏈金融、P2P借

* 爲文過程中，承中華金融科技產業促進會理事長楊瑞芬提供參考資料及產業界觀點，在此謹致謝忱。

貸、行動支付、支付串流、帳單整合、新興安全交易機制、機器人投顧等，均飛速成長，打破既有金融服務的模式。

在這股變革潮流下，金融監理架構亦隨之調整，英國首將原先的單一金融監理機構Financial Services Authority（"FSA"），於2012年分拆為兩個不同的監理單位，其一為Prudential Regulation Authority（"PRA"），負責監理較具系統重要性的金融機構，包括存款收受機構、銀行、保險等，另一個監理單位則為Financial Conduct Authority（"FCA"），主要負責金融市場之監督、金融消費者之保護以及非金融機構的金融服務管理與授權。英國監理架構的改革，使FCA得以更明確的專注在扶持辦理金融業務之科技業者，讓英國金融產業得以進入多元創新發展的階段，在鼓勵創新的同時，也意識到FinTech所面臨的法令特殊性，進而促使了金融監理沙盒制度的發想。各國在FinTech發展上亦極力追趕，相繼仿效沙盒制度，推出各種輔導及鼓勵措施，加速調整原有的金融監理法令。

（二）從Bank 3.0到Bank 4.0的時代

FinTech發展使金融服務面貌不斷翻新，可結合不同使用場域的純網路銀行亦隨之興盛，被譽為銀行創新教父的Brett King於2012年提出Bank 3.0的概念："*Banking is no longer a place you go to, but something you do*"，揭示了金融服務不再限於發生在特定場所或通路的行為，到了2018年，Brett King更進一步提出了Bank 4.0的概念："*Banking Everywhere, Never at a Bank*" —— 金融常在，銀行不在，點出金融服務的下一個發展趨勢。Bank 4.0以第一原理（first principle）[1]為中心，打破既有知識的框架，回歸事物的本質思考基礎問題，在不參照先前的經驗或其他類似的情況下，從最根本的角度出發，了解金融服務的本質、回頭思考某項設計原先想達成的目的是什麼，追本溯源的了解金融服務的本質，切實地讓金融服務貼近消費者的需求。

---

[1]　第一原理為古希臘哲學家亞里士多德所提出，指每個系統中所存在的最基本命題，它不能被違背或刪除。

在Bank 3.0的時代中，消費者透過各式APP程式在行動裝置上享受金融服務，例如行動銀行、電子錢包APP、第三方支付APP等，而在Bank 4.0的時代中，資訊及金流將被更進一步的整合，透過Open Banking、API金融的運用達成帳務整合及跨業服務APP之應用，讓實際提供服務之業者得以整合消費者之金融資訊，提供更為客製化之服務。未來消費者的金流及資訊均有數位軌跡，並以此豐富數據為基礎，將金融服務結合各項產品服務，不再侷限於傳統的實體銀行服務據點，也不再侷限於傳統由人力來提供金融服務的方式。倘Brett King的預測為真，這股Bank 4.0的趨勢將是未來FinTech發展的亮點。

二、台灣FinTech產業之發展及近期法令增修

我國受金融海嘯的衝擊未如英美等國深刻，但人手一機、網路發達及豐沛的科技實力，也帶動了FinTech風潮，金融科技各領域均有業者相繼投入，試圖打破傳統框架，落實普惠金融的精神；傳統金融業則在競爭壓力下力求數位轉型，創新服務。在全球化的競爭趨勢下，金融活動的資金及服務均跨界跨地域的流動，勝者生存，市場及環境變動迅速，我國自不能外於這股熱潮，而需急起直追。我國政府亦體認其重要性，於2016年即提出「金融科技發展十大計畫」，擘劃金融科技願景及策略，並鼓勵金融科技發展。

然而，破壞式創新的性質是重塑既有的金融服務模式與價值鏈，開拓新的金融消費族群，金融新創事業之經營模式常與傳統金融機構之經營模式有很大差異。我國為成文法國家，金融法令多如牛毛，規範龐雜，而大部分的金融法規仍以傳統金融機構之經營模式作為其預設的規範客體，金融科技發展是否納管？如何納管？均屬政策上難題，無論是創設新種業別或差異化監理概念，均涉及法規的檢討及翻修，金融科技創新過程稍有不慎，可能誤觸金融法規，衍生出裁罰甚至刑事責任，阻礙金融科技發展，新種業務亦有不同以往的資訊安全及洗錢防制議題須考量，以保障消費者。因此，修法的速度或方向往往攸關金融科技發展的成效。

（一）金融科技產業各領風騷，法規陸續調整

　　細數FinTech各領域的產業發展現況與法律翻修進度，已蓬勃展開。喧騰一時的數字科技案[2]，引起對第三方支付議題的廣泛討論，促使2015年1月16日立法院通過《電子支付機構管理條例》，使第三方支付業者經許可後可辦理儲值業務。時至今日，支付產業及支付工具蓬勃發展，成為兵家必爭之地。尤其透過支付渠道掌握金流及各種消費數據，可衍生龐大商機。支付的便利逐漸改變了消費者的習慣，目前除了Apple Pay等手機業者推出行動支付，已有歐付寶、街口支付等數家專營電子支付機構上路，通訊軟體背景之第三方支付業者LINE Pay則與一卡通等業者合作拓展版圖，亦有銀行業者自建平台發展數位錢包，公股銀行則聯合財金資訊公司欲推展QR Code共通支付標準，力求突破。食、衣、住、行、育、樂、醫等各種場景金融逐漸優化，有助我國朝向無現金支付社會邁進。但我國目前因欠缺數位身分憑證機制，亦未建立可互通的電子支付生態系統，數位化基礎建設仍有不足之處，電子支付、電子票券、電子禮券等種種工具讓人眼花撩亂，無論是產業或法規均屬零散，支付法規的整合及檢討應屬當務之急。

　　在群眾募資方面，從最早市場以回報型群眾募資（Rewards Crowdfunding）為主，到2015年完成相關修法，讓台灣成為亞洲第二個建立股權群募制度的國家。相較股權群募[3]，區塊鏈金融的發展則更為顯著，尤其2017年底時，比特幣、以太幣等虛擬通貨價格飆高，初次代幣發行（Initial Coin Offering, ICO）的籌資活動以無國界方式全球瘋狂，內容五花八門，吸納眾多資金，衍生諸多詐騙案及討論熱潮。我國在熱潮下亦有不少業者投入ICO專案，推出各種應用型代幣，相關服務產業，則有交易平台及錢包載具業者，例如MaiCoin台灣數位資產交易平台。針對盛極一時的ICO，金管會以發布新聞稿的方式提醒社會大眾有關ICO的風險，

---

[2]　2014年上櫃公司數字科技股份有限公司旗下經營的8591實物交易網，因提供會員刊登買賣線上遊戲點數及虛擬實物等交易訊息，發行虛擬「T點」供會員預先儲值及交易，遭認定違反《電子票證發行管理條例》，違法吸金186億餘元而被起訴，引發法律規定落後不合時宜等問題廣泛討論。

[3]　證券商群募平台因籌資規模受有限制，市況冷清，為鼓勵新創籌資，2018年3月鬆綁《財團法人中華民國證券櫃檯買賣中心創櫃版管理辦法》、《證券商經營股權性質群眾募資管理辦法》，降低申請募資者之門款，簡化籌資程序。

並說明ICO是否屬證券交易法規範之有價證券，應視個案情況認定。就虛擬通貨平台業者或交易平台，於2018年已先修正《洗錢防制法》，將虛擬通貨平台業者或交易平台納入洗錢申報之主體。雖然隨著比特幣大跌及各國管理趨嚴，ICO退燒不少，然而眾多法律議題中，證券型代幣募資發行（Security Token Offering, STO）之規範因涉及證券交易法對有價證券募集與發行之規範與限制，如何兼顧投資人保護及產業發展下將之納入規範或一定條件下豁免，金管會目前也已提出初步監理框架，但仍待與各界溝通後拍板定案。

P2P網路借貸是提供線上小額貸款的媒合服務，其經營模式起初同樣面臨是否有收受存款的法令疑義，考量台灣overbanking狀況下，政府對P2P網路借貸是否開放採保守態度，後與業者經過多次對談與交流後，金管會未修正相關法令，但透過發布新聞稿等方式提醒業者及消費者其潛在之風險及應注意之法律問題，目前已有LnB信用市集等多家業者推出服務。

就投資理財部分，運用人工智慧及演算法提供機器人投顧服務，在國外已發展相當時日，我國近二年有王道銀行及不少銀行或投信投顧業者推出各種機器人理財服務，法規面於2017年6月，投信投顧公會發布《以自動化工具提供證券投資顧問服務（Robo-Advisor）作業要點》，金管會並於同年8月發布再平衡交易之函釋，建立規範框架。惟目前我國機器人理財仍偏向以銷售基金、建立基金投資組合為主之模式，除透過信託模式外，再平衡交易仍需客戶的事前同意，並非便利，故商品面及法規面仍有待進一步突破。

去年我國最重要而攸關金融科技發展之法律，乃在各界期盼下，參考國外監理沙盒制度，於2018年1月31日公布《金融科技發展與創新實驗條例》，同日並於證券交易法、銀行法、期貨交易法、保險法、信託業法、證券投資信託及顧問法、電子支付機構管理條例及電子票證發行管理條例等八個金融法規均一併修訂增設條文，明訂業者辦理創新實驗之期間及範圍內，得不適用原金融法規之規定，主管機關應參酌創新實驗之辦理情形，檢討金融法規之妥適性。自此我國正式引入沙盒制度，邁入金融科技發展元年。隨後金管會陸續發布創新實驗條例的子法，針對具創新性之業

務，業者可依創新實驗條例申請實驗，截至2019年4月，已有凱基銀行及二件有關移工跨境匯款案進入沙盒實驗。此外，依據金融科技發展之輔導及協助辦法，主管機關已設置Fintech Space實體聚落，提供創新研發環境，開辦監理門診，目前已有多家不同業務類型之金融科技產業進駐。

圖表：Fintech Space 產業彙整

　　此外，政府在考察日本、韓國純網路銀行之發展現況及相關監理措施後，決定開放純網路銀行之設立，藉以發揮鯰魚效應，鼓勵金融創新及深化金融普及，為此修改《商業銀行設立標準》、《銀行負責人應具備資格條件兼職限制及應遵行事項準則》，做為業者申請之依據。未來純網路銀行如何結合不同背景的股東創設共同生態圈，推出耳目一新的服務，帶給國人諸多想像空間。

三、我國未來FinTech發展重點方向

　　隨著Bank 4.0的到來，陸續有業者申請創新實驗，可望有更多沙盒案件上路，並聚焦法律問題。金管會在FinTech政策上亦不斷訂定新的目標，2019年1月發布包括下列FinTech領域數項施政重點工作，可窺見我國FinTech發展將邁入新的里程：

（一）純網路銀行執照發放

　　金管會於去年開放純網路銀行執照的申請，目前有中華電信、LINE以及樂天銀行各自帶頭的3組人馬角逐2家純網銀執照之名額，預計於2019年審核完畢並核准公布能設立純網銀的2家業者。

（二）推動開放銀行

　　開放銀行（Open Banking）在各國有不同之發展與規範模式，金管會研議後，目前係以鼓勵金融業者以自願自律方式來推動，由銀行公會研議銀行與第三方服務提供者合作的自律規範，而就開放API的技術標準與資安標準，則規劃由財金資訊公司負責研擬。

（三）訂定證券型代幣募資發行（STO）規範

　　金管會業已蒐集國外STO監理制度規範及參考國外沙盒經驗，並參考群眾募資小額募集豁免申報方式，彙整業者意見，並提出如何將STO納入證券交易法規範的初步監理框架。

（四）支付工具虛實整合

在科技持續發展下，行動支付領域不斷出現更加便捷且創新的支付方式，不只從實體走向虛擬，且更進一步的走向虛實整合。主管機關未來亦計畫修正電子支付機構管理條例，整合電子支付機構及電子票證機構。三大修法方向包括：1.將電子票證發行管理條例相關規定整合納入電子支付機構管理條例，以便對支付工具進行統一性的管理；2.擴大電子支付業務形態，包括提供支付相關資訊及商品禮券相關資訊系統與設備規劃、建置與維運；3.建置跨機構共用平台，將現行的封閉式平台，改為開放式平台，並且新增跨機構的清算機制，未來可達成跨機構資金移轉與通路共享。

（五）推行保險科技

金管會亦計畫開放保險公司及保經代公司可在異業網路平台辦理投保，拓展保險業之通路，並且研議將生物科技導入網路投保之身分驗證機制。

（六）推行監理科技

FinTech快速發展下，為了有效在「促進創新」與「監控管制」上面取得平衡，監理科技（Regtech）也開始在各國政府機關及相關科技產業間萌芽，嘗試將監理科技應用在法令遵循、身分管理、交易監控、風險管理等領域，以同時保護市場機制及消費者權益。金管會檢查局預計將分階段導入API自動排程申報作業，將受檢資料事先上傳系統，並建置行動辦公室等等來提升金融檢查之效率。

四、台灣FinTech發展之法律挑戰

就前述重點工作觀之，反映了國人最關心的金融科技發展問題，惟上述六項工作均涉及法令翻修之浩大工程，修改法律之幅度，遍及銀行法、證券交易法、保險法、電子支付機構管理條例、電子票證發行管理條例，

及為數眾多之法規命令，尚包括銀行公會、壽險公會等金融同業公會之自律規範，法令修改之速度勢將為我國金融科技發展之重大挑戰。

相較於國外金融科技之發展進程，我國主管機關雖也頻頻釋放「法令即將修正」之利多，但回顧過去一年來，並未有大幅度或大格局之金融法規完成修正。就我國法規環境而言，因金融業務向來為高度監理，透過法律、法規命令、公會自律規範建立綿密的架構，每逢修法討論時，各種考量往往千頭萬緒。縱使《金融科技發展與創新實驗條例》已上路，但因該條例所設之申請條件、規模限制等對業者而言仍具一定門檻，並非便利，尚難期待透過沙盒實驗迅速釐清法規問題，再加上我國特殊的環境，修法工作無疑面臨諸多挑戰：

（一）挑戰一：金融法規龐雜未經整合，修法難度高

相較美國、英國、新加坡等英美法系國家，我國是採大陸法系之成文法國家，法律規定及監理態度較常採取正面表列，對金融業核准辦理之業務均加以規範並設置遵循標準。遇有創新之際，未若採取負面表列的立法方式容易遵循，法規上亦較少規定符合一定條件者得以豁免許可或核准，法規較缺乏彈性。

我國對金融業向來採分業管理，不同業別須先依業法取得營業許可，再依該業法區分得經營之業務範圍，未依業務性質採功能別整合立法，金融法律分散未整合，基於不同法律又各自發展不同之法令規範體系。但時值今日，銀行、保險、證券、期貨、投信、信託等不同金融業之業務經常重疊或類似，甚至與非金融業也可能因金融科技發展而份際模糊。對金融業共通或類似之業務，僅因發展脈絡不同而依據不同之法令，甚至造成監理密度不一的不公平現象，一般民眾或新創業者亦難以理解金融業務之法規依據，均不如採功能別的整合立法更清楚合宜。英國等多數國家均採取業務性質之整合立法，日本、韓國同樣為成文法國家，但早於十年前即已完成金融法規整合之工作，在法規調整速度上更能針對業務性質快速因應。

再者，我國遇新種業務若不採整合立法，經常是制定單一條例讓業務

上路，除金融法規體系日益龐雜，又因開放之初向來保守、主管機關管轄歸屬問題，或基於諸多消費者保護之考量，使法規上路後因態樣過於狹隘、嚴格或不符潮流或發展需要，上路不久即面臨修法聲浪或實行之窒礙，例如電子支付機構管理條例、不動產證券化條例均有上述問題。目前推行之電子支付機構管理條例修法，即必須以更前瞻之方式進行規劃，以擘劃支付產業之遠景。

（二）挑戰二：確立扶持金融科技發展之監理架構

我國的金融監理機關──金融監督管理委員會，依《金融監督管理委員會組織法》第1條規定，該會設置之目的為「健全金融機構業務經營，維持金融穩定及促進金融市場發展」，既明文以健全金融機構業務經營為出發，主管機關不免施加重重監理標準，以確保穩定，此與國外金融海嘯後的思潮是鼓勵金融市場革新及競爭者不同。如前述英國之FCA係負責金融市場之監督，歐盟及英國採行開放銀行政策，亦在公平交易考量下鼓勵市場競爭，反觀我國，金融科技發展經常是鼓勵金融科技業者與金融業合作，甚至透過既有之金融業同業公會制定規範標準，該等規範容易限縮金融科技發展的空間，更難以鼓勵金融科技業加入競爭，在此背景下，我國如何能培育金融科技獨角獸？值得深思。

（三）挑戰三：社會對金融活動的風險胃納低及金融監理制度的容錯度低

除了既有的法律框架束縛外，我國金融穩定依靠長期的嚴格監理，人民已習慣受到保護而非自行判斷金融活動的交易風險，或檢視交易對手的信用風險，對金融活動的容錯性甚低，公務員須勞心勞力把關，在民意高漲下，遇有人民陳情，民意代表動輒指責主管機關未能妥善監理，造成主管機關對新業務之開放更形保守，不能大刀闊斧開放實驗，而寧願選擇援用已有完備監理標準的金融機構發展業務。過去在發生各種結構債事件、連動債爭議、TRF交易損失等問題，固有部分原因在於金融機構行為之不當，但若干因為市場變化因素所造成的客戶損失，法律上未必均為金融機

構之責任，但基於社會責任或形象考量，主管機關亦經常透過加強監理、裁罰，甚至透過種種方式道德勸說，讓金融機構自願承受損失以快速弭平市場風波。此種監理方式是基於金融業多為吸收存款的高資本行業，相對於金融巨獸，人民自應受保護，但此對金融科技業未必均能適用。消費者在期待享受新科技所帶來的便利服務時，監理的角度與密度亦可能發生變化，如果人民的思維及風險胃納並未隨著金融科技發展而有所體認及改變，將難以期待主管機關有大幅開放。

（四）結語

　　展望未來，在FinTech的發展上，法規基礎、開放銀行與大數據、消費者保護與資訊安全，三大要素缺一不可。法規作為一切FinTech開放之基礎，以及保護消費者及資訊安全之手段，法律面之規範建立及調整，影響深遠巨大，法規工作實已刻不容緩。

　　我國發展FinTech在法律面上面臨了法規龐雜等主客觀環境的挑戰，而隨著FinTech發展，同時亦需思索許多新型態之風險，例如透過行動網路傳遞金融服務的模式可能因資訊安全問題，產生比以往更為嚴重的隱私及資安疑慮，相關網路平台亦常伴隨洗錢防制之疑慮。如何兼顧負責任的創新，思考建立一套有利市場發展、可長可久的法令規範，以提升我國在全球化體系下的競爭力，法律人參與責無旁貸。

　　基於前述未來FinTech發展重點方向，本書特別整理國內外實務發展及相關法律議題，作者群除了囊括經驗豐富的律師本於實務觀察及案件經驗，更邀集金融科技專家政治大學金融科技監理創新實驗室臧正運執行長、熟悉資訊科技之陳奕甫經理共同參與執筆，共同本於法律觀點，就FinTech中各領域於台灣的發展及可能遭遇的法律議題深入分析。第一篇總論將分析最新之金融科技發展與創新實驗條例、監理科技之發展，以及數位身分及資訊安全問題等金融科技之基礎議題；第二篇則討論STO的發展趨勢及加密資產議題；第三篇則探討電子支付與跨境匯款，討論新型態之支付管制問題；第四篇P2P網路借貸，將介紹P2P網路借貸目前在台灣的發展現況以及所面臨的困境及國外最新監管動態；第五篇新型態理財

服務則討論機器人投顧之法律問題及國外實務發展；最後，第六篇及第七篇則分別介紹純網銀之發展及開放銀行（Open Banking）之法制發展。期待透過本書彙整FinTech重要法律議題，擴大法律人參與，提供各界討論，爲建立完備之金融法制貢獻一份心力。

從英國監理沙盒目標論我國《金融科技發展與創新實驗條例》之實務發展

谷湘儀、陳國瑞

一、監理沙盒發展沿革

　　由於金融科技（Fintech）發展的日新月異，英國金融主管機關金融行為監理局（Financial Conduct Authority, FCA）於2015年提出監理沙盒（Regulatory Sandbox）制度的構想，考量到建立於破壞式創新的Fintech產業主要特色在於將新科技運用在傳統的金融服務上，並且開拓原先不存在之金融服務市場，其經營難免與既有之金融法令相衝突，加以Fintech主要以原先非金融機構之科技公司或新創公司為主，若需負擔與傳統金融機構相同之法令遵循義務，勢必扼殺其發展；然而基於前述金融產業之特殊性，全然放寬管制又有其可預見之弊端，面對此監理上之兩難，英國主管機關於是提出監理沙盒的構想，試圖在維護金融監理體系之虞，鼓勵Fintech產業之發展。沙盒（Sandbox）在英語中喻有啟蒙之意，如同小孩在箱子內玩沙，在發揮其想像力的同時並不會對外界造成破壞，沙盒一詞也在科技業中使用，指工程師在隔離環境下試驗新程式，新的程式如有任何問題，不會阻礙整個系統之運行。監理沙盒即具有相同概念，在特定的範圍內測試新的金融科技，即使發生問題亦無損整體金融體系之健全，在一個風險規模可控制的情境下，讓業者測試新產品、服務乃至於商業模式，並與監理單位高度互動、合作，共同解決在測試過程中所發現或產生的監理與法制面議題。暨英國之後，目前新加坡、香港及澳洲均有類似之制度。

　　我國立法院於2017年12月29日三讀通過《金融科技發展與創新實驗

條例》（下稱「創新實驗條例」或「本條例」），並於2018年4月30日正式施行，主管機關金融監督管理委員會（下稱「金管會」）並陸續訂定《金融科技創新實驗管理辦法》、《金融科技創新實驗審查會議及評估會議運作辦法》、《金融科技發展之輔導及協助辦法》及《金融科技創新實驗民事爭議處理收費辦法》及《金融科技創新實驗防制洗錢及打擊資恐辦法》等五項子法。在通過監理沙盒法律前，過去縱使已經在國外發展出的Fintech業務，業者於國內開辦時，仍須擔心因違反我國的金融法規，而遭到刑事或行政處罰，尤其我國金融法規向來嚴謹，分業立法且多數採正面表列方式，對於未經核准經營的新形態金融業務或籌資行為，即有可能觸犯銀行法、證券交易法、電子支付機構管理條例、證券投資信託及顧問法等各種金融法規，讓業者陷入高度風險。此外，我國長期以來對於金融業務多採取專營制度，最多允許由不同金融業者互相兼營（例如：由銀行業兼營信託、投顧、電子支付機構），並不允許非金融業者兼營金融業務。且金融業須符合相當高的門檻，始能向主管機關申請核准。對於非金融業者運用行動裝置及網際網路普及、人工智慧、雲端運算之快速發展，所提供破壞式創新的新型態，多數均非現行金融法令立法之際所考量，法律所規範之由傳統金融業專營、高資本門檻及業務限制，均有依科技發展及普惠金融之觀點重新檢討。如可透過監理沙盒先行進入市場實驗，將可驗證相關業務的可行性，同時鼓勵創新業務發展，強化我國競爭力。

　　創新實驗條例之目的在於建立安全之金融科技創新實驗環境，供申請者以科技發展創新金融商品或服務，以促進普惠金融及金融科技發展，同時落實對參與創新實驗者及金融消費者之保護。創新實驗條例實施至今已逾一年，截至2019年4月金管會僅核准共三項創新實驗案，幅度尚小，值得大家關注這套劃時代的新制施行上是否存有窒礙，由國外發展之監理沙盒進入我國是否「橘逾淮為枳」？本文藉由檢視英國監理沙盒的發展軌跡及目標，並基於參與國內多件監理沙盒案件之實務經驗，提出對我國創新實驗條例制度施行之觀察。

二、國外監理沙盒發展概況—以英國為首要觀察

　　各國監理沙盒制度實施至今均已展現一定的成效，部分國家甚至基於沙盒實施的經驗推出了更進一步或更簡便的制度。英國沙盒制度實施至今已逾三年，目前已有四波數十家的業者通過審查進入沙盒實驗，其中目前最新通過的第四批沙盒實驗公司計有29家，涵蓋金融服務之各項領域，包括消費信貸、自動化諮詢服務及保險等，下表列出英國第四批沙盒實驗公司主要從事之業務種類：

業者	概述
BLOCK EX Digital Asset Exchange Platform	利用分散式帳簿技術（Distributed Ledger Technology, DLT）來發行及管理受監管債券。
cape)move	利用DLT讓小型企業用更有效且精簡的方式籌募資金。
CHASINGRETURNS	以心理學為基礎之風險平台，協助客戶進行資金管理並改善從事差價契約（Contracts for Difference, CfDs）交易之結果，協助客戶遵循資金管理以及風險曝險層級。
COMMUNITY FIRST SAVINGS AND LOANS CREDIT UNION	促使缺乏傳統身分證明形式的客戶創建「身分識別證」（identity token），幫助客戶使用英國銀行之帳戶服務。
cs creativity software	提供一項以手機網路定位為基礎的法遵科技（Regtech）服務，協助英國的監理活動，使客戶之認證更為安全。
CreditSCRIPT™	藉由單一平台使專業及機構投資人得進入更多元的線上借貸市場。投資人可增加與顧客、中小企業及房地產貸款者之接觸。
Dashly	為完全自治且持續在線之抵押諮詢平台，可不斷追蹤並比較借款人現存的抵押貸款，並通知借款人應清償轉讓之時點。

業者	概述
ΞTHΞRISC DECENTRALIZED INSURANCE	利用智慧契約（Smart Contract）於區塊鏈，提供全自動、分散的航班延誤保險服務。
fineqia	以區塊鏈為基礎之數位平台，使企業得發行並管理債務及股權證券，包含以加密資產為基礎之債券。
fractab.. INTELLIGENCE FOR IMAGINATION	利用DLT以及人工智慧技術，透過數位化信貸申請並將貸款發放與財務數據連結，加強中小型企業融資。
globacap / Global Capital Automation Platform	為中小型企業及機構投資人之籌資平台。運用DLT簡化並促進債券及股權證券發行程序。
⊜ HUB85	為全自動治理解決方案。使融資機構監控並了解電子表格在管制活動係如何被使用。本軟體可監控並執行應遵循之規範、辨識文件錯誤並量化企業風險。藉由軟體所捕捉之數據分析，得用於辨識並促進營運作業的自動化。
LMX (London Media Exchange)	促進數位廣告買賣合約之平台。短期內將增進市場參與者的透明度；於長期將促使衍生品的發展。
mettle	利用前瞻性的融資方式、智慧發票及簡易收據，幫助小型企業決策。
mortgagekart	提供自動化建議，協助顧客依其需求選擇最適合之抵押貸款。
M MULTIPLY	結合財務模型及機器學習，直接向消費者提供具特定產品建議的整體財務計畫。
NatWest	為以DLT為基礎之治理模型。Natwest使組織得共同開發並運作分散式應用程式。此模型將區塊鏈之社群規則編入智慧契約，並創建數位互助（digital mutual）。
⬡ NorthRow	在客戶熟悉某個產品或服務的過程以及監控程序上，利用帳戶資料以支持其身分認證及財務穩定性。

業者	概述
pluto	為一在Facebook Messenger上可使消費者購買並管理旅遊險之聊天機器人。以簡易的英文陳述使消費者可線上詢問其保單涵蓋範圍，亦提供團體折扣及自動理賠處理。
SALARY FINANCE	為一與薪資連結的借貸平台，使員工能更有效的管理預算以解決非預期性需求。
Token Market	運用DLT以促進私人公司發行股份之效率。
token (Tokencard)	將集中式支付卡連結至分散式區塊鏈之服務。顧客以分散式智慧契約錢包持有其自有資產，並以簡單的兌換方式儲值。
Universal Tokens	運用區塊鏈技術銷售保險產品，以增進信用並加強使用者體驗。
veridu (Veridu Labs)	以機器學習及網路分析為基礎的KYC及AML解決方案。
WORLD RESERVE TRUST	運用「Sīlùbì」（一種與資產連結且運用經許可的DLT網絡的智慧識別證）促進更便宜、更快速之全球性支付及結算服務。
zippen	使個人可移轉並合併其退休金，為其提供財務優勢及便利之服務。
1825 Financial planning (part of the Standard Life group)	為即將退休之客戶自動提供建議，運用可用的流動及非流動資產判斷如何符合客戶之需求及期望。
20|30	以DLT為基礎之平台，使企業以更有效及簡便之方式籌募資金。

　　從上表可知英國監理沙盒通過之創新技術十分多元且應用廣泛，例

如有眾多業者運用以區塊鏈為底層技術之分散式帳簿技術（Distributed Ledger Technology, DLT）建置新型之企業籌資平台，亦有業者測試Regtech應用之技術，希望協助英國FCA進行金融監理。另外在第三波的測試業者中，也有像Curl等業者運用open banking APIs建置創新的消費者支付網路。

對於監理沙盒實施的成效，英國主管機關也發布了相關的報告[1]，並檢討沙盒制度是否有達到原先預期的目標：

（一）目標一：減低創新技術進入市場所需之時間及成本

在這項目標上，英國主管機關統計在第一波的沙盒實驗名單中，約有75%的公司順利通過沙盒實驗，而約有90%的公司在完成沙盒實驗後順利的將產品正式於市場中推出，絕大多數公司在結束沙盒實驗後就所從事之金融業務均順利取得完整之許可。

（二）目標二：協助創新業者取得融資

根據沙盒實驗公司的回覆，進入沙盒實驗後其業務受到主管機關的監理，且減少監理上的不確定性，對其業務提供了某種程度的保證，有助於業者取得融資，於第一波完成沙盒實驗的業者中至少有40%的業者在沙盒實驗中或是實驗完成後順利取得融資。

（三）目標三：使創新業者之產品得測試可行性並成功上市

在第一波及第二波沙盒實驗的業者中，絕大多數都可以順利於沙盒中測試其產品，並於結束沙盒後正式將其產品於市場中推出。

英國監理沙盒制度實施至今，可說已達到當初加速創新技術進入市場的目的，且其沙盒實驗的申請人亦多是小型的科技新創公司，加入沙盒實驗不僅有助其受主管機關監管，亦可協助其取得必要的資金，大大提升了

---

[1] Regulatory Sandbox Lessons Learned Report, Financial Conduct Authority，2017年10月，參考：https://www.fca.org.uk/publication/research-and-data/regulatory-sandbox-lessons-learned-report.pdf

英國在FinTech產業中的競爭力。

　　在監理沙盒制度豐碩的成果下，英國FCA於2018年8月近一步推出「Global Sandbox」，考量到許多金融創新之業務可能涉及跨境之監管，爲了更有效的協助業者處理跨境監管的問題，FCA與其他數國的金融監理單位共同推出此一新制（如下圖所示）[2]，讓各地主管機關間共同討論沙盒實驗的範圍及內容，使監理沙盒的效果能不再拘限於原申請國。

　　其他國家的部分，澳洲實施監理沙盒至今亦已通過6件的沙盒測試案件，並均已完成沙盒實驗，業務範圍涵蓋P2P借貸、投資理財建議等等，新加坡也有數件的監理沙盒案件已完成實驗或正在進行中，值得一提的是，新加坡主管機關則是在吸取數件監理沙盒申請案的經驗後，更進一步地推出「Sandbox Express」的快捷申請措施[3]，由主管機關參考相關申請案的經驗後，預先擬定一套沙盒實驗之條件、期間，從事類似業務之業者如認爲條件符合其需求，可申請適用這套預先已確定的沙盒實驗條件，主管機關將在數日內核發許可，免除原先需經歷的冗長審查時間，大大加速業者實驗其創新的時程。

---

[2]　Global Financial Innovation Network諮詢文件，p. 1, Financial Conduct Authority，2018年8月，參考：https://www.fca.org.uk/publication/consultation/gfin-consultation-document.pdf

[3]　Sandbox Express諮詢文件，Monetary Authority of Singapore，2018年11月14日，參考：http://www.mas.gov.sg/~/media/MAS/News%20and%20Publications/Consultation%20Papers/2018%20Nov%20Sandbox%20Express/Consultation%20Paper%20on%20Sandbox%20Express.pdf

　　由上述可知，國外在實施監理沙盒一至三年後即已展現一定的成效，在沙盒實驗的參與者上，雖然亦不乏傳統金融機構，但主要仍以小型的新創業者為主，其模式主要都是運用創新技術於傳統的金融服務中，以簡化或改革傳統的服務模式，包括銀行業務或企業發行股票、債券等籌資活動。新創業者申請進入監理沙盒不僅可與主管機關共同確定可行的監理模式，亦有助於取得營運所需之資金，大大的幫助FinTech產業的發展。政府甚至在相關沙盒實驗的經驗上更進一步的推出了新的制度讓業者能加速其創新概念的落實，英國並公布明確的沙盒成效檢討。相比於國外發展的經驗，我國創新實驗條例上路已一年，核准的沙盒案件及上路的速度緩慢，無可供檢討之目標，實有待加強並檢視目前所遭遇的困境或挑戰。

三、我國創新實驗條例規範內容

　　創新實驗條例涵蓋金融科技創新實驗的申請、審查、監督及管理、消費者保護相關程序，以及實驗期間法令調整與法律責任排除等內容。目前只要涉及金融業務創新的業者，不論是自然人或法人，可以擬具包括資金來源說明、安全控管作業說明等創新實驗計畫向金管會提出申請，由金管會在受理後60日內決定是否准予實驗。實驗期間以1年為限，可申請延長6個月，但內容涉及應修正法律時，其延長不以一次為限，全部創新實驗期間最長為3年。

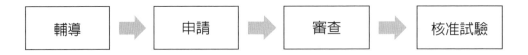

　　以下整理創新實驗條例條文之重點及相關議題：

（一）金融科技創新條例之目的與創新實驗之定義

　　依本條例第1條，本條例之目的在建立安全之金融科技創新實驗環境，以科技發展創新金融商品或服務，促進普惠金融及金融科技發展，並落實對參與創新實驗者及金融消費者之保護。而依本條例第2條，創新實

驗則指以科技創新或經營模式創新方式從事屬於需主管機關許可、核准或特許之金融業務實驗。

　　上述規範有兩點值得注意：第一，創新實驗包含了科技創新或經營模式創新，因此縱使業者擬提供服務所使用之技術不具創新性，如在經營模式上具有創新性，仍可申請創新實驗。金融科技創新實驗管理辦法（下稱「管理辦法」）第6條規定「創新性」指創新實驗：1.未與主管機關既已核准創新實驗之業務性質相同或近似，且2.須運用未經國內金融服務業公開發表、實施或取得專利之科技或經營模式，或是將既有技術或已取得專利之技術，以顯著不同之科技或經營模式運用於金融業務。

　　第二，本條例規定之創新實驗限於金融業務之實驗，因此如創新實驗不涉及任何金融業務，自無法申請創新實驗，然而如果業者擬申請之服務涉及非金融主管機關管轄之業務時，是否亦得申請創新實驗？參考本條例第8條第3項規定申請案件涉及其他機關職掌者，主管機關應會商該機關之意見，表明創新實驗的內容可能涉及其他主管機關管轄之業務，然而如果業者擬提出之服務主要的部分並非金融主管機關所管理，而係輔助性質上的部分涉及金融服務，例如金流的安排或是以金融機構提供之數據用於其他非金融業務時，是否亦得申請創新實驗？有待觀察金管會於實務上之態度。目前金管會發布之問答集（下稱「問答集」）中僅表明：「……創新實驗內容無涉前揭金融業務者，無需向本會申請創新實驗（例如：P2P借貸平台、無人車道路駕駛實驗）。倘申請人對於所規劃實驗是否涉及需經本會許可、核准或特許之金融業務有疑義者，請洽詢本會金融科技發展與創新中心，透過諮詢輔導機制協助釐清相關法規疑義」。

（二）創新實驗之申請人要求

　　本條例第4條規定創新實驗之申請人得為自然人、獨資或合夥事業、法人，第5條並訂有申請人之消極資格條件，要求申請人不得有相關犯罪情事。依照問答集，外國自然人亦得依本條例申請創新實驗，惟非居住民之申請人須委由我國居住民擔任代理人，代理申請實驗，以確保創新實驗之相關保護措施、風險管理機制、退場機制等均能落實執行。外國獨資或

合夥事業則須爲依法完成商業登記或依有限合夥法設立分支機構之外國獨資或合夥事業，始得向本會申請辦理創新實驗。至於外國公司的部分則須於我國辦理分公司登記後始得申請辦理。

境外主體如有意來台投資並申請辦理創新實驗，另須注意我國有關外資及陸資申請來台投資之規定，特別如涉及陸資時，由於我國對陸資投資業別之管制採正面表列且對陸資持股比例之計算均有特別的規範，境外主體投資前應先行確認其投資架構及業務內容是否可行。

此外，目前非金融業之金融新創事業如欲申請創新實驗，常見有配合之金融機構作爲其策略合作夥伴，一方面增加主管機關之信賴，一方面也借助金融機構之經驗讓本身的創新實驗更加完善。至於策略合作夥伴是否須共同列爲申請人，問答集中表明本條例第4條第3款第14目規定申請人得與其他自然人、獨資、合夥事業或法人進行策略合作辦理創新實驗，無需列爲共同申請人，只須檢附合作協議及相互間之權利義務說明雙方權利義務關係即可。

（三）創新實驗之申請及審查

依本條例第4條規定申請人申請時應檢附之文件，除申請書、申請人背景等基本資料外，另應檢附創新實驗計畫說明下列事項[4]，參照問答集之說明及目前申請實務，於正式遞件申請前將先由金管會專責單位對申請人提供諮詢輔導服務，協助其了解相關法規及申請程序，並輔導其準備申請文件，以減少其申請後需要補件之可能性及作業時間。因此在輔導期間主管機關即會與申請人討論確認應提供之申請文件及其內容。

於主管機關正式受理後，參考本條例第6條及第8條，主管機關將邀請學者、專家及相關機關（構）召開會議，於受理申請案件後60日內完

---

[4]　包括1.資金來源說明；2.辦理創新實驗之金融業務；3.創新性說明，包含科技創新或經營模式創新；4.創新實驗之範圍、期間及規模；5.執行創新實驗之主要管理者資料；6.與參與者相互間契約之重要約定事項；7.對參與者之保護措施；8.創新實驗期間可能之風險及風險管理機制；9.洗錢及資恐風險評估說明，及依風險基礎原則訂定之降低風險措施；10.辦理創新實驗所採用之資訊系統、安全控管作業說明及風險因應措施；11.創新實驗預期效益及達成效益之衡量基準；12.自行終止創新實驗、經主管機關撤銷或廢止核准或創新實驗期間屆滿之退場機制；13.涉及金融科技專利者，應檢附相關資料；14.與其他自然人、獨資、合夥事業或法人合作辦理創新實驗者，應檢附合作協議及相互間之權利義務說明。

成審查及作成核准或駁回創新實驗之決定。參酌本條例第7條，主管機關對於創新實驗之申請應根據創新實驗之範圍、期間及規模，審酌下列要件：1.屬於需主管機關許可、核准或特許之金融業務範疇；2.具有創新性；3.可有效提升金融服務之效率、降低經營及使用成本或提升金融消費者及企業之權益；4.已評估可能風險，並訂有相關因應措施；5.建置參與者之保護措施，並預為準備適當補償；6.其他需評估事項。

（四）辦理創新實驗之期間

依本條例第9條，主管機關核准辦理創新實驗之期間以1年為限，申請人得檢具理由向主管機關申請核准延長一次，延長期間不得逾6個月，但創新實驗內容涉及應修正法律時，其延長不以一次為限，全部創新實驗期間最長可以到3年。主管機關得對實驗採取以下措施，如調整或變更實驗計畫之內容、限定參與者之資格條件、其他附加條件或負擔、或排除特定法規命令。

（五）創新實驗之監督及管理

依本條例第12條，申請人應自核准起三個月內開始辦理創新實驗。依第14條及第15條規定，實驗期間應遵守本條例規定及主管機關核准創新實驗時要求申請人辦理之事項，並依主管機關指示說明創新實驗情形。必要時，主管機關得實地訪查，且於辦理創新實驗期間發生重大不利因素時，得廢止實驗之核准。實驗期間屆滿一個月內，申請人並應將創新實驗結果函報主管機關。

依本條例第17條，創新實驗具有創新性、有效提升金融服務之效率、降低經營及使用成本或提升金融消費者及企業之權益者，主管機關應參酌創新實驗之辦理情形，辦理下列事項：1.檢討研修相關金融法規；2.提供創業或策略合作之協助；3.轉介予相關機關（構）、團體或輔導創業服務之基金。如主管機關認為有修正相關金融法律必要時，至遲應於創新實驗屆滿後三個月內，完成相關金融法律之修正條文草案報請行政院審查。

（六）參與創新實驗者之保護

依本條例第20條以下規定，本條例及核准處分所定申請人對參與者之責任，不得預先約定限制或免除。申請人於創新實驗期間提供金融商品或服務，應盡善良管理人之注意義務；其提供之金融商品或服務具有信託、委託等性質者，並應依所適用之法規規定或契約約定，負忠實義務。申請人應對參與者提供妥善之保護措施及退出創新實驗之機制，並於契約中明定其創新實驗範圍、權利義務及相關風險。申請人對於前開事項，應於訂約前明確告知參與者，並取得其同意。其說明義務之履行，準用金融消費者保護法規定。

（七）法令之排除適用及法律責任之豁免

依本條例第25條及第26條，創新實驗涉及主管機關或其他機關訂定之法規命令或行政規則者，得於會商其他機關後，核准創新實驗於實驗期間排除該等法規命令或行政規則全部或一部之適用，並免除申請人相關行政責任，惟洗錢防制法、資恐防制法及相關法規命令或行政規則不得排除。此外實驗期間，排除適用非金融業者不得從事金融特許業務之刑事責任，包括銀行法、保險法、證券交易法、電子支付機構管理條例、證券投資信託及顧問法等。

四、已通過之創新實驗案

截至2019年4月金管會已通過三項創新實驗案，其相關內容整理如下：

名稱	運用電信行動身分認證辦理普惠金融業務金融科技創新實驗	小額跨境匯款金融科技創新實驗	外籍移工薪資匯款金融科技創新實驗
申請人	凱基商業銀行	香港商易安聯股份有限公司台灣分公司	統振股份有限公司
核准日期	2018年9月18日	2019年1月31日	2019年1月31日

創新實驗內容	與中華電信合作，透過號碼IP位置，確認使用者是否為信用卡或信貸申請人本人，並結合電信徵信資料及大數據交換等科技及營業模式之創新，透過電信繳費記錄進行信貸差別訂價，辦理新戶之線上信貸及信用卡業務	提供外籍移工跨境匯款服務，由外籍移工於手機app輸入匯款資訊，並至超商、公司門市、ATM、網路銀行或銀行繳款後，申請人與外國金融機構合作，依該國法規匯入受款人帳戶、受款人臨櫃取款、現金快遞或電子錢包等，無需再支付其他費用	提供外籍移工跨境匯款服務，由外籍移工於手機app輸入匯款資訊，並至超商及該公司4個自營門市繳款後，申請人與外國金融機構合作，依該國法規匯入受款人帳戶、受款人臨櫃取款、現金快遞或電子錢包等，無需再支付其他費用
實驗期間	1年	1年	1年
排除適用之法規	《金融機構辦理電子銀行業務安全控管作業基準》第4條第1款第1目舉例之授信業務與信用卡業務服務項目，以及第8條第2款第3目與第4目相關安全設計要求等規範	銀行法第29條	銀行法第29條
相關限制	• 持有中華電信門號6個月以上 • 參與人數上限4,000人（以開發金及子公司客戶和員工，中華電信客戶及員工為主） • 實驗金額上限2億元 • 信貸最高50萬、卡片信用額度最高25萬元，總放款曝險額度2億，達1.6億規模時將停止受理新件	• 參與實驗對象為越南、印尼、菲律賓等3國家持有我國居留證之外籍移工 • 每人每筆匯款限額3萬元，每日累計限額7萬元，每月累計限額10萬元，每年累計限額50萬元	• 參與實驗對象為越南、印尼、菲律賓及泰國等4國家持有我國居留證之外籍移工 • 每人每筆匯款限額3萬元，每月累計限額7萬元，每年累計限額36萬元

　　率先拔得頭籌通過的案例為凱基商業銀行與中華電信之合作案，標榜運用辨識身分及大數據資料交換等金融科技辦理新戶之線上信貸及信用卡業務。目前銀行已可提供「線上」申辦信用卡和信貸，認證方法之一是必須是「他行」既有的存款戶或信用卡客戶，本申請案係以「中華電信客戶取代他行客戶」；即實驗客戶可不以凱基銀行或其他銀行之客戶為前提，故將可觸及「不在既有銀行體系」客戶。

　　而香港商易安聯公司以及統振公司之申請案則在協助在台外籍移工得以更便利且成本更低的方式將其在台薪資所得匯回母國，外籍移工薪資匯款具小額、定期等特性，如透過傳統匯款管道須符合銀行營業時間且負擔高比例的手續費，透過本案申請人之APP服務，外籍移工將有更快速便宜的匯款管道。

　　上述三項核准之申請案代表了我國主管機關積極落實創新實驗條例、扶助金融科技之政策方向，終於讓監理沙盒制度在我國落地生根。然而，以前述三項實驗案觀之，其中凱基商銀之申請案僅係透過與中華電信之合作取得新的客戶資訊及徵信資料來源，所涉及之法規僅為排除適用《金融機構辦理電子銀行業務安全控管作業基準》有關安全設計要求等規範，該規範為銀行公會訂定，報主管機關核備之自律規範，法規範層級低。而另外兩項外籍移工跨境匯兌之申請案，則在嘉惠外籍移工便利款項匯出，對多數人民及業者而言，較難感受本條例帶來的創新環境與變革。

五、監理沙盒實務發展問題觀察

　　本條例上路後，不少業者躍躍欲試，但詢問後多數業者處於輔導階段，此或因初期主管機關對沙盒實驗的受理准駁仍在摸索階段，面對瞬息萬變的科技發展，須尋找市場秩序維護與消費者保護的平衡點，業者則在沙盒限制及業務發展可能間努力尋求契機。以下就本條例施行內容及沙盒實驗實務發展之現況，提出幾點問題觀察：

（一）創新實驗結束之修法方向不明，將影響沙盒制度之成敗

　　創新實驗結束後是否即可順利鬆綁原先的法令限制，是申請業者最為關心的問題。本條例雖明定創新實驗結束後，主管機關如認為有修正法律的必要，應提出修法草案，但實驗結束後若未能完成修法，業者即須回歸適用一般金融法令。且縱使主管機關已提出修法草案，其內容是否符合業者想像、立法程序是否會受到障礙，仍將影響業者參與的意願。

　　對於修法時程，本條例第17條第2項雖明訂「主管機關認需修正相關金融法律時，至遲應於創新實驗屆滿後三個月內，完成相關金融法律之修

正條文草案，並報請行政院審查。」此僅為提報行政院審查法律修正條文草案之期限，主管機關如何啓動檢討法規？審查後之立法程序？均屬未知。對業者而言，若無法於輔導或受理初期，充分溝通明瞭日後法規調整的方向，以評估是否符合業務發展之規劃，對於是否投入高成本進入沙盒實驗，即可能加以觀望，俟法令鬆綁或調整後再行開辦，甚至退出台灣市場。

如何實施差異化監理，導入各種金融執照的分級制度，並在法律上增加授權主管機關得豁免業務登記或核准的權利，增加法規適用的彈性，讓未來金融科技業者在金融執照分級制度下，得在合理之監管下開辦金融科技業務，至所重要。主管機關在前述外籍移工跨境匯兌創新實驗案有對外釋出訊息，表示日後將研議差異化管理機制，但究竟有限執照的標準爲何？何日啓動修法，仍有待觀察。

（二）進入創新實驗的成本及難度過高，不利小型金融科技業者

目前業者於申請沙盒實驗前，均須經過輔導，輔導並無一定時間與標準，業者申請進入創新實驗則須準備的計畫多達14項文件，送件文件包括創新性說明、適法性說明、洗錢防制、對投資人保護等，文書動輒上百頁，需要投入大量成本準備，若干文件須藉助律師、會計師專業人士之協助。另業者進入實驗後恐須依要求提供營業保證金，加上對於洗錢防制等法令遵循有相當要求，故現行進入創新實驗的成本高、難度大，對財力、業務未具備一定規模之小型金融科技業者，恐難以負擔。

進入沙盒實驗縱可以豁免若干法令適用，但實驗階段未必即能取得發展所需要的資料共享，實爲另一難題。例如：現行聯徵中心的徵信資料只提供給銀行會員，未直接提供給非銀行成員之新創業者。導入機器可讀之聯徵資料將有助於金融科技業者KYC及進行大數據分析，沙盒既然是小規模實驗，在符合一定條件或控管下開放資料，爲業者所關心的重要議題。

（三）創新實驗規模受限制、要求實驗容錯率甚低，難以達實驗精神及鼓勵創新

　　創新實驗中參與者人數及創新實驗所涉金額均受有限制。管理辦法第5條限制實驗期間申請人與所有參與者間之資金、交易或暴險金額不得逾新台幣1億元，且對單一參與者所涉之資金、交易、暴險金額亦依其性質而有新台幣50萬元、10萬元等金額上之限制。

　　除上述有關創新實驗規模的限制外，本條例第8條第4項亦規定主管機關於核准創新實驗時，得限定參與者之資格條件，或為其他附加條件或負擔，使主管機關得考量該創新實驗風險之高低，於事前透過各類手段控制風險之範圍以保護參與實驗之消費者。上述限制自然係為了控制創新實驗帶來的風險，讓實驗期間之參與者亦受有一定程度之保障，然而同時亦限制沙盒實驗之規模以及實驗申請人之獲利空間，在主管機關對創新實驗較為保守的態度下，所加諸之規模限制可能使業者之經營不符成本，從前述凱基銀行、易安聯及統振案件，都可窺知沙盒實驗之規模及交易金額甚小。

　　此外，以凱基銀行的沙盒實驗為例，如冒貸申請案件出現第4件，即有可能啟動退場機制、宣告實驗失敗，顯示對進入實驗業者的要求嚴格，不容出錯。沙盒制度本在於透過實驗，確立業務發展的可行性及風險，業者如已提撥營業保證金等保護機制，倘非經營不善或重大疏失，應針對問題加以檢討以降低風險，而非輕易啟動退場機制，使前階段沙盒成果付諸東流，要求容錯率低之設計或許有助於對參與實驗者之保護，但無法於沙盒實驗中了解業務之真正風險再加以修正。

（四）沙盒實驗者商業模式被公開，後進者可抄襲複製

　　申請沙盒實驗者，輔導階段即可能被要求說明詳細商業模式及契約文件，縱使千辛萬苦始符合規定進入沙盒實驗，但商業模式被公開，若無一定專利或保障機制使先行者有較大誘因發展業務，後進者可在政府態度明朗後再行抄襲複製，故申請者尚需評估開辦後是否具有市場優勢及技術優勢始願投入。

（五）法律責任豁免尚有不足

　　監理沙盒制度目的之一即在提供金融創新業者在一風險可控的範圍內，先豁免其金融法令之義務以便試行其金融創新技術。本條例第26條列舉了數項創新實驗申請人在創新實驗期間得豁免之刑事或行政責任[5]，而依本條例第8條第4項，法規命令及行政規則的部分則授權主管機關決定豁免適用之範圍。然而，金融科技創新涉及之法律可能不限於第26條列舉之範圍，如所涉法規不在列舉之內，縱其申請金融創新實驗，似無法免除相關法律之責任，導致無法實現金融創新實驗提供業者先行實驗創新技術之目的。例如我國公司法第15條對公司資金貸與他人有一定限制，違反者，其負責人應連帶負返還責任及負損害賠償責任。部分金融科技創新可能涉及公司法第15條之適用疑義。此外，金融資產證券化條例及不動產證券化條例有刑事責任規定，例如：不動產證券化條例第58條、第60條規定，對於非受託機構而擔任不動產投資信託或不動產資產信託之受託人，且募集發行或私募受益證券者，負刑事責任。如有業者以創新之方式辦理證券化業務，可否進入沙盒實驗？可否排除規定？

　　此制度上之缺陷，乃因我國為成文法國家，且對金融業之管制採分業立法，一項金融創新業務可能涉及不同法律，創新實驗條例雖可在法條所列舉之法律範圍內豁免實驗申請人於實驗期間之責任，然而無法做到像英國等不成文法國家之彈性，導致條例中雖然列舉了數項得豁免之法律規定，但面對不斷推陳出新之金融創新仍有掛一漏萬之時。對此制度上之缺陷，在修法之前實有賴主管機關於審查金融創新申請案時在其裁量空間內給予更大的彈性，並且在討論修正法律時能做全盤考量。

　　綜合上列因素，進入創新實驗的成本高，時程長，規模受限不敷經濟

5　創新實驗條例第26條：「申請人於創新實驗期間，依主管機關核准創新實驗之範圍辦理創新實驗者，其創新實驗行為不適用下列處罰規定：一、銀行法第一百二十五條。二、電子支付機構管理條例第四十四條或第四十六條。三、電子票證發行管理條例第三十條第一項、第三項、第四項或第二項有關違反同條例第四條第一項規定。四、信託業法第四十八條。五、票券金融管理法第六十一條有關違反同法第六條規定。六、證券交易法第一百七十五條第一項有關違反同法第十八條第一項、第四十四條第一項規定，或第一百七十七條第一項有關違反同法第四十五條第二項規定。七、期貨交易法第一百一十二條第五項第三款至第五款。八、證券投資信託及顧問法第一百零七條或第一百十條。九、保險法第一百六十七條或第一百六十七條之一。」此外，銀行法、證券交易法等八個金融法規於創新實驗條例頒布同日，亦同步增訂條文，明訂於核准辦理創新實驗之期間及範圍內，不適用該金融法規之規定。

效益，除大型金融業者外，對一般小型金融科技業者而言，將難以獲得創投等投資人支持成長，不利鼓勵非金融業者之小型金融科技業創新發展。

六、監理沙盒制度之展望——增加法規調適的可預見性，始能鼓勵創新

我國做為採取監理沙盒制度之成文法國家，本條例之施行，確實可見主管機關鼓勵金融科技發展之努力，如何在全球化競爭下，更有效率地提供新創業者發展的環境，畢竟等到各國均已發展新型態的金融服務模式時，台灣的金融產業將失去競爭力。當「銀行業務常在，銀行不在」之今日，開放銀行及各種新議題興起，金融業務發展樣貌變化迅速，法規勢必要快速調整，如何使法規環境符合變化趨勢，不致成為金融科技發展之阻礙，如何適當制定新法或修正法規，及提供修法方向之可預見性，始為於金融科技發展之重要關鍵。

本條例實務發展至今，沙盒實驗對行政機關之審查及對業者之申請準備，均是耗費時間及成本的一套制度，創新業務未能迅速上路，依發展現狀，沙盒制度未必是我國金融科技發展問題的解方。本條例的立法雖提供有意發展金融科技的業者之一條途徑，但考量各種時效性及效益，重點並非在引導所有業者進入沙盒實驗，沙盒申請案件或核准案件的數目即非我國金融科技發展成功與否之指標，法規調整及業務開辦之速度及規模，始為各界所應共同努力之方向。英國對沙盒制度之檢討，明確就「減低進入市場所需時間及成本」、「協助取得融資」、「產品得測試可行性並成功上市」為目標，可供我國借鏡。然在此之前，我國礙於金融法規分業立法，錯綜複雜，不若國外多採功能性整合立法或法規存有較多豁免規定之空間，相形之下，我國繁複的法規要一一調整有一定難度，再加上立法程序糾葛，金融科技發展首要之務，仍有待主管機關展現魄力及前瞻思維，透過公私協力，釐清法規方向，並鼓勵業者參與創新並符合法規要求，讓業者可預見於完成創新實驗後確實可於市場中推出其金融創新技術，並得以預先規劃準備。

展望未來，主管機關應更加落實監理沙盒作為新創業者在風險可控的

條件下測試金融科技之制度目的，避免過度限制實驗規模以及擔心實驗出問題而大幅限縮業者沙盒實驗之空間。我國長久以來，人民習慣仰賴法令的保護，金融消費者如果動輒將業者經營不善問題或投資風險認知不清，歸責於行政機關的監督不周，將造成主管機關難以放手測試創新，設定之門檻過高又使業者亦不願投入，故各界應體諒實驗容錯以及即錯即改，始能測試並改善服務，釐訂差異化監理方針。各界應用更包容的心看待並鼓勵沙盒實驗，給予行政機關辦理創新的支持與肯定。如何營造良好之沙盒環境，使行政機關、業者及金融消費者三贏，應為當務之急。

監理科技——
金融科技創新的促動器

臧正運

一、前言：監理科技的發展動能

　　當前金融體系的演化至少受到兩股主要的推力所影響：金融賦權與資本跨界（如下圖所示）。前者係指個人或金融消費者藉由科技的運用與革新，降低了自身與金融服務提供者間的資訊及資源不對稱，以及對金融中介機構的依賴，重新取得金融消費或服務關係中的主動地位。金融科技浪潮的許多新興服務或模式便是這股推力的產物，如行動貨幣、場景支付、網路借貸、機器人理財，乃至於開放銀行（Open Banking）等；後者則是指資本匯集、形成以及創造價值的方式突破了地理疆界以及產業疆界的限制。首次代幣發行（Initial Coin Offering）、以電商平台為基礎所發展出的互聯網金融模式則分別是突破地理疆界與產業疆界的著名例子。

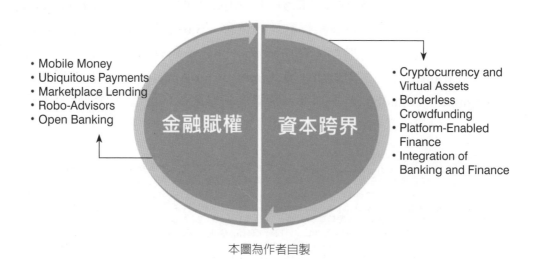

- Mobile Money
- Ubiquitous Payments
- Marketplace Lending
- Robo-Advisors
- Open Banking

金融賦權　資本跨界

- Cryptocurrency and Virtual Assets
- Borderless Crowdfunding
- Platform-Enabled Finance
- Integration of Banking and Finance

本圖為作者自製

　　金融賦權與資本跨界對於金融監理帶來以下幾點重要的啓示：1.金融中介機構的角色遭遇挑戰，伴隨著金融體系朝向多中心化乃至於分散式的演化，系統性風險的傳遞與控管模式有必要重新檢討；2.金融消費者有機會藉由科技的輔助，成爲影響與約束金融服務提供者的重要市場力量，如何將此市場動能與監理職能有機結合，成爲當代金融監理的重要挑戰；3.資本的動能跨越國界與法域，衍生各國之不同法規範在域內及域外適用的問題，對於監理機關的監管與執法產生不確定性；4.產業與金融的高度匯流整合[1]對於原本未必具備其他產業知識的金融監理機關帶來極高的學習成本與監理難度；5.資本跨界的發展深化了金融監理機關與他國監理機關的跨境整合需求，以及與他業監理機關的跨業整合需求，這些突破地理及產業疆界的監理協調對金融監理機關形成巨大的資源負擔。

　　上述啓示對於金融監理機關而言，本質上是「監理資源」的挑戰[2]。只有當監理機關握有豐沛的資源時，才有可能針對新興議題進行深入研究、延攬不同背景專業的人才、提升現有監理官的知能，以及進行深入且實質的跨業及跨境監理協調。換言之，倘若監理資源匱乏，金融監理機關將無法有效回應金融賦權與資本跨界的大勢，更遑論構建出足以因應相關產業發展與監理需求的監理模式。

　　過去數年間，各國爲了因應金融科技發展所生的風險監理與創新激勵的需求，都進行了相當程度的努力。根據金融穩定理事會（Financial Stability Board）與巴賽爾銀行監理委員會（Basel Committee on Banking Supervision）的盤點，G20國家中已有多數採行了諸如創新中心（Innovation Hub）、創新加速器（Innovation Accelerator）及監理沙盒（Regulatory Sandbox）等制度，希望能夠藉此達到促進金融創新及因應

---

[1]　如許多大型科技業者（BigTech）均已陸續涉足金融服務，不只對既有金融機構產生業務上的競爭，也對金融監理機關帶來監督管理上的困難。相關發展請參見 FIN. STABILITY BD., FINTECH AND MARKET STRUCTURE IN FINANCIAL SERVICES: MARKET DEVELOPMENTS AND POTENTIAL FINANCIAL STABILITY IMPLICATIONS 12-15 (Feb. 2019), available at http://www.fsb.org/wp-content/uploads/P140219.pdf（最後瀏覽日期：2019/2/25）。

[2]　關於金融科技發展及相關監理議題的學術討論，可參見 Douglas W. Arner et al., *The Evolution of Fintech: A New Post-Crisis Paradigm*, 47 GEO. J. INT'L L. 1271 (2016); Dirk A. Zetzsche et al., *Regulating a Revolution: From Regulatory Sandboxes to Smart Regulation*, 23 FORDHAM J. CORP. & FIN. L. 31 (2017); William Magnuson, *Regulating Fintech*, 71 VAND. L. REV. 1167 (2018); Chris Brummer & Yesha Yadav, *Fintech and the Innovation Trilemma*, 207 GEO. L. J. 2350 (2018).

相關監理挑戰的效果[3]。上開機制之目的主要在三個方面：1.協助監理機關將新生事物納入既有的法制體系中監理；2.透過實驗式的監理途徑，幫助監理機關更有系統且持續地蒐集資料與了解風險；3.透過與新創及科技產業開放且持續的溝通，降低渠等與監理機關的認知落差，進而將之納入現有的金融監理框架。這些面向的努力雖然有助於降低監理機關與受監理業者間的資訊及資源不對稱，因而提升監理機關的監理能力，但對於監理資源的節約與開創卻幫助有限。

　　對於金融監理機關而言，監理資源不論來自政府預算或是產業規費，基本上均是法律授權下的結果，在立法與修法皆須遵循嚴密法定程序的情形下，很難在短時間內驟增。因此，如何精準投放現有的監理資源，在短、中程而言，遠比如何導入額外的監理資源來得重要。也因為這樣的思路，各國金融監理機關開始關注如何透過科技與創新技術的運用，提升監理的效能，進而減少監理資源不必要的投入與浪費，而這便是「金融監理科技化」的重要時代背景。簡言之，金融體系在金融賦權與資本跨界的推波助瀾下，帶動了「金融體系科技化」的浪潮，並凸顯了金融監理資源的匱乏困境，因而進一步彰顯了監理機關透過科技的運用，升級監理基礎設施、強化監理能力、優化監理流程，以及精準投放監理資源此一「金融監理科技化」的重要性與迫切性。

　　本文以下旨在釐清監理科技的定義與範疇、監理科技對金融科技市場發展與監理革新的意義與重要性，並對我國發展監理科技的思路提出淺見供參[4]。

---

[3] Fin. Stability Bd., Financial Stability Implications from Fintech Supervisory and Regulatory Issues that Merit Authorities' Attention 57 (June 27, 2017), available at http://www.fsb.org/wp-content/uploads/R270617.pdf（最後瀏覽日期：2019/2/26）；Basel Comm. on Banking Supervision, Sound Practices – Implications of Fintech Developments for Banks and Bank Supervisors 40-41 (February 2018), available at https://www.bis.org/bcbs/publ/d431.pdf（最後瀏覽日期：2019/2/26）。

[4] 其他關於監理科技興起背景、分析框架以及可能發展圖像之討論，參見臧正運，試論金融監理科技的分析框架與發展圖像，管理評論，37卷第4期，頁19-35 (2018)；興起背景的討論亦可參見Douglas W. Arner et al., *FinTech, RegTech and the Reconceptualization of Financial Regulation*, 37 Nw. J. Of Int'l L. & Bus. 371, 388-89 (2017).

二、監理科技的定義與範疇

　　依本文見解，基本上所有助於金融監理科技化的技術運用、流程設計與資源配置都可泛稱爲「監理科技」。「監理科技」一詞係從國外語境發展而來，在英文中對應的詞彙爲「Supervisory Technology」（或SupTech，即Supervisory Technology的合體字）。在學術文獻中亦有論者使用「Regulatory Technology」（或RegTech，即Regulatory Technology的合體字）指涉監理科技，然而目前全球金融監理標準制定機構（Global Standards-Setting Bodies）如金融穩定理事會及巴賽爾銀行監理委員會均已將SupTech與RegTech加以區分，前者才是本文所稱之「監理科技」，而後者則較適合理解爲「法遵科技」[5]。

　　若追本溯源，RegTech一詞的出現早於SupTech，像是英國政府科技辦公室首席科技顧問即於2015年所發布的報告中提及RegTech，並將之定義爲「可被應用或使用於監理之科技，基本上係爲了改善監理系統之效率與透明度」[6]（"technologies that can be applied to or used in regulation, typically to improve efficiency and transparency in regulatory systems."）。隨後英國的金融行爲監理署（Financial Conduct Authority）更將之界定爲「金融科技的一環，係聚焦在能比現行方式更有效率及效能地促進監理規範傳達的科技」（"RegTech is a sub-set of FinTech that focuses on technologies that may facilitate the delivery of regulatory requirements more efficiently and effectively than existing capabilities."）[7]。從上述定義觀之，原本RegTech一詞的使用並未侷限在法遵科技的範疇，而是包含監理機關運用科技實施監理，以及金融機構運用科技強化法令遵循等兩大面向。但也正因爲指涉範疇過廣，相關的討論較難聚焦與深化，於是國際金融監理標準制定機構開始用兩個不同詞彙指稱監理科技與法遵科技。如金融穩定理事會定義下的RegTech，乃指「受

---

[5]　本節論述結構參考自臧正運，同前註，頁21-22。

[6]　Uk Gov't Chief Sci. Adviser, Fin Tech Futures - The UK As a World Leader In Financial Technologies 62 (Mar. 2015), https://www.gov.uk/government/uploads/system/uploads/attachment_data/file/413095/gs-15-3-fintech-futures.pdf （最後瀏覽日期：2019/2/26）。

[7]　Fin. Conduct Authority, Call for Input on Supporting the Development and Adopters of RegTech 3 (2016), https://www.fca.org.uk/publication/feedback/fs-16-04.pdf （最後瀏覽日期：2019/2/26）。

監理之金融機構為符合法令遵循要求與報告所發展出的各種金融科技應用」（"any range of applications of FinTech for regulatory and compliance requirements and reporting by regulated financial institutions"）[8]，所以舉凡金融機構利用科技強化洗錢防制、採用科技偵測非常規交易、強化法令遵循與風險管理的效能等均屬之。SupTech則被定義為「金融監理機關的金融科技應用」（"applications of FinTech by supervisory authorities"）[9]，其主要功能在於透過科技的運用，讓監理機關更有效率地執行相關的監管工作[10]。從此觀之，監理科技亦應包含有助於監理機關科技化執行監理工作的相關基礎設施，如監理報表的自動化申報平台，乃至於機器可讀及可執行（Machine-readable and executable）的監理規範等。[11]

　　自從金融穩定理事會將兩者予以區分後，巴賽爾銀行監理委員會、多倫多金融監理領導力訓練中心（Toronto Centre-Global Leadership for Financial Supervision）[12]以及國際清算銀行轄下的金融穩定研究所（Financial Stability Institute）[13]等國際組織亦在其文件中予以跟進。其中最值得關注者為金融穩定研究所發布的報告，該報告透過與全球18個機構（包含監理機關與監理科技業者）進行訪談的方式，結構性地梳理各國監理機關使用監理科技的現況，堪稱目前國際上就此議題最嚴謹與全面的調查。該報告主要從資訊科技的角度出發，將監理科技的運用區分為「資料蒐集」（Data Collection）與「資料分析」（Data Analytics）兩大維度，再分別就各維度下的具體技術運用彙整歸類受訪機構所使用的監理科技方案[14]。除了現行監理科技方案的歸類外，該報告並進一步梳理出這些

---

[8]　Fin. Stability Bd., Artificial Intelligence and Machine Learning in Financial Services - Market Developments and Financial Stability Implications 35 (Nov. 1, 2017), http://www.fsb.org/wp-content/uploads/P011117. pdf（最後瀏覽日期：2019/2/26）。

[9]　同前註，頁36。

[10]　Basel Comm. on Banking Supervision，前揭註3，頁35。

[11]　Toronto Centre, SupTech: Leveraging Technology for Better Supervision 10-11 (July 2018), http://res.torontocentre.org/guidedocs/SupTech%20-%20Leveraging%20Technology%20for%20Better%20Supervision.pdf（最後瀏覽日期：2019/2/26）。

[12]　同前註。

[13]　Dirk Broeders & Jermy Prenio, *Innovative Technology in Financial Supervision (Suptech) – The Experience of Early Users*, FSI Insights on policy implementation No 9, Financial Stability Institute, 20 (July 2018).

[14]　同前註，頁5。

方案所適用的金融監理面向。根據其研究,在資料蒐集方面,監理科技主要被用於協助監理報告(Reporting)、資料管理(Data Management)以及虛擬協助(Virtual Assistance);而在資料分析方面,監理科技則主要用來協助市場監控(Market Surveillance)、不當行為分析(Misconduct Analysis)、微觀審慎監理(Micro-prudential)及宏觀審慎監理(Macro-prudential)[15]。

從這些國際組織的研究可知,目前至少已有英國、奧地利、新加坡、澳洲、美國、荷蘭、義大利、中國大陸及盧安達等地的金融監理機關開始運用監理科技落實監理職能的實際案例[16]。監理科技的發展與運用已漸成為全球金融監理的明確趨勢,其發展對於各國金融業者的國際競爭與營運勢將產生重大的影響。

三、監理科技的大用

監理科技的發展對於金融監理體制的革新與金融科技產業的發展具有以下幾點巨大的意義:1.金融監理的科技化提升了監理的效能,有助於監理機關精準運用有限的監理資源,而有餘力顧及新興事物的學習,降低對監理創新技術運用與商業模式的抗拒;2.其次,監理科技發展有助於累積監理實證資料,幫助監理機關針對不同機構與業務所涉及的不同風險予以甄別與管理,實踐以風險與實證為基礎的監理模式,進而落實差異化監理,讓多元的金融創新得以在不同的監理密度下孕育成長;3.監理科技可將監理申報、規範遵循、表證稽核、風險甄別等監理流程電子化及標準化,使得高效簡便的監理資料交換與共享成為可能,有助於不同國家以及業別的監理機關相互間進行監理協作,監控金融賦權與資本跨界發展下所產生的風險。

申言之,監理科技是調控與優化監理資源分配的控制器,也是監理機關與受監理機構間的溝通平台及語言,更是金融科技創新得以萌生的促動器(Enabler)。透過監理科技的持續運作,監理機關得以掌握充分的產

---

[15] 同前註,頁6。
[16] 關於各國監理科技運用案例的彙整,亦可參見臧正運,前揭註4,頁26-27。

業資料及業者的營運資料、檢視業者法令遵循的現況與不足，進而決定監理資源的分配。由於監理機關得以精準掌控不同金融服務提供者之業務與行爲所涉及的風險，所以有自信施予不同密度與強度的監理措施，而不至於過度拉高新興業者的法令遵循成本，反而限制了市場的競爭，而無法讓消費者得到最大化的利益。

　　雖然監理科技具有大用，也已成爲各國相繼投入發展的重點領域，但各國發展的進程不一。以我國爲例，2017年底立法院三讀通過《金融科技發展與創新實驗條例》，並於2018年4月底正式施行，金融監督管理委員會（下稱「金管會」）也已相繼頒布相關子法[17]，來推動金融科技創新實驗制度（即俗稱之「監理沙盒」），以及相關的金融科技發展措施。這些制度與措施基本上係以監理沙盒作爲探索創新技術與商業模式運用所可能產生的風險爲核心，再搭配諸如實體聚落、創新加速器與媒合平台、主管金融科技事務的專責監理窗口，以及主題實驗室等有利於金融科技產業發展的措施與服務，建構出初步回應金融科技興起的監理模式，還不算與監理科技的發展直接相關。

　　直到今年，金管會開始將監理科技列入年度的施政重點，主要是責由檢查局推動「金融業金檢業務電子化」，將導入API自動排程申報作業，讓業者可以將各類報表透過API進行自動排程申報[18]。此外，檢查局也將建立檢查報表，讓業者可以事前上傳實地檢查時所需要的報表，利於檢查局在實地檢查前及早掌握檢查資料。最後，也將建置行動辦公室，供檢查人員進行實地檢查時，得以遠端即時連結局內資訊系統，取得所需資訊[19]。金檢業務電子化的發展堪稱我國監理科技的重要里程碑，也相當切合解決實務痛點的需要，但除了金融檢查流程的科技化外，監理科技的發展其實可以擴及各種金融監理面向，如「市場進入」、「行爲監理」、

---

[17] 即《金融科技創新實驗管理辦法》、《金融科技創新實驗審查會議及評估會議運作辦法》、《金融科技發展之輔導與協助辦法》及《金融科技創新實驗民事爭議處理收費辦法》。

[18] 李靜宜，金管會公布2019年Fintech施政重點，iThome，2019年1月31日，https://www.ithome.com.tw/news/128541（最後瀏覽日期：2019/2/26）；廖珮君，金管會金檢金融業　也吹「數位風」，蘋果日報，2019年2月9日，https://tw.appledaily.com/new/realtime/20190209/1511374/（最後瀏覽日期：2019/2/26）。

[19] 廖珮君，同前註。

「資訊要求」、「審愼監理」、「機構治理」以及「監理知能」等[20]。未來我國究竟將如何建構各個面向的監理科技發展圖像並規劃相關進程，仍有待持續觀察。

四、結語：我國發展監理科技的思路

監理科技作爲金融科技創新的促動器，其重要性已如前述。然而我國究竟應該依循什麼路徑，選擇何種策略才能在有限的監理資源下穩步發展出足以回應市場變化與需要的監理科技版圖，其實是現階段產官學界亟須共同釐清討論的議題。本文囿於篇幅，僅就未來各界進行相關討論時可以有的思路提出建議如下：

首先，監理科技的發展始於資料的電子化與標準化，無論是業者遞送申報的資料以及監理機關提出的規範與要求都要能夠具備機器可讀性，甚至是機器可執行性，未來方能以此爲基礎搭建出多元的監理科技方案與應用。因此，營造機器可讀的監理報表（Regulatory Reporting）環境，讓監理機關與受監理機構間的資料傳輸得以數位化甚或自動化，是發展監理科技的關鍵基礎設施、重中之重。

其次，金融科技創新重塑了產業疆界，監理能力則是釋放產業能量的關鍵，監理科技作爲強化監理能力的關鍵配備，與開拓產業潛能息息相關，也跟一國產業與經濟競爭力的維繫密不可分。

再者，台灣社會對政府與監理機關的容錯度較低，監理科技的發展有助於監理實證的累積，讓主管機關制定決策「有跡可循、有數據可證」，而得以取信於產業及消費者，對於提升社會對於監理機關的信任度有所助益，也有助於社會各界在信任的氛圍中推進金融監理的革新與開創。

最後，資訊服務業與科技製造業本爲台灣在國際市場上的強項，在這個全球發展金融監理科技的大趨勢下，未來國際上會有大量的技術需求、人才需求以及系統整合需求，台灣有機會協助世界，實現科技賦能的想像，在「監理科技產業化」的過程中取得一席之地。

---

[20]　參見臧正運，前揭註4，頁28-30。

金融監理科技化是重要的基礎工程，需要政策法制、科技發展與產業動能等三方面的配合與投入，其中尤以政策法制的擘劃最爲關鍵，並需仰賴政策制定者、監理機關與市場行爲者等各方利害關係人的充分對話，而決定擘劃的方向、路徑與手段。或許上述思路可供各界參考，作爲營造我國發展監理科技、決定政策擘劃方向的對話共識。

監理科技產業發展介紹

谷湘儀、趙偉智

一、監理科技3.0來臨

　　監理科技，顧名思義爲利用「科技」做爲執行金融監理的手段，概念上可以細分爲「監理科技」（Supervisory Technology，或SupTech）及「法遵科技」（Regulatory Technology，或RegTech），按國際金融監理組織提出之見解，兩者最大的差異在於前者爲金融監理機關執行監理運用之科技，而後者爲金融服務業者執行法規遵循時所運用之科技，然於本文中，凡有助於金融監理、法規遵循的科技運用，均泛稱爲「監理科技」。

　　發展背景可以追溯至上個世紀末期，監理科技萌芽之初，主要是用作交易活動及法規分析、風險量化以進行風險控管，此階段或有論者稱爲「監理科技1.0」；推進至約莫21世紀初，主要國家金融控管意識提高，而爲了符合越來越複雜的監理規則，並且避免違反監理規則遭致巨額罰鍰[1]，金融監理科技的發展逐漸被運用在「促進法規遵循」上，最常應用的領域即爲「AML（Anti-Money Laundering）及KYC（Know Your Customer）」，此階段可稱爲「監理科技2.0」；然而近年來隨著科技發展的推進、大數據資料庫的誕生，金融監理科技的發展軸心漸漸自KYC發展爲KYD（Know Your Data），而賦予其以人工智慧方式判讀資訊、預測潛在風險，甚或以生物辨識方式驗證身分等功能，此一從量變（資料量遽增）而產生質變（應用方式及領域變化）的新時代，一般又將其稱爲「監理科技3.0」[2]。

---

[1]　U.S., EU fines on banks' misconduct to top \$400 billion by 2020: report, (SEPT. 27, 2017) HTTPS://WWW.REUTERS.COM/ARTICLE/US-BANKS-REGULATOR-FINES/U-S-EU-FINES-ON-BANKS-MISCONDUCT-TO-TOP-400-BILLION-BY-2020-REPORT-IDUSKCN1C210B（最後瀏覽日期：2019/05/13）。

[2]　There's a revolution coming-Embracing the challenge of RegTech 3.0, (SEPT. 17, 2017), available at https://assets.kpmg/content/dam/kpmg/uk/pdf/2018/09/regtech-revolution-coming.pdf （最後瀏覽日期：2019/05/13）。

二、科技驅動監理者創新監理

隨著監理科技應用領域逐漸廣泛，其在「金融科技」的創新發展過程中，也扮演著相輔相成的角色；尤其是我國一直以來金融發展政策的重點在於消費者保護及防範風險，這使得金融監理者必須在確保有完善的監理措施的前提下才願意進行開放，但面對種類繁多、業務多樣的新興金融科技產業，難免使慣於固有監管法規及監理方式的監理者對於金融科技產業及業務的開放產生遲疑，然而若能建置符合監理者要求的金融監理科技模式，並以其執行監理業務，或許即可在此一難題上解套。

若要建置符合監理者要求的金融監理科技模式，勢必需要透過監理者、金融科技業者甚至是傳統金融服務業者三方的合作，方能達成此目標，本文參考英國金融行為監理局（Financial Conduct Authority, FCA）於2015年11月提出的報告[3]，整理出前述三方應如何合作以支持金融監理科技的適用及發展：

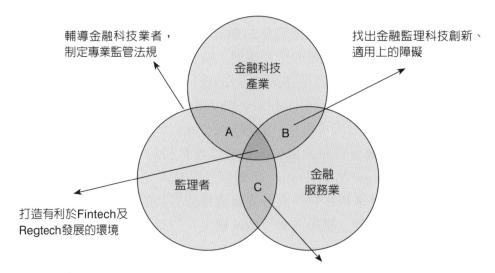

---

[3] Call for Input: Supporting the development and adoption of RegTech (Nov. 2015) .https://www.fca.org.uk/publication/call-for-input/regtech-call-for-input.pdf（最後瀏覽日期： 2019/05/13）。

1.監理者與金融科技業者之間

監理者應扮演輔導金融監理科技及金融科技業者的角色，使其得在符合監管規則的前提下發展。

2.監理者與傳統金融服務業者之間

監理者應鼓勵傳統金融服務業者使用監理科技，並期待在傳統金融服務業者引進及使用監理科技的過程中，能創造雙方共同適用的監理標準。

3.金融科技業者與傳統金融服務業者之間

希望雙方能共同合作找出金融監理科技創新、適用上的障礙，並盡可能解決該等障礙。

4.三方之間

透過三方合作，打造有利金融科技及金融監理科技發展的環境。

由此可知，當前監理科技的發展並不只是單一產業或技術的縱向成長，而是需要透過政府及民間橫向、有機地合作，才能創造一個適合監理科技成長的環境，進而能讓金融科技產業受到有效地監理，因此我們可以進一步認為，在監理科技3.0的時代，監理科技或許已經跳脫「科技驅動的法規遵循」此一單一定義，而發展出「科技驅動監理者創新監理」的新面貌。

本文以下整理了目前監理科技產業在國外發展的情形，以及目前在國外監理者應用監理科技執行監理手段的實際案例。

三、監理科技產業在國外的發展

目前金融科技產業的新創公司主要是以法律遵循、數位監理報告表、身分管理與控制、交易監控與查核技術為其主要的發展領域，舉例介紹如下：

（一）法律遵循

1.風險資料管理

從事風險資料管理（Risk Data Management, RDM）的監理科技業者主要是應用大數據科技，進行資料控管（data governance）、資料監控

（data monitoring）及資料保護（data protection）等服務，業者可自監管法規及監理機關的執行手段中擷取出具有遵循風險的資訊，再就該資訊分類並進行全球性的比較以歸納出與客戶切身相關的遵循風險資訊；此外風險資料管理業者亦運用演算法技術分析資料，以協助客戶或金融機構遵循國際會計準則以及相關法規（如：例如IFRS 9及Basel 3）的要求[4]。

　　例如，KPMG即發展一項名爲「Astrus」的技術，Astrus可以運用來自多個國家的資料來源交互比對分析風險資訊，並以此評估客戶之往來廠商或交易對手的誠信風險（Integrity Risk），藉此更準確的發現在一般法律、財務報告中難以看出的潛在問題[5]，協助客戶進行決策並避免法律遵循風險。

2.洗錢防制法規風險

　　過去十年內美國及歐盟金融業因違反金融法規而產生的罰款累積金額超過3,000億美金，其中以違反洗錢防制以及反恐怖主義金融規範爲大宗[6]。然研究顯示，目前金融機構所建置的洗錢防制系統通常是基於該機構的主觀經驗或是基於法規明確要求（如：超過1萬美金以上的交易即須以特定措施查核是否有反洗錢疑慮），而須採取反洗錢調查行動。但根據統計，依現有作法所篩選出具有反洗錢疑慮的交易，約有九成爲假警報[7]。

　　有鑑於此，IBM結合人工智慧（Artificial Intelligence）、自然語言處理（Natural Language Processing）及機器學習（Machine Learning）等多種技術建置了一項AML專案，亦稱爲「Watson方案」[8]。Watson方案可以在輸入反洗錢查核程序的指引及步驟後，在不同反洗錢相關的資料庫

---

[4]　SIA-PARTNERS, REGTECH STUDY: EUROPEAN LANDSCAPE 7 (Sep. 2018), available at http://sia-part-ners.com/sites/default/files/mag-reg-tech_finalvers2_1_0.pdf（最後瀏覽日期：2019/05/13）。

[5]　KPMG, Astrus Third Party Intelligence 3-7 (Jan. 2017), available at https://home.kpmg/content/dam/kpmg/uk/pdf/2017/01/nicholasbowen.pdf（最後瀏覽日期：2019/05/13）。

[6]　STEVE GOLDSTEIN, HERE'S THE STAGGERING AMOUNT BANKS HAVE BEEN FINED SINCE THE FINANCIAL CRISIS, (Feb. 2018) available at https://www.marketwatch.com/story/banks-have-been-fined-a-staggering-243-billion-since-the-financial-crisis-2018-02-20（最後瀏覽日期：2019/05/13）。

[7]　STUART BRESLOW, MIKAEL HAGSTROEM, DANIEL MIKKELSEN, AND KATE ROBU, THE NEW FRONTIER IN ANTI-MONEY LAUNDERING, (Nov. 2017) available at https://www.mckinsey.com/business-functions/risk/our-insights/the-new-frontier-in-anti-money-laundering（最後瀏覽日期：2019/05/13）。

[8]　IBM, HOW BANKS FINALLY REACH PEAK ANALYST FOR AML COMPLIANCE (2018), available at https://www.ibm.com/downloads/cas/ODWYD8K5（最後瀏覽日期：2019/05/13）。

中蒐集資訊，以進行完整評估，復加以人工智慧、機器學習的特性，可以讓系統發展出學習辨別風險的功能，並能更精準的辨識在碰到何種情況時具有較高的風險[9]。如此一來及能降低誤警率，讓金融機構將監管資源做更有效的運用。

3. 法遵管理科技

跨國金融機構因業務範圍廣泛，且在全球各地都有營運據點，面對全球不斷變動的法規環境下，實難以立即有效的採取應對措施，因而須付出非常高的成本。因此法遵管理科技（Compliance Management）的特色就在於利用雲端服務、人工智慧以及機器學習等技術，監看與客戶整體營運範圍相關的法規變動情況，結合點對點的技術，直接將法規變動情況傳遞給客戶，確保客戶可以即時、完整、正確的遵循法規[10]。

以英國法遵科技公司ClauseMatch[11]爲例，ClauseMatch運用其對於法規的了解以及機器學習技術，將所有法規的程序與執行方法自動化、標準化整合成一套系統，透過整理、分析數千種立法、金融、營運以及風險部門的資料，提供客戶完整及明確的法規遵循方法及指引。ClauseMatch亦內建了一套審計程序，使客戶可以更透徹的了解自己的情況。此項軟體服務使金融機構在內部政策、標準、程序及內部控制上，進行更有效、快速且低成本的法規管理[12]。

（二）數位監理報告表（**Digital Regulatory Reporting**）[13]

在英國，依照FCA的法規要求，受其管轄金融服務業者必須定期向監管機關提交監理報告，但此龐雜、重複性工作造成金融機構大量的成本；

9　IBM, IBM FINANCIAL CRIMES ALERTS INSIGHT WITH WATSON, available at https://www.ibm.com/us-en/marketplace/ibm-financial-crimes-alerts-insight（最後瀏覽日期：2019/05/13）。

10　同註3，頁11（最後瀏覽日：2019/3/14）。

11　L39, CLAUSEMATCH NAMED AS 2018'S LEADING REGTECH COMPANY (Oct 25 2018), available at https://www.level39.co/clausematch-named-as-2018s-leading-regtech-company/（最後瀏覽日期：2019/3/14）。

12　Evgeny Likhoded, How Regtech is making life easier for compliance professionals (May 10 2018), available at https://clausematch.com/blog/regtech-making-life-easier（最後瀏覽日期：2019/05/13）。

13　Digital Regulatory Reporting-Feedback Statement on Call for Input, (Oct. 2018), available at https://www.fca.org.uk/publication/feedback/fs18-02.pdf（最後瀏覽日期：2019/05/13）。

然對中小型的金融科技業者，提交監理報告更是一項極為艱難的任務，業者必須在FCA頒布的規範守則中找尋相關法規、解讀法規以決定應向FCA提交的資訊，然而該業者對於法規的解讀有時也不一定符合FCA的要求，造成新創業者很大的困擾，進而使法規遵循成為阻礙新創產業的障礙。

　　FCA為了解決上述金融服務業者的提交監理報告的痛點，正積極研議要將其頒布之規範守則中（Handbook）的部分法規，轉化為得由機器識讀的文字，並在機器識讀法規後，透過共享及導入API，在業者的資料庫中蒐集相關資訊及文件，並自動製作成監理報告提交給FCA[14]。不過此項方案的具體運作模式目前尚未定案，且仍有許多尚需克服的障礙。但由此可見FCA追求監理創新的決心。

（三）身分管理與控制

　　身分管理與控制（Identity Management and Control）主要是運用以人工智慧、機器學習以及大數據技術，以達到確認線上使用者的生物資料，辨識網路安全漏洞以防免線上詐騙活動；此外，透過API的共享及導入，還可將政府的資料以及客戶的資料連結，達成KYC（即辨識客戶身分）以及AML的自動化控管。根據統計，金融機構每年投入高達2億至10億歐元（相當於新台幣70億至350億）的成本在進行KYC程序，然而其中有70%的成本是來自於重複性的工作。若能有效應用身分管理與控制技術，將能降低30%的成本[15]。

　　以英國軟體科技公司YOTI為例，YOTI是一間幫助企業或政府部門管理身分與控制的公司，民眾可將身分辨識資訊（包含頭像、生日、血型等資訊）輸入該系統，並提供如身分證、駕照等資料由YOTI對資料進行驗證，驗證後系統會將所有資料分散儲存於資料中心，而該分散儲存的資料，只能嗣後由使用者透過YOTI的應用程式組合。因為YOTI已經在事前為資料驗證過真實性，該系統可進一步提供生物識別登入（Biometric

---

[14] 同註13。
[15] 同註3，頁4-5（最後瀏覽日期：2019/05/13）。

login）、身分證明（Identity verification）等功能，因此若未來能運用在KYC程序，將使金融機構能大幅降低不斷重複認證的技術性成本，以更有效率地執行法規遵循。

此外，進入英國第四波監理沙盒試驗中的英國公司Creativity Software亦發展出一種利用以手機網路定位為基礎，進而發展出具身分驗證、交易監控功能的監理科技服務。在「人手一機」的現代，手機號碼驗證已然成為客戶身分驗證非常重要的一環；然而Creativity Software指出，目前英國企業所持有的客戶資料中，有大約30%的手機號碼有誤，此情況使得企業在行銷上、身分認證上以及資料蒐集上造成很大成本的浪費，Creativity Software利用其技術，可以偵測客戶檔案的手機號碼是否有效，並且將該手機網路定位位置與客戶檔案中的地址相互比對，以核實手機號碼之正確性；此項技術也被應用在核實交易真實性上，利用即時網路定位技術，能進一步確認客戶進行交易當時的實際位置，在「機不離身」的時代能達到以防免金融詐騙的功能。

（四）交易監控與查核技術

有鑑於金融詐騙活動數量提升且趨於精密、複雜，金融機構的使用者對於金融機構的金融消費安全性要求也越來越高[16]。交易監控與查核技術（Transaction Monitoring）主要是使用區塊鏈、人工智慧以及機器學習技術，提供即時監控交易資料、偵測異常狀況及特殊風險等功能，以保護使用者。

以美國公司AppZen為例，AppZen是一個使用人工智慧技術自動執行費用查核、辨識違規或詐欺情事的平台。AppZen利用人工智慧技術，可在企業客戶之費用帳簿取得支出及相關單據等資料，並能以機器判讀相關單據或契約之關鍵條款、發票所記載之價格與數量，並檢查訂購單的購買條件。透過重複勾稽前述資料，找出虛偽記載、核銷不實或是具有高風險詐欺行為的單據或文件，讓企業得以將監理、稽核的資源投入在具高風險

---

[16] 同註3，頁9-10（最後瀏覽日期：2019/3/14）。

的交易上，讓資源獲得極大化的運用[17]。

　　此外，進入英國第四波監理沙盒試驗中的英國公司HUB85，也提供類似服務；HUB85發現利用人工製作的電子表單，存在有資料錯誤、非法律遵循等風險（或Spreadsheet Risk），且在一般企業中普遍未獲得良好的控制，原因在於傳統的查核以及風險管理程序無法詳實檢查電子表單，且在運作上也必須很繁瑣地藉由終端使用者以人工方式修正程序；而HUB85提供了一套全自動解決方案，讓融資機構得以監控並瞭解電子表單係如何被使用，並可監控、執行應遵循之規範、辨識文件錯誤以及量化企業風險。藉由軟體所捕捉之資料分析，得用於辨識並促進營運作業的自動化[18]。

四、結論：以監理科技輔助我國金融科技發展

　　金管會日前宣布將持續推動「我國檢查作業電子化」計畫，並以「分階段導入API自動排程申報作業」、「建置檢查放表功能」、「建置行動辦公室方案」[19]三個方向為監理創新的近期目標，此措施顯示我國監理機關在監理創新上跨出第一步；然而，如果我國希望達到如英國FCA目前研議之「數位監理報表」的自動化、數位化監理方式，以及發展KYC、AML的自動化控管，則除了技術提供者的科技提升外，尚需要龐大的數據資料（如：API共享及導入、Open Banking的建置）、機器可識讀或可執行的監理規範、監理者與受監理者間的暢通的數位資料傳輸管道等等相關金融基礎設施，方能水到渠成。

　　我國對於金融業之監理，向來採取「三高」方式，亦即要求「高資本額、高專業人力配置、高度法規監管」，以防堵風險並落實消費者保護，

---

[17]　AppZen, HOW DOES AI-POWERED AUDITING WORK?, available at https://www.appzen.com/products/plat-form（最後瀏覽日期：2019/05/13）。

[18]　HUB85, SPREADSHEET GOVERNANCE, available at https://hub85.com/spreadsheet-business-intelligence/（最後瀏覽日期：2019/05/13）。

[19]　金管會107年重要施政成果及108年工作重點，金融監督管理委員會重要公告，available at https://www.fsc.gov.tw/ch/home.jsp?id=97&parentpath=0,2&mcustomize=multimessage_view.jsp&dataserno=201901280001&dtable=Bulletin&aplistdn=ou=bulletin,ou=multisite,ou=chinese,ou=ap_root,o=fsc,c=tw（最後瀏覽日期：2019/05/13）。

隨著金融科技發展使得許多網路或科技背景之業者加入提供創新的金融服務，對於該等業務應如何納管？法規上應如何設計？成為主管機關的難題。

　　從本文國外監理科技產業的介紹，可見監理科技五花八門，正在快速發展中，與金融科技相輔相成。歐洲在開放銀行基礎下，更有利於監理科技發展，使科技業可大量參與，無論在KYC以及AML領域，均可運用各種資料分析及時監控交易，針對特定之金融服務降低交易風險，加強法規遵循，優化金融服務。就破壞式創新所生之監理挑戰，監理科技實為問題的解方。主管機關及業者如能妥善運用監理科技，則業者無論在交易透明度、法規遵循、效率及安全，均能比傳統金融業更完善，對消費者更為公平及保障；主管機關則可精準投放監理資源，甚至可透過API導入及時監控，更能掌握產業良窳，減輕人力負擔，則「三高」之監理方式可望重新檢討調整，並尋求對業者發展更有利之模式。

　　我國監理沙盒尚在起步，有限執照之概念開始醞釀，資料如何處理及公開始能兼顧個資保護，相關法規討論始終在傳統規範及如何鬆綁間拔河，基於管理的便利或法規調整之困難度，金融業務的發展始終向傳統金融產業傾斜，法規修正進度緩慢。期待未來在智慧政府及開放銀行政策下可促進各種監理科技之建置及發展；於沙盒實驗之具體個案中，業者亦可導入並應用主管機關認可的「法遵科技」，監理報表等「監理科技」的應用可儘速上路，監理科技發展可以透過驗證法規遵循遵循，增加產業、主管機關、消費者三方之信任，帶來新的氣象，新的思維，藉以重塑金融法規之規範方向。

金融科技時代下的資安風險——
金融服務雲端化的挑戰[*]

廖婉君、陳奕甫

　　在近年來資訊高度電子化的環境下，光是2018年間就發生了多起大規模駭客入侵及資料外漏等資安事件，包括日本、韓國、中國等地的大型虛擬貨幣交易所在內，全球各地屢屢傳出交易所遭駭客入侵的災情，在此同時，地球的另一端更發生了社群網站龍頭Facebook捲入涉及將高達8,700萬筆用戶個資不當洩漏給劍橋分析（Cambridge Analytica）使用的爭議事件，在「資訊爲王」的新時代下，這些資安議題隨著金融科技的發展浮上檯面，國際社會對於資訊安全的關注，已躍升至國家安全層次，各國無不增訂或修改資安法規，以因應各式推陳出新的金融科技所需的資安層級。

　　隨著數位活動所留下的「足跡」日益增加，對巨量資料的儲存、運算與分析上的迫切需求隨之而來。金融科技業者爲了掌握快速進入市場的先機，早已高度使用雲端運算服務（Cloud Computing）提供服務。在雲端的時代，可以說只要有了網路連線，隨時都可像是打開水龍頭一般地取得資訊服務，除了可以彈性擴充、並依使用量計價之外，多租戶共用的資訊架構更能夠將雲端服務商的資源整合爲單一共用的資源池，彈性依照使用者需求進行調派。這般只需透過網路連線就能取得遠端主機提供資料處理服務的概念，打破了傳統自建系統、資料保存管理集中於少數一、兩個資訊中心的想像，金融監督管理委員會（下稱「金管會」）早在2016年5月的「金融科技發展策略白皮書」中即指出「金融機構需引進新技術，運用雲端服務快速開發並降低成本，充分運用外部資源與大數據資料分析，以跟上市場變化的腳步」，並宣示「支持金融機構運用金融科技及外部資訊

[*]本篇文章感謝黃鯨洋律師協助研究及執筆。

處理委外服務」。

　　然而在享受高效能與便利性的同時，當資料暴露在不同的資訊環境時，也意味著倘若沒有採取適當安全防護措施，或沒有落實雲端環境下的安全設定或管理時，雲端運算的使用便可能產生資安上可被利用的脆弱點──這樣的疑慮對於受到高密度監管的金融產業而言，影響不可小覷。因此，當資安風險儼然已成為全球性議題時，金融業者如何在我國現行法令框架下使用雲端運算服務，而這些現行的監管措施又是否能真正促使金融業者在發展創新金融服務的同時，有效將資安防護控管落實到外部的雲端環境，誠值得討論。

一、金融服務雲端化的挑戰

　　金融服務雲端化涉及的監理重點將包括：採用雲端運算的風險控管，第三方服務供應商的管理機制、資料跨境傳輸相關的安全控管，以及如何確保監督與查核等方式，確保第三方確實有效執行各項安全控管措施。

　　金融科技的發展初期多半需投入可觀的成本作為前期研發費用，也因而不少金融業者會選擇先與市場上既有的科技公司進行策略上的業務合作或以採購或業務整合的方式運用既有科技，例如持續性地運用雲端廠商的軟體服務（SaaS）、平台功能（PaaS）或底層硬體（IaaS）──不同類型的雲端服務模式，恰恰可以視為不同程度的資訊作業委外。目前主管機關於銀行業與保險業均分別訂有《金融機構作業委託他人處理內部作業制度及程序辦法》與《保險業作業委託他人處理應注意事項》（以下合稱「委外辦法」[1]）規定，明定涉及營業執照上業務項目或客戶資料的資訊系統登錄、處理、輸出，乃至於開發、監控、維護與後勤作業均屬於得委外的作業範圍。在此範圍內的資訊作業委外，均需審慎評估並控管風險，

---

[1]　《金融機構作業委託他人處理內部作業制度及程序辦法》第3條：「金融機構對於涉及營業執照所載業務項目或客戶資訊之相關作業委外，以下列事項範圍為限：一、資料處理：包括資訊系統之資料登錄、處理、輸出，資訊系統之開發、監控、維護，及辦理業務涉及資料處理之後勤作業。」；《保險業作業委託他人處理應注意事項》第3條：「保險業對於涉及依保險法令規定得從事之業務項目或客戶資訊之相關作業委外，除法令另有規定者，依其規定辦理外，以下列事項範圍為限：（一）資訊系統之資料登錄、處理、輸出、交寄，資訊系統之開發、監控、維護，及辦理業務涉及資料處理之後勤作業等。……（下略）」

對於委託事項範圍、客戶權益保障、風險管理及內部控制原則等訂定內部作業制度及程序。此外，金融業與第三方簽署服務契約時，必須符合委外辦法要求[2]，如果第三方對於受委託事項再進行複委任時，應以金融業書面同意或雙方於契約中明確約定者為限，且相關控管與責任不得低於原合約的要求，以防範安全管控程度不會因服務主體的轉移而降低，同時確保金融業審慎面對委託事項的風險控管密度。

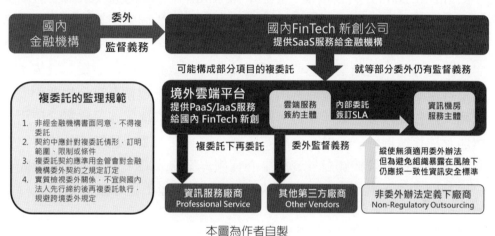

本圖為作者自製

（一）金融業委託的第三方是境外業者時，會有什麼不同？

首先，我國個人資料保護法第21條對個人資料之國際傳輸採取「原則開放、例外禁止」之策略，除涉及國家重大利益、接受國對於個人資料之保護未有完善之法規、以迂迴方法向第三國（地區）傳輸個人資料規避個資法規定者外，均得進行。惟考量到資料跨境傳輸的敏感性，目前主管

---

[2] 《金融機構作業委託他人處理內部作業制度及程序辦法》第10條：「金融機構作業委外契約應載明下列事項：一、委外事項範圍及受委託機構之權責。二、金融機構要求受委託機構配合遵守第二十一條規定。三、消費者權益保障，包括客戶資料保密及安全措施。四、受委託機構應依金融機構監督訂定之標準作業程序，執行消費者權益保障、風險管理、內部控制及內部稽核制度。五、消費者爭端解決機制，包括解決時程、程序及補救措施。六、受委託機構聘僱人員之管理，包括人員晉用、考核及處分等情事。七、與受委託機構終止委外契約之重大事由，包括主管機關通知依契約終止或解約之條款。八、受委託機構就受託事項範圍，同意主管機關及中央銀行行得取得相關資料或報告，及進行金融檢查，或得命令其於限期內提供相關資料或報告。九、受委託機構對外不得以金融機構名義辦理受託處理事項，亦不得進行不實廣告或於辦理貸款行銷作業時向客戶收取任何費用。十、受委託機構對委外事項若有重大異常或缺失應立即通知金融機構。十一、其他約定事項。」

機關針對包括雲端服務在內的跨境委外仍採取「事前核准制」[3]，規劃運用雲端服務的金融業者，應向主管機關針對特定運用範圍、敘明境外服務供應商並取得核准。其中較重要的文件包括「委外適法性分析」（包含對受委託機構遵守我國客戶資料保護相關規定、及所在地法律環境對資訊保護之規範是否不低於我國的評估）以及對第三方「營運備援」、「資料保護」與「資訊安全」的評估與查核。此外，主管機關更爲關切資料取得權（Right to Data）與查核權（Right to Audit），並透過要求第三方出具同意金融機構及主管機關得對委外事項進行查核的同意函藉以執行前述監管權。

　　由此可見，金融業如果要委託境外業者，就必須確保受委託機構本身以及當地的法律制度環境能夠與金融機構本身所應遵循者符合相當程度的規範，且於委外後仍須「充分了解及掌握受委託機構對客戶資訊之使用、處理及控管情形」——曾有金融業將部分資訊作業委由位於境外的資訊中心處理，但在主管機關對於資訊中心實施專案檢查時，由於無法即時配合提供相關檢查所需資料，主管機關即以監督管理不足等缺失爲由進行裁罰[4]。

（二）如何確保看不見、摸不著的的「雲」執行不低於金融業水準的資安控管？

　　以銀行業爲例，對資訊安全的規定早在三十多年前就由財政部參酌日本規範訂有《金融機構資訊系統安全基準》。隨著金融業務與資訊科技之發展，主管機關亦責成銀行公會針對雲端運算訂有《金融機構運用新興科技作業規範》，並對於整體資訊安全訂有《金融機構辦理電腦系統資訊安全評估辦法》等。此外，金管會在「個人資料保護法」第27條的授權下，亦訂有《金融監督管理委員會指定非公務機關個人資料檔案安全維護辦法》，對金融業處理個人資料的技術手段訂有原則性規範，例如：處理

---

[3]　金融機構作業委託他人處理內部作業制度及程序辦法第18條。此外，實務上目前僅有國家通訊傳播委員會曾依個資法第21條限制個資跨境傳輸，見101年9月25日通傳通訊字第10141050780號令：「限制通訊傳播事業經營者將所屬用戶之個人資料傳遞至大陸地區。」

[4]　金管會，2013年9月26日，金管銀外字第10250002661號。

個人資料時應採取適當的加密措施、網際網路傳輸的安全加密機制、應建立防止外部網路入侵對策、非法或異常使用行為之監控與因應機制等。

　　從國際趨勢觀察，金融穩定委員會（Financial Stability Board）2017年7月於七大工業國（G7）高峰會的報告指出[5]，金融服務業亟待各國主管機關的跨國合作，以避免資訊安全風險對金融穩定產生負面影響。再加上國內近期發生SWIFT系統與ATM系統的資安事件，這也不外乎我國金融業近期於資訊安全與資料保護的規範可說是日益趨嚴。而這般的安全防護要求，縱使金融機構選擇將作業委外處理時亦然——金融業使用雲端服務時，仍應該確保相同水準的資安控管可以被落實，金融業並且應有能力取得相關的佐證資料甚至進行獨立的查核。

　　考量現行主要的雲端服務主要境外的大型科技業者提供（例如：Google Cloud Platform (GCP)、Amazon Web Service (AWS)及Microsoft Azure等），銀行將資訊作業跨境委託境外辦理時，必須先行準備相關文件向主管機關申請核准。從這些文件可見主管機關所考量的重點包括：1.銀行可否有效控制作業委外所可能帶來的潛在風險，包括當地行政或司法機關是否可能透過查調、扣押等方式取得資料[6]；2.銀行與第三方所採取的資料保護措施是否能有效控管資訊安全的風險；3.金融機構本身與主管機關是否有權取得服務供應商對提供服務的各項資料，甚至進行查核，以掌握雲端使用上的風險；4.銀行使用外部雲端服務是否已充分向客戶揭露並取得客戶的同意，並能行使個資法的權利。

（三）雲端新時代的風險管理與查核

　　回過頭來說，無論科技如何演變，主管機關實際上仍從風險觀點確保

[5]　Financial Stability Board, "Summary Report on Financial Sector Cybersecurity Regulations, Guidance and Supervisory Practices"(2017).

[6]　2013年美國司法部請求法院頒布搜索令，以要求微軟（Microsoft）提供存放於愛爾蘭資訊中心伺服器的客戶資料。愛爾蘭當局明確明「愛爾蘭的主權不容其他國家的侵犯」，加上德國亦提出意見指出美國此舉將會嚴重侵犯當地的資料保護法，最終第二巡迴上訴法院認為儲存通訊法（Stored Communications Act）不得強迫美國的服務供應商交出位於境外伺服器之資料。In re Warrant to Search a Certain E-Mail Account Controlled & Maintained by Microsoft Corp., 829 F.3d 197 (2d Cir. 2016)。美方已於2013年3月通過《明確海外資料使用法》（Clarifying Overseas Use of Date Act, cloud Act），允許美國執法機構向法院申請存取美國企業存放於境外的資料。新法律的重要性在於讓各國政府不再以資料的位置作為是否能執行管轄權的依據，然而，強制存取境外資料時，又可能會與當地資料保護法規有所衝突。

金融業使用新科技不會損及客戶權益，亦不會減損本身的監理權限，以使用雲端服務爲例，金融業應該注意的法律、管理或技術面議題可能即包括：

1. 集中度風險與業務連續性

應適當分散所使用雲端運算服務，避免過度集中單一雲端運算服務商，並應針對所使用之雲端運算服務，基於業務的攸關性與重大性進行資料備份及營運持續計畫。例如2019年3月Facebook或Google均曾發生服務中斷情形，後續不少透過這兩個大型網站進行單一登入（Single-Sign-On）的電子商務網站即可能受到影響。直言之，如金融業過於仰賴雲端服務而僅透過雲端服務提供關鍵的業務流程，一旦發生問題，自可能衝擊金融機構的服務能力與品質。

2. 資通安全風險

(1)金融機構於法律面，應確保資料實際處理所在地區對資料保護已訂有不低於我國標準之法律，且當地政府機關已對資料查調訂有法律程序、以防範當地政府不當資料存取的可能。

(2)至於技術面則應確保雲端運算環境下之資料安全、資訊安全與設備安全之控制不低於我國個資保護與產業標準之要求，並對資料傳輸與儲存採取適當安全保護措施。倘金融機構運用雲端運算服務商所提供加密服務時，應確保金融機構對加密金鑰有唯一的控制與存取權限，且加密金鑰存放於安全環境。

(3)應了解資料於雲端運算服務環境之處理情形。金融機構應優先將資料儲存於我國境內，如儲存於我國境外時，金融機構應有權擇定資料實際儲存地區，並應確保金融機構對傳輸與儲存於雲端運算環境之資料仍具所有權。

3. 雲端供應鏈風險

未來「雲疊加」（Cloud on Clouds）的現象將越來越多，例如A廠商的軟體服務可能是透過G廠商的應用程式介面（Application Interface, API）串接而成，相關資料並落地存放於G廠商的實體機房內，可以說是不同程度的作業委外與複委託，未來如何有效地透過合約進行監督查核或

是分配相關責任，亦是傳統委外或複委託作業在新科技應用下的變化。

4.有效監督查核的方法

　　國際間主要提供商均為大型專業資訊廠商，多半已建立相關控制措施取得國際資安標準驗證（如：ISO 27001國際資訊安全管理制度、ISO 27017雲端服務資訊安全及ISO 27018公有雲個人資料處理者之個資保護管理等）。因此對於金融業而言，如何有效運用這些國際認證採取「風險基礎」的查核方法將是一大挑戰。金融業應確保本身能具備適切且足夠之人力、技術、資源與專業以監督所使用雲端運算服務，才能正確地評估獨立第三人認證或查核報告其範圍、方式、信度與效度是否足資替代實地查核。

　　對我國主管機關而言，要能落實對境外業者的監督實為一大挑戰，隨著近日主管機關已針對委外辦法提出修正草案進一步使用雲端服務進行規範[7]，後續發展值得密切留意。

二、《資通安全管理法》對金融業的影響？

　　為了與國際社會間日趨重視的資安議題迅速接軌，台灣於2019年1月1日起正式施行《資通安全管理法》，主要以保障國家安全及維護社會公共利益的角度，對資通安全進行較全面性的規範。除了將既有行政命令層級的規範提升至法律位階外，《資通安全管理法》的適用對象同時包含「公務機關」及「特定非公務機關」，在施行初期以公務機關作為主要納管對象，並對於「特定非公務機關」採階段式逐步進行納管。若為資安法所規定的「特定非公務機關」，除應訂定事前的資安維護計畫外，並應對於後續執行面上資通安全事件的即時因應訂定通報及應變機制，並接受主管機關稽核，在知悉有資通安全事件發生時向主管機關通報。

---

[7]　金管會於2019年3月8日舉辦「金融機構作業委託他人處理內部作業制度及程序辦法」修正草案公聽會（資料來源：https://udn.com/news/story/7239/3686185（最後瀏覽日期：2019/05/13）。

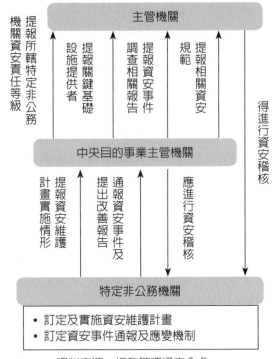

資料來源：行政院資通安全處

　　考量金融業於資安防護上已經具有一定的水準，且銀行、證券與保險業均要求設立資訊安全單位，且達到一定規模者更須獨立於資訊單位外並指派一定層級以上主管督導。然而，由於資安法的內容廣泛涵蓋資訊安全防護的各個面向，加上主管機關對銀行、證券與保險業的監理措施或自律規範強弱各有不同，倘為增加各業別於資安防護一致性，亦有可能以資安法做為參考，訂定一個最低安全門檻，並以分級標準進一步進行差異化監理。例如，現行金融業雖已訂有設置資安單位甚至於資安獨立單位的規範，且規範有每年的持續進修時數標準，但未若資安法中針對資安人員配置是否合乎「特定安全責任等級」要求或取得主管機關所認可的資通安全專業證照訂有規範。加上金融委外法規下並沒有資通法下「資通系統或服務」委外的細節規範，因此了解資安法內容仍有其必要性。

　　首先，明確直接須適用資安法的「特定非公務機關」包括「關鍵基礎設施提供者」、「公營事業」，及「政府捐助之財團法人」三者。概念上

可以說一旦某個實體或虛擬資產、系統或網路功能停止運作或效能降低，將對國家安全、社會公共利益、國民生活或經濟活動有重大影響時，即是所謂的「關鍵基礎建設」，例如美國金融服務業即被列為「國家關鍵基礎建設防護計畫」16個關鍵產業之一，歐盟於2016年7月6日修正《網路與資訊安全指令》，亦規範銀行與金融市場基礎建設應提高網路安全防護規範。依據我國《國家關鍵基礎設施安全防護指導綱要》所列八大領域中的「金融領域」包括銀行、外匯、金融市場與證券，例如財金公司所提供的跨行通匯資金調撥服務，即會影響到我們日常的ATM提款、轉帳及餘額查詢服務。我國「關鍵基礎設施提供者」的適用範圍未來將由主管機關報請行政院指定，首波範圍將於2019年下半年發布，考量資安法立法理由明揭其「以風險管理概念界定規範對象」，隨著風險的動態變化，後續其他金融業務仍有可能符合重大影響的標準，例如辦理特定幣種清算機構的銀行，或是在境內支付規模達到一定流量的銀行、電子支付機構或電子票證發行機構，都可能因為國內的整體重要性程度而被納管，其動向自然值得持續觀察，以評估及因應相關組織建置及資安維護計畫的要求。

　　在資安法的規範架構下，企業在落實資安防護時，除建立「資安維護計畫」及「資安事件即時通報應變機制」外，更有賴於資安人員的專業能力，因此主管機關進一步制定《資通安全責任等級分級辦法》，根據適用對象的產業或業務重要性核定應遵循的安全責任等級（由高至低共分為A、B、C、D、E五個等級），並且於2019年3月頒布資通安全專業證照列表，資安人員必須根據其企業受核定的安全等級要求，取得一定程度的資通安全專業證照，以符合資安法對於企業資安人員專業能力及專責團隊建置的要求。

　　此外，依據資安法第9條規定，相關機關得將「建置維運資通系統」、「取得資通服務」委外進行，但應考量受託者之專業能力、經驗及本身的委外性質及資通安全需求，同時於選任後仍應監督其資通安全維護情形。資安法下的「資通系統」，係指蒐集、控制、傳輸、儲存、流通、刪除資訊或對資訊為其他處理、使用或分享之系統[8]。傳統金融機構委外

8　資通安全管理法第3條。

作業範圍規範上並未深入具體地去劃分不同種類的資訊作業細節，加上主管機關主要關切的是「業務面」的資訊系統，資訊安全則是直至近年才正式納入內部控制相關條文當中。考量所謂的資訊安全防護涵蓋面相甚廣，主管機關似可參考資安法來結合現行委外辦法的規範，進一步發揮境內、境外資通安全服務的功能，同時亦完善相關管控。

具體的操作細節在資安法施行細則第4條對委外選任監督具體訂有注意事項，企業應分別於事前及事後留意委託過程是否符合規定，包括：受委託機構本身須通過一定資安標準之驗證，如委外作業的內容是開發資通系統時，系統本身的安全性也須經過一定規範。此外，縱使資安法對於跨境資料傳輸與跨境委託未有進一步規範，這些選任監督流程並未因為受託者未於境內或境外而有不同。儘管如此，由於各國的資訊安全規範、安全檢測、專業資格各有不同，又考量跨境稽核的成本與實效性，舉凡涉及跨境議題，仍是不少挑戰，更遑論委外對金融機構風險的影響是主管機關的核心關切，兩者的結合後將對金融機構的資安管理有不小的影響與變化空間。

委外之前	委外之後
• 受託者應具備完善之資通安全管理措施或通過第三方驗證 • 受託者應配置之資安專業人員（數量、資格、證照、經驗） • 受託者得否複委託，及進行複委託應注意之事項 • 受託業務涉及國家機密者，相關執行人員應接受適任性查核	• 客製化開發者，應提供該資通系統之安全性檢測證明 • 非自行開發者，並應標示內容與其來源及提供授權證明 • 受託者知悉資通安全事件時，應立即通知委託機關及採行之補救措施 • 委託結束後，應確認受託者持有之資料之返還或刪除 • 受託者應採取之其他資通安全相關維護措施 • 委託機關應以稽核或適當方式確認受託者之執行情形

資料來源：行政院資通安全處

三、歐盟《通用資料保護規定》與監理機關對資安與雲端委外的規範

（一）GDPR的誕生及歐洲銀行監管局的雲端委外辦法

　　歐盟對於個人資料保護向來高度關注，而隨著全球個資料意識提升、資安防護議題持續升溫，歐盟的通用資料保護規定《General Data Protection Regulation, GDPR》已於2018年5月25日起生效，並取代歐盟自1995年來施行的《Data Protection Directive》，由於GDPR對於資料保護訂定了近年來國際上最嚴格標準，且該法令所適用的對象除了會員國境內的企業外，也包括了任何對歐盟境內資料主體提供商品或服務，而涉及其個人資料處理的企業，可謂目前最具影響力及指標性的國際性資料保護法令。

　　在理解到GDPR重要性的同時，另外應搭配歐洲銀行監管局（European Banking Authority, EBA）先前在2017年12月20針對銀行業委託雲端服務業者行為所發布的《Recommendations on outsourcing to cloud service providers, Recommendations》最後版本[9]，便能夠清楚的看到歐盟資安法規對於雲端管理的輪廓：在通盤性的個人資料保護上，GDPR可以作為我國個人資料保護法未來修正的重要指標；至於針對金融服務的委外事項，EBA對於金融業者委外行為所公布的《Recommendations》則可以做為銀行法及相關委外辦法的參考。

　　EBA在制定《Recommendations》的精神上，主要以因應科技的快速演變為考量，而特別針對雲端服務制定委外處理原則，相關的規定包括：1.確認委外事項的重要性並將相關委外資訊通知監管機關；2.確保業者及主管機關能有效對雲端服務業者進行稽查（包括對於服務提供設施的實地稽查[10]）；3.雲端服務業者進行複委任時應確保再委任人是否能符合相同標準的規定、受委任事項的明確性及可追蹤性等。這些規定大致上都與我國委外辦法的規範精神相仿，然而由於我國目前尚未特別為雲端服務訂立

---

[9]　Final draft Recommendations on Cloud Outsourcing (EBA-Rec-2017-03).
[10]　考量到監管機關實施稽查的可能性，金融業者因此也必須留意到雲端服務業者的設施布建地點。

獨立的規定，考量到雲端服務技術的快速演進及汰換，是否仿效歐盟的方式制定符合時宜的委外處理辦法。值得大家思考。

（二）GDPR規定下的資安省思

在GDPR的規定中，普遍受到各界討論的不外乎「個人資料」定義的擴張、企業應設置資料保護長（Data Protection Officer, DPO）、資安事件通報義務，以及服務提供者應確保個人資料在資料主體的要求下應停止採集、執行刪除、或由資料主體攜帶至他處等。縱使國內早有不少針對GDPR的研究，然值得觀察的是，我國主管機關基於金融機構可能使用雲端服務處理個人資料的情形，可能將GDPR對資安防護、委外處理、跨境傳輸的要求引進國內，此外相關規定也可能是我國個資法接軌GDPR時所可能發生的新變化。

1.資安防護

除了「資料保護長」及「資安事件通報義務」外，GDPR也著重科技的變動及進步可能對資安防護帶來的動態影響，因此要求企業必須考量現有的管理措施在技術上可否有效達到資安防護的目的[11]，如果要採用新的資料處理科技時有潛在的資安防護風險時，則必須進行該處理技術對資安防護可能造成的影響評估[12]，如果這樣的高度風險確實存在且無法有效控制時，便應先根據GDPR所訂程序諮詢主管機關[13]。

2.委外處理

對於企業委託第三方處理資料時，這名受託者便屬於GDPR中的所謂「處理者」（Processor），受託者及委託者雙方都必須受到GDPR的規範，受託者應採取相當於委託者應採取的資料保護措施，因此所有應該要履行的義務不會因為委託第三人而有任何影響，企業僅有在受託者的資安防護措施符合GDPR規定時才能委任之。如果受託者再行委託他人處理資料，必須事先取得委託者的書面授權，並且確保再受託者仍然會採取相同

---

[11] GDPR, Article 32.
[12] GDPR, Article 35.
[13] GDPR, Article 36.

的資安防護水準，如果有違反GDPR所規定的義務，受託者必須完全承擔再受託者因此所應負擔的責任[14]。

3.跨境傳輸

根據GDPR規定[15]，資料控管者擬對跨境傳輸個資時給境外第三方時，原則上該第三方所在之第三國對資料保護的程度必須達到與歐盟相當的標準、並取得歐盟執委會的「充足保護決定」（Adequacy decision），如未能符合，則在符合GDPR所認可的特定條件範圍內才能進行，包括：(1)簽訂歐盟執委會公布的標準資料保護條款（Standard data protection clause）；(2)訂定有拘束力的企業守則（Binding corporate rule）並送交主管機關核准；(3)經過特定資料保護機制的認證，且經境外業者提出已採取適當保護措施的書面承諾[16]。

全球化、數位化的環境下，商業活動可能從網路空間的任一個端點發生。因此，各國為了降低與歐洲企業間進行跨境傳輸的限制，避免相關商品服務提供範圍受限於GDPR而被排除於市場競爭之外，各國已將陸續向歐盟申請充足保護決定，如日本、加拿大、美國、阿根廷、以色列等國已受歐盟所認可。至於台灣目前尚未取得歐盟執委會的充足保護決定，私人機構必須耗費相對較高的成本，才能符合上述GDPR的要求。具體探究其原因主要源於過去國內個人資料保護法的立法，是參考APEC框架進行，台灣採取加入「跨境隱私保護體系」（cross-border privacy rules, CBPR）來整備符合歐盟GDPR標準的策略[17]，主要也是幾經考量APEC積極推動接軌歐盟GDPR的方向。台灣目前已通過CBPR第一階段審查，但值得提醒的是，CBPR體系相較於GDPR仍是相對要求較低的隱私標準，未來與同屬CBPR體系中的美國、墨西哥、日本、加拿大、韓國、新加坡等國家，都還有更多努力達到GDPR如此高標準的空間。

---

[14] GDPR, Article 28.
[15] GDPR, Article 45.
[16] GDPR, Article 46.
[17] 國家發展委員會2018年5月21日新聞稿：「我國申請加入APEC跨境隱私保護體系CBPR成功通過第一階段審查」，https://www.ndc.gov.tw/News_Content.aspx?n=114AAE178CD95D4C&s=F663B94CC2669E6E。

充足保護決定的評估項目

評估	內容
整體考量	• 法制環境 • 獨立監管機關 • 簽訂國際協定或合約
國家選擇	• 雙邊經貿關係 • 資料傳輸量與頻率 • 是否為該地區的隱私保護先進國 • 政治關係 • 隱私保護系統是否與歐盟保護程度相當
認定程序	• 該國主動提出，雙方進行技術性對話 • 歐盟內部獨立專家提出評估報告，並由歐盟執委會提案，送交歐洲資料保護委員會（EDPB）提出意見 • 歐盟國家代表批准是否具適足性

資料來源：國家發展委員會

　　姑不論各歐盟會員國彼此對於金融產業的特別規定，GDPR的規定適用於所有歐盟境內的個人資料處理，便比我國的個資法更加嚴格。歐盟擬透過GDPR的施行，對於涉及歐盟個人資料傳輸的參與者提供統一性的資料保護標準，未來隨著各國逐一向歐盟申請充足保護決定，彼此間的資安防護法令要求將日趨一致，國際上諸如歐盟與美國間的歐美資料隱私屏障協議（EU-US Privacy Shield），以及英國在GDPR公布後嗣於2018年通過的《Data Protection Act》等，甚至是美國加州即將於2020年1月1日生效的《加州消費者隱私法》（California Consumer Privacy Act, CCPA）等，都可以看到這種趨勢逐漸成型的足跡。

四、結語

　　開放銀行、純網路銀行乃至於各種監理科技（SupTech）與法遵科技（RegTech）的陸續問世，全球性的資安防護議題日益受到重視，資安防護的強化對金融業來說更是必然的發展。然而縱使新創環境的變動如此快速，國際社會對於資安防護的標準似有日漸統一的趨勢，以跨境處理為例，歐盟及我國法令皆要求境外業者所在地的資安防護程度應與本國法令相當，以敦促各國間應致力於消弭資安防護標準的差距。如同歐盟

在2018年起實施的電子身分識別法（Electronic Identification and Trust Services Regulation, eIDAS）要求各會員國間應致力於建立彼此認可的電子身分規格，GDPR對於資安防護標準的統一性，再度呼應了歐盟對金融科技法令的制定已著眼全球性數位創新時代的來臨，顯見全球資安防護標準已有逐步普遍化的趨勢。

　　不論是傳統銀行或純網銀，在金融業擬結合雲端運算技術提供服務時，倘若只有看到系統建置成本的降低與運算效率的提升，而忘卻最關鍵的「法令遵循與風險管理」時，可能後續需要耗費龐大的時間與人力投入於補償性與緊急應變機制的實施－將控制落實在最開始的設計與規劃階段，才能有效落實資安防護機制；另一方面，我國主管機關近期也意識到既有法令對現今雲端科技的發展可能已經不合時宜，而著手修改相關規定，金管會主委並曾於金融科技論壇致詞時提出未來三大監管方向，包括：1.若雲端架設於境外，必須由當地監管機關開放我國前往實地查核的權力；2.資料數據的控制及存取權力不應放在雲端；3.訂明雲端服務結束時的「退場要件」，包含刪除存取的資料數據以落實資訊防護[18]，然而以上監管方式如何落實於修改後的具體法規中，目前仍尚未明朗，值得業者密切留意。金融業者應留意包含各項對於個人資料安全防護、跨境傳輸、查核等各種規範，才能從事前評估防護、事中應變乃至於事後追蹤驗證查核，方能有效控管雲端委外時代下的資安風險。

---

[18] 聯合新聞網：「雲端開放，金管會提3大原則」（資料來源：https://www.chinatimes.com/newspapers/20190401000183-260202?chdtv，最後瀏覽日期：2019/05/13）。

數位環境信任機制的重中之重——數位身分

陳奕甫、李偉琪

一、茫茫網海，得靠「數位身分」驗明正身

確定的當事人，為契約成立的要件之一。但如何確定交易的對象就是對方所稱的或是我們所想的「那個人」，自古以來就是一個重要的議題。古代的面對面交易下，交易雙方為當面進行交易，長途跋涉到達相約地點已屬不易，見面後為能順利向對方證明自己的身分，令牌、印信、介紹信等「信物」（Credentials）應運而生，透過特殊的設計或材質作為專有的身分識別證明，以求達到「見物即見人」的效果。回到當代，國家製發「國民身分證」，作為人民辨識個人身分的法定信物[1]。表明自身身分時，我們已習慣出示國民身分證或報上身分證字號，且於銀行開戶或申請金融服務時，亦會額外搭配健保卡或駕駛執照等第二證件作為輔助，銀行員也會透過系統連線的方式向政府機關查驗證件的有效性與真實性，並以肉眼觀察證件照片與本人是否為同一人，以防範證件遭到偽造或冒用。

然而，在經濟活動自實體線下環境轉向數位線上環境的時代，若無法在網路上提示身分證件等信物，如何在茫茫網海中識別或證明身分，便成為新的課題。

或有論者認為，技術上既已發展出各種新興的身分「驗證」（Authentication）機制（例如透過手機等設備進行指紋、聲紋、臉部特徵、虹膜等生物特徵（Biometrics）的辨識），在數位環境下確認身分自然不成問題。但此種說法恐怕忽略了「身分」（Identity）的全貌。「驗證」只是整個身分機制的一環，若未在最初註冊階段切實查驗（Verifica-

---

[1] 參戶籍法第51條第1項：「國民身分證用以辨識個人身分，其效用及於全國。」

tion、Proof）使用者的身分，無論之後如何在手機上按指紋、掃臉，充其量也只能驗證出「這次使用手機的人，跟最初註冊的人是同一個人」，尚無法確認持有手機的人就是他所聲稱的人。就如同首次領取國民身分證，必須本人親自領取且戶政機關須核對相關戶籍資料、照片影像及人貌，以確定領取人身分[2]一般，能確實識別個人身分的「信物」，需要一套完整健全的註冊（Enrollment）、核發（Issuance）、驗證（Authentication）及後續管理的機制。

將紙本證件以掃描方式直接進行「數位化」雖是快速簡便，但經掃描後的證件已除去紙本本身的防偽機制，數位檔案遭變造、竄改的風險遽增。此外，健保卡雖為數位IC卡形式，但依據「全民健康保險法」第16條第1項及「全民健康保險保險憑證製發及存取資料管理辦法」第2條、第6條規定，健保卡最初的設計用途是存取及傳送保險對象資料[3]，以供保險對象於保險醫事服務機構作醫療使用、申辦保險人提供之服務或保險人與其他政府機關（構）合作之網路服務使用，且不得存放非供醫療使用目的及與保險對象接受全民健康保險醫療服務無關之內容，並非專用於辨認個人身分。而健保卡卡面上所載的個人基本資料（如姓名、身分證號碼、生日、照片），雖尚可在線下環境提供「輔助性」的身分驗證功能，但健保卡於設計上本即無數位簽章與加、解密機制，在數位環境下恐難以發揮身分驗證的功能，難謂良好的「數位信物」。

「數位身分」是什麼？

所謂的「數位身分」（Digital Identity），是將可指涉到特定個人的憑證（credential）或是身分屬性（identity attributes）透過電子方式擷取並儲存[4]。一個人的數位身分可能由許多不同身分屬性所組成，可能包

2　參戶籍法第60條第1項：「初領或補領國民身分證，應由本人親自為之。」、國民身分證及戶口名簿製發相片影像檔建置管理辦法第9條第1項：「戶政事務所受理初領、補領、換領或全面換領國民身分證，應切實核對查明本人戶籍資料、歷次相片影像資料及人貌，並將相片影像列印於國民身分證。核對本人容貌產生疑義時，應查證其他附有相片之證件或相關人證等方式，以確定身分。」

3　依據全民健康保險保險憑證製發及存取資料管理辦法第6條規定，健保卡得存取資料內容，包括基本資料、健保資料、醫療專區資料和衛生行政專區資料。而所謂之基本資料包含卡片號碼、姓名、身分證明文件號碼、出生年月日、性別、發卡日期、照片、卡片註銷註記。

4　World Bank Group, GSMA& SIA, *Digital Identity: Towards Shared Principles for Public and Private Sector*

含傳記性資料（biographical data，例如姓名、生日、性別）、生物辨識資料（biometric data）及其他資料[5]。在蒐集並確認身分資料後，即可辨識一個人的身分（亦即「你是誰？」）。當這些身分資料與身分提供者（identity provider）所核發之憑證（例如：數位身分證（eID）、eDocument、mobile ID等）結合並搭配不同的身分驗證方式（authentication factor）進行驗證時，即可確認一個人是否具備他所聲稱之身分（亦即「你是否真的是你所說的那個人？」）。

不同的身分屬性

	個人Individuals	法人Legal Entity	資產Asset
固有屬性 本身固有內蘊的屬性，不受其他個體影響	• 年齡 • 生日 • 指紋	• 所屬產業 • 營運／存續狀態	• 類型 • 製造／發行人
累積屬性 在個體的生命週期中可能多次變化或隨時間增加、變動的屬性	• 醫療紀錄 • 偏好與行為 　例：電信元資料 　（Metadata）	• 商業紀錄 • 司法紀錄	• 交易紀錄 • 所有權紀錄
賦予屬性 被「賦予」的屬性，可能因與其他個體的相對關係而有變化	• 身分證字號 • 電子郵件信箱 • 電話號碼	• 統一編號 • 司法管轄區 • 董事 • 經理人	• 資產序號 • 保管狀態（Custodianship）

資料來源：BBVA Research

一般而言，數位身分是透過三個步驟建立[6]：

1. 註冊（registration）：註冊，是建立數位身分最重要的步驟，包含登錄（enrollment）及查驗（validation）。當一個人聲稱其為某個人時，身分提供者會存取及紀錄其關鍵身分屬性，此時所存取的身分屬性種類及存取之方式會影響之後數位身分之確信等級（level of assurance, LoA）。登錄後，身分提供者會以該身分屬性與其既有的身分屬性進行查驗，以確保該身分存在且僅屬於一人。

Cooperation, p. 8 (2016).
5　同註4。
6　同註4，頁16-19。

2.核發（issuance）：註冊後，身分提供者會核發得被用於表彰個人身分之信物（credential）。傳統上，身分提供者提供的是紙本的文件或憑證，而就數位身分而言，信物必須爲數位形式，例如晶片卡（smart-card）、二維條碼、行動身分（mobile identity）等。

3.驗證（authentication）：經過註冊及核發程序後，使用者即可以其數位身分獲取或進入相關服務。而爲獲取或進入相關服務，使用者須以數位信物中的一個或多個驗證因子（authentication factor）進行身分驗證。以晶片卡而言，數位信物及生物辨識資料儲存於卡片的晶片內，使用者得以晶片卡內的不同資料進行不同確信程度的驗證。

目前，國際間多是透過政府或其他權威機構基於一定之準則或框架，建構數位身分及驗證體系。無論具體執行上是由政府、周邊單位或金融機構主導，如愛沙尼亞、英國、芬蘭、挪威、瑞典、印度、新加坡等，均仰賴權威機構做爲「信賴起源」（Trust Anchor）。而數位身分的生態圈（digital identity ecosystem）大致可分爲以下型態[7]：

1.植基於官方數位身分的中心化身分框架（centralized identity framework based on an official eID as a root）：由政府主導的中心化數位身分系統，個人的身分屬性儲存於一個或多個政府的資料庫，國家所核發的數位身分可做爲所有公、私部門數位交易的基礎。

2.建立於經認可身分提供者的結構型身分框架（structured identity framework under a federation of endorsed identity providers）：由多個政府認可的身分提供者建構的半官方體系。通常於政府核發官方身分文件（如出生證明）後，即由私人企業扮演數位身分提供者的角色。

3.無國家層級機制的開放身分市場（open identity market without any national scheme）：公私部門各自創造、管理、使用各自的數位身分。

4.自行驗證的開放數位身分（self-asserted, open digital identity）：數位身分是由大型網路服務提供者（如Facebook、Google）所提供。使用者可以自己選擇所要存取的身分屬性，且由於未與官方身分資料

---

[7]　同註4，頁25-26。

進行驗證，故其確信程度較低。

數位身分生態圈概覽

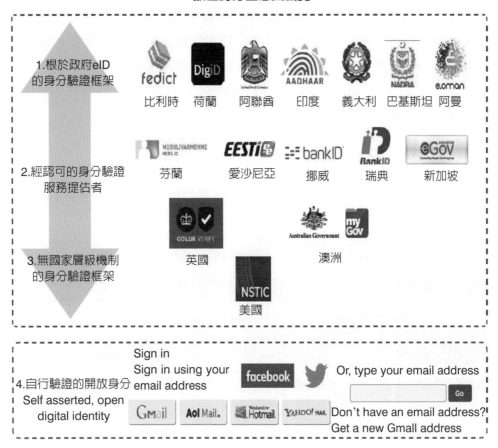

改繪自World Bank, GSMA & SIA[8]

　　此外，如細讀歐盟電子身分認證與信賴服務規章（Trust Services and Electronic identification, eIDAS）、美國國家標準技術研究院（National Institute of Standards and Technology, NIST）數位身分工作報告，或ISO/IEC 29115身分確認國際標準（Information technology-Security techniques-Entity Authentication Assurance Framework）可以發現，國

8　同註4。

際間對身分驗證的概念，視爲一種風險基礎方法，越高強度的驗證方法，搭配越嚴謹的首次註冊程序，所得出的確信程度越高（Level of Assurance, LOA），風險亦越低。隨著交易關係中對身分眞實性要求的提升，確信程度亦相應提高。例如，於電商平台線上購物，對身分眞實性的要求較低，身分驗證所要求的確信程度也較低；於銀行開戶或涉及資金移轉的交易，對身分眞實性的要求較高，身分驗證所需的確信程度也較高，此時你我在臉書（Facebook）、推特（Twitter）或Gmail所建立的開放式數位身分（open digital identity）可能就派不上用場。

不同的確信等級

改繪自World Bank, GSMA & SIA[9]

9　同註4。

資料來源：BBVA Research[10]

二、「數位身分」於金融機構之應用

　　專責推動普惠金融（Financial Inclusion）的「普惠金融全球合作夥伴組織」（Global Partnership for Financial Inclusion, GPFI）於其2018年的報告指出[11]，數位身分自「客戶首次開立帳戶」（Onboarding）、「客戶盡職調查」（Customer due diligence, CDD），乃至於個別交易的確認放行等階段，均有應用空間。

　　近年數位金融的發展以「純網路銀行」具相當代表性，德國的N26銀行是目前歐洲金融科技業者中估值最高的「獨角獸」，標榜客戶能在8分鐘內透過手機進行開戶[12]。依德國法規定，倘金融機構採用非面對面方式進行認識客戶程序（KYC），可以透過1.傳統身分證件影本或合格的德國數位簽章（Qualified Digital Signature, QDS）加上從其他同名帳戶進行一筆轉帳；2.由中介機構代為驗證客戶身分；或3.驗證真正數位身分。德國金融主管機關BaFin在2014年及2017年進一步發布規範細緻化非面對面

10　BBVA Research (2018), "Digital Identity: the current state of affairs", p. 9.
11　The Global Partnership for Financial Inclusion - GPFI (2018), "G20 Digital Identity Onboarding".
12　參https://n26.com/en-eu/open-bank-account-in-germany（最後瀏覽日期：2019/04/14）。

的影像驗證程序[13]，使德國金融機構得以「視訊」確認客戶身分。

　　歐盟2018年9月實施「電子身分認證與信賴服務規章」（electronic IDentification, Authentication and trust Services, eIDAS）[14]，使歐盟境內不同會員國以同樣「eID」驗證身分成為可能。新加坡亦於2018年2月開放透過生物特徵、視訊會議或數位簽章遠端進行身分驗證[15]；美國2018年5月實施聯邦新法，將線上掃描駕駛執照與社會安全卡的開戶方式法制化[16]；而香港也於2019年2月開放銀行得於「可驗證並比對客戶身分」的前提下，遠距開立存款帳戶[17]。

　　我國金管會2015年即為推展「數位金融3.0」及電子化交易，開放銀行業受理客戶於線上開立「數位存款帳戶」。依「銀行受理客戶以網路方式開立數位存款帳戶作業範本」規定，數位存款帳戶依身分認證機制的強弱及使用範圍分為三類帳戶，其交易限額及交易功能各有不同。其中功能最全面的「第一類帳戶」需要申請人使用「自然人憑證」，並與銀行視訊驗證後，才能完成開戶；而透過既有銀行帳戶或金融支付工具驗證之第二類、第三類帳戶，雖有驗證流程較簡便的優點，但使用範圍及交易額度亦大幅受限。從普及度與可行性來說，雖然內政部曾於2016年間試行「行動自然人憑證」，供自然人憑證使用者透過行動裝置認證身分[18]，然而隨著試行停止後未再推行，目前自然人憑證均為實體晶片卡，依據內政部憑證管理中心的自然人憑證發卡全國統計資料，截至2019年4月15日累計發卡數為664.42萬張[19]，但考慮到自然人憑證有五年的效期限制，實際有效流通卡數可能低於此數字。自然人憑證作為台灣官方的網路身分識別機制[20]，然推廣迄今，使用者仍然有限。再觀數位存款帳戶，截至2018年

13　BaFin Circular 01/2014 and Circular 03/2017, supplement to Section 13(1) No.2 German AML Act.

14　REGULATION (EU) No 910/2014 "Electronic identification and trust services for electronic transactions in the internal market and repealing Directive (1999/93/EC)".

15　MAS (2018), Circular No.: AMLD 01/2018 Use of MyInfo & CDD Measures for Non-Face-to-Face Business Relations.

16　The Making Online Banking Initiation Legal and Easy (MOBILE) Act of 2017.

17　HKMA (2019) Circular B10/1C "Remote on-boarding of individual customers".

18　參http://moica.nat.gov.tw/news_in_155a071e31f0000018b3.html（最後瀏覽日期：2019/04/14）。依據內政部憑證管理中心截至2019年4月5日的統計資料，累積發出（匯出）之行動自然人憑證為1.7萬張。

19　參https://moica.nat.gov.tw/moica/apstatistic.do（最後瀏覽日期：2019/04/15）。

20　參內政部憑證管理中心憑證實務作業基準V1.91第1.3.7.1點「憑證之適用範圍」：「憑證管理中心所簽發及管理的憑證類別為自然人憑證，且包含簽章用及加密用憑證。憑證管理中心所簽發的憑證符合憑證政

底總開戶數也僅初突破150萬[21]，普及程度亦有待加強。且依據「銀行受理客戶以網路方式開立數位存款帳戶作業範本」第2條第2款規定，銀行得受理開立數位帳戶之「客戶」，僅限於本國籍的成年自然人，在台有住所之外國人[22]、法人機構或未成年人並不包含在內，範圍相當有限，這或許與主管機關希冀推動的「金融普及」或「普惠金融」容有未合；此亦讓人不禁聯想起即將到來的純網路銀行，若純網路銀行之客戶範圍亦如此受限，勢將限縮純網路銀行之業務機會與可能性。

> ### 韓國「遠距身分驗證」與「純網銀」
>
> 　　韓國在正式核准K-Bank與Kakao Bank兩家純網路銀行之前，即於2015年5月發布相關規定，准許金融機構於遠距、非面對面的身分驗證時，能搭配透過不同的安全要素組合進行。因此，韓國純網銀的客戶可以透過「視訊會議」加上「身分證件」驗證，來達到遠距身分驗證，進而線上開立存款帳戶。受益於此，Kakao Bank締造開業五天開戶數突破百萬的紀錄。
>
> 　　值得一提的是，安全要素不僅是客戶體驗的議題，更是交易安全的考量——K-Bank與Kakao Bank分別選用規定中不同安全要素，最終的結果是K-Bank的詐騙案件數遠低於Kakao Bank，當中件數約莫是670件與7件的差異，即使考量了兩家銀行客戶總是的差異，這仍是十分巨大的差異。究其原因，則可發現由於Kakao Bank允許客戶線上申貸且僅須透過智慧型手機及身分證件即可完成，不少受害者實際上是身邊共處一室的親人密友盜取證件手機後冒貸[24]。

策保證等級第三級之規定，本憑證適用於網路中的身分識別及資料保護。」
21　參https://tw.stock.yahoo.com/news/%E9%87%91%E8%9E%8D-%E6%95%B8%E4%BD%8D%E5%AD%98%E6%AC%BE%E5%B8%B3%E6%88%B6-%E7%AA%81%E7%A0%B4150%E8%90%AC%E6%88%B6-051039203.html（最後瀏覽日期：2019/04/09）。
22　目前內政部針對在台居留之外籍人士已核發「晶片居留證」，並得進一步申請「外來人口憑證卡」。
23　The Korean Time (2017), "Internet banks vulnerable to scams".

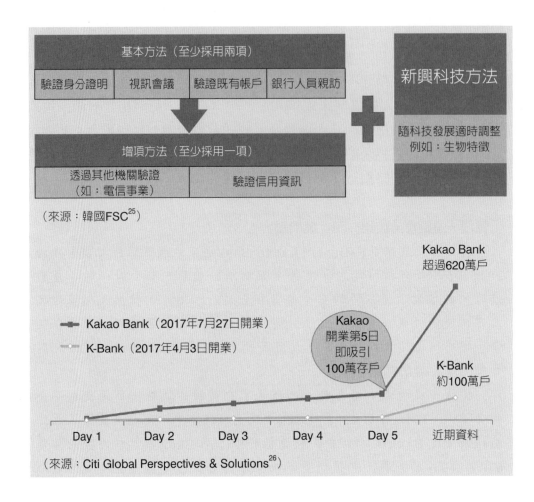

（來源：韓國FSC[25]）

（來源：Citi Global Perspectives & Solutions[26]）

三、數位身分是邁向「智慧政府」與「數位金融轉型」的基礎

研究指出，三分之一的銀行客戶會因不便利的線上操作流程，而放棄於此間銀行開立帳戶[26]。可見銀行能否提供便利、快速的開戶服務，對數

---

[24]　Financial Services Commission Korea (2015), A Rationalization of Real Name Verification on the Account Opening.

[25]　Citi (2018), The Bank of the Future: The ABCs of Digital Disruption in Finance.

[26]　Medici (2018), "The Path of Least Resistance: Why a Digital Onboarding Experience Is Vital to a Bank's Success"

位時代的使用者而言至關重要。即便是純網路銀行興盛的英國，目前也只有Revolut、Atom等僅占3成左右的業者能提供客戶於10分鐘內完成線上開戶的服務，2成左右的金融機構需24小時才能完成整個開戶流程，仍有爲數近4成者未提供客戶線上開戶的服務[27]。

　　就我國而言，面對沒有實體分行的純網路銀行到來，究應如何從傳統的身分證加健保卡雙證件開戶程序，跨越到純線上的數位開戶程序呢？金管會於2018年的純網銀報告記載，「數位存款帳戶其功能尚未完全等同或相當於臨櫃開立之一般帳戶，開戶方式亦尚難謂簡便，爲利純網銀業務及銀行現有數位存款帳戶之發展，並順應產業數位化潮流，及未來年輕世代對數位化服務之需求，現行以網路方式開戶之相關規定或有調整之需要，並以兼顧安全性及便利性爲相關法規檢討方向。」[28]，或許點出了挑戰所在。

　　回首2016年金管會發布的「金融科技發展策略白皮書」[29]，以2020年爲期，提出「創新數位科技、打造智慧金融」願景，施政目標明揭「建構、整合一個安全的網路身分認證機制」，未來能提供客戶「免臨櫃、跨業種」的網路身分認證服務，甚而具體規畫先推動由金融控股公司設立身分認證中心，讓子公司得以「相互認證」，進而擴大建立金融業的「身分識別服務中心」，由第三方來提供身分識別工具與識別機制的兩階段。然而，相較於電子支付機構專法，於立法時即已納入「個人與非個人」乃至「外國自然人與法人」均得開立電子支付帳戶[30]，主管機關或可參酌先以「電子支付機構」所允許的身分驗證機制，調適未來數位存款帳戶的身分驗證法規制度。

　　依現行「電子支付機構使用者身分確認機制及交易限額管理辦法」規定，個人使用者申請最基本的第一類電子支付帳戶，已考量交易金額較

---

[27] W.UP (2018), "Digital onboarding: How to lose a customer in 10 minutes".

[28] 金融監督管理委員會（2018），「金融監督管理委員會赴日韓考察純網路銀行發展現況報告摘要」。

[29] 金融監督管理委員會（2016），「金融科技發展策略白皮書」。

[30] 「電子支付機構使用者身分確認機制及交易限額管理辦法」第2條：「三、個人使用者：指自然人之使用者，包括外國自然人及大陸地區自然人；四、非個人使用者：指我國政府機關、法人、行號、其他團體及外國法人與大陸地區法人之使用者。」

低[31]且未具收款及電子支付帳戶間款項移轉之付款功能[32]，僅要求確認使用者之基本身分資料及行動電話號碼[33]。此透過使用者行動電話號碼進行身分確認的機制，不禁令人聯想起國內2018年底年開始推行的「Mobile ID行動身分識別服務」。Mobile ID是透過載有SIM卡的行動裝置，與電信事業連線並驗證過去申辦該行動門號的個人資料，此種身分確認方式運用於一般商業活動下的交易尚屬風險可控，然而，如果用於開戶或資金移轉等需要高度確信等級的情境時，將可能因爲我國行動門號之申辦尚得委託他人代辦或透過坊間通訊業者申辦，且一人可申請多個門號等情[34]，使得Mobile ID僅能證明「用戶持有特定SIM卡及申請門號當時的申請人身分」，並無法確認持卡人就是申請人，亦無法驗證當初申請資料眞僞[35]。例如父親申請門號提供長輩或子女使用，而由父親申辦的門號自然無法驗證持有行動電話裝置的子女身分。再者，不同於銀行對安全控制的要求，電信事業目前暫未強制用戶更改預設SIM卡密碼[36]，推動身分驗證自需考量SIM卡遺失或遭竊時可能的影響。加上國內已導入無實體的嵌入式SIM卡（Embedded-SIM, eSIM），門號與電信商的切換可透過空中傳輸（OTA）、甚至應用於穿戴式裝置上而無須更換晶片SIM卡[37]。簡言之，

---

[31] 第一類電子支付帳戶之交易限額爲：每月累計代理收付實質交易款項之付款金額，以等值新台幣3萬元爲限；儲值餘額以等值新台幣1萬元爲限，參電子支付機構使用者身分確認機制及交易限額管理辦法第17條第1項第1款。

[32] 參電子支付機構使用者身分確認機制及交易限額管理辦法第6條第1款。

[33] 參電子支付機構使用者身分確認機制及交易限額管理辦法第7條、第8條：「電子支付機構接受個人使用者註冊時，應徵提其基本身分資料，至少包含姓名、國籍、身分證明文件種類與號碼及出生年月日等。」、「電子支付機構接受個人使用者註冊及開立第一類電子支付帳戶，其身分確認程序應符合下列規定：一、確認使用者提供之行動電話號碼。二、提供國民身分證資料者，應向內政部或財團法人金融聯合徵信中心查詢國民身分證領補換資料之眞實性；提供居留證資料者，應向內政部查詢資料之眞實性。無法依前項第二款規定辦理身分確認程序之使用者，應以可追查資金流向之支付方式進行付款及儲值。前項可追查資金流向之支付方式，以存款帳戶轉帳、信用卡刷卡或其他經主管機關認定之支付方式爲限。」

[34] 縱使於今（2019）年，社會新聞上仍可見電信蟑螂、人頭門號的新聞，見自由時報，「電信蟑螂吸金術！辦人頭門號月入60萬」，2019年5月3日，https://news.ltn.com.tw/news/society/breaking-news/2777863。

[35] 現階段電信事業尚難承諾身分證件之眞僞，銀行業後續倘要推動電信認證，可能需增加部分替代控制措施，例如以視訊會議方式防杜人頭戶、或要求電信門號需開立超過一定時間。

[36] 參金融機構辦理電子銀行業務安全控管作業基準第7條「交易面之介面安全設計」七、（一）、2.、(7)規定，「固定密碼之安全設計：首次登入時，應強制變更系統預設密碼；若未於30日內變更者，則不得再以該密碼執行簽入。」

[37] GSMA (2018), "eSIM Whitepaper: The what and how of Remote SIM Provisioning". *"A Companion Device is a device that relies on the capabilities of a primary device for the purpose of Remote SIM Provisioning. A primary device is a device that can be used to provide capabilities to a companion device for the purpose of Remote SIM*

並非Mobile ID在「技術規格」欠缺安全強度，而是從申辦行動門號到取得SIM卡的程序面而言，自「註冊驗證」、「信物管理」到「身分驗證」等各個環節的規範，尚未能符合國際標準對於「非常強的身分驗證機制」的要求[38]。未來倘要推動將Mobile ID納入數位身分驗證體系，這些電信事業的作業規範，乃至電信服務本身於技術面之特性，自然需相關推動機關綜合衡量考量其應用強度。

依行政院於2019年1月核定之國家發展委員會「智慧政府政策推動計畫」，台灣政府參考愛沙尼亞、新加坡、德國等國推行數位身分證並建置數位身分（eID）識別機制的國際趨勢，規劃於2020年換發國民身分證結合自然人憑證之「數位身分識別證」，並建立政府資料交換機制，目標以數位身分識別證做為開啓各部會業務資料庫的鑰匙，驗證民眾數位身分且經民眾授權後，政府可透過骨幹網路政府網際服務網（Government Service Network, GSN）取得民眾資料為民眾提供數位服務，以建構安全、便利、可信賴的身分識別及資料串接互通之數位環境[39]。

軟硬體的建置固為必要，健全的法規配套亦是建構我國數位身分制度的重要環節，規範國民身分證的「戶籍法」及「國民身分證及戶口名簿製發相片影像檔建置管理辦法」，自應視數位身分識別證的設計與發放規劃相應調整。現行電子簽章法第10條對「數位簽章」要求須使用範圍內、效期內、由合法憑證機構簽發之憑證始得適用，考量各種不同身分驗證由於技術方式與應用範圍不同，多元架構出一種兼顧客戶體驗與風險的身分驗證體系，將是數位化活動多元化時代的重中之重。尤其法制面不乏跨政府部會、或是公私部門協作下資訊安全與個資保護標準的整合與選擇（如：個人資料保護法、資通安全管理法、金融機構辦理電子銀行業務安全控管作業基準、金融機構辦理電腦系統資訊安全評估辦法等），實為日後進一步查考檢視之重點。

Provisioning." 但沒有獨立電信功能的裝置則需與主要裝置共用同一電信門號資料。

[38]　目前的自然人憑證、外來人口憑證卡及對數位身分證的規劃，均須本人親自申請，透過較高強度的身分驗證機制，達到較高程度的確信。

[39]　參國家發展委員會（2019），「智慧政府推動策略計畫」（行政院108年1月10日核定本）。

四、結語

　　無論是透過應用程式介面（API）串接第三方服務業者的「開放銀行」（Open Banking）或串接客戶數位經濟生活「生態圈」（Ecosystem）資料加值與交換，乃至於行動支付、網路銀行或是「純」網路銀行等不同數位金融應用，數位身分的核心在於確認了參與數位經濟活動的主體身分，解決了數位化經濟活動中不易確認交易兩造的信任問題，對於降低交易成本扮演關鍵的角色。如同愛沙尼亞、新加坡的數位經驗所揭示，良好的eID已能在行動裝置上讓使用者以數位憑證取得電子化政府服務，也能於金融機構提供網路應用系統時透過eID進行身分驗證。各國或許各自推動不同型態、技術的數位身分機制，但對科技的逐步信賴與加強應用，以及相關法規配套的建構，已為國際趨勢。台灣政府已就邁向「智慧政府」與「數位金融轉型」的目標制訂規劃，期許台灣在不久的將來也可以建立一套完善的數位身分制度，擠身先進數位國家之列。

第二篇
區塊鏈與加密資產

- 從ICO到STO——透過證券型代幣募資的規範趨勢
- 虛擬貨幣的沒收與執行

從ICO到STO——
透過證券型代幣募資的規範趨勢

彭涵、郭彥彤

　　近年來，隨著區塊鏈（blockchain）技術的出現與發展，帶動了許多產業的革新，尤其是在募集資金的運用上，透過發行代幣（token），代幣發行方可在極短的時間內募集巨額資金，卻又省去傳統募資方式之繁瑣程序，大幅提升募資效率而引發代幣募資風潮。區塊鏈技術是透過分散的節點（node）儲存、驗證及傳輸數據的新興科技，區塊鏈中的每個區塊（block）都記載了多筆數據，且須經各個節點依共識機制驗證後方得更新，新區塊產生並經過其他節點驗證後，就會被依時間序連結上其他區塊而形成區塊鏈，區塊鏈上的所有節點都擁有一份區塊鏈上完整且相同之數據資料，並由其共同維護區塊鏈上的數據。區塊鏈因不需要透過中心組織運行，具有「去中心化」的特性，此外，由於透過雜湊（hash）函數密碼學進行加密，一旦某一區塊的數據遭變動，即會使雜湊值發生不一致，進而可發現資料已遭修改，因此區塊鏈亦具備「不可竄改性」。區塊鏈技術可運用的領域十分廣泛，尤其因具備資料不可竄改之特性，其在身分及憑證之登記與認證、供應鏈溯源管理以及金融交易上的運用經常被討論。虛擬通貨（cryptocurrency）以區塊鏈為其底層技術，運用區塊鏈技術去中心化之特性達成點對點（peer to peer）即時結算支付（real-time clearing and settlement），透過發行虛擬通貨（代幣）進行募資，即是憑藉區塊鏈技術發展之新型集資方式。

　　從2013年6月第一個初次代幣發行（Initial Coin Offering，下稱「ICO」）項目發起眾籌以來，由於ICO與受政府高度監管之初次公開發行（Initial Public Offering，下稱「IPO」）相比，既擁有快速有效籌集巨額資金之能力，又無嚴格的法定要件與程序可供遵循，大幅降低了集資

成本，因此迅速成爲許多公司的首選募資方式。然而，隨著世界各國開始正視ICO因缺乏監管機制而面臨的風險，進而開始管制或禁止ICO活動，加上ICO項目之發行方實際完成項目計畫之比率低落、濫用ICO所爲之非法活動層出不窮等原因，ICO風潮逐漸退燒，取而代之的是發行證券型代幣（Security Token Offering，下稱「STO」）之募資方式，而發行證券型代幣需符合特定法定要件與程序，較爲保障認購人，對市場具有不小的吸引力，使得越來越多公司願意選擇以較高的成本進行STO募資。

　　台灣亦未在這股代幣發行風潮中缺席，相較於大陸與韓國明確禁止ICO的立場，台灣的主管機關一開始對ICO活動採取觀望的態度，除了強調虛擬通貨相關的募資行爲應遵守現行法規外，並未對此類募資方式有特別的管制，相較之下對ICO活動較爲友善，也吸引不少業者在台灣以ICO募資。而隨著虛擬通貨相關之交易活動越來越蓬勃發展，以及業界及立法者的呼籲，相關主管機關開始考慮明確將虛擬通貨交易納入法規規範，目前金融監督管理委員會（下稱「金管會」）已就STO提出初步規範框架，日後可望進一步明定透過證券型代幣募資的行爲規範。

　　本文以下即以現行ICO及STO在其他國家的發展爲參考，探討ICO及STO在台灣的相關規範趨勢[1]。

一、ICO之規範趨勢

（一）什麼是ICO？

　　ICO是一種使用虛擬通貨爲特定項目募資的方式，ICO參與者以特定之虛擬通貨（例如比特幣、以太幣或其他虛擬通貨）、法定貨幣或其他貢獻交換發行方（issuer）所發行之代幣，以對ICO項目提供資金。依照各個ICO項目對於其所發行之代幣的不同設計，參與者可能因持有代幣而可換取項目計畫之服務或商品、利潤分配權、公司股權，或對於特定事項的決策權等。

---

[1]　爲切合本文探討之重點，本文以下就ICO及STO規範趨勢此一議題，僅針對證券相關法規進行討論。

目前可查得的第一個ICO項目是Mastercoin（MSC），該項目於2013年7月在最大的比特幣及虛擬通貨論壇Bitcointalk上以比特幣進行ICO籌資，並分配新生成的MSC予該項目的參與者，總計募得5000多個比特幣。而最有名的ICO項目則非以太坊（Ethereum）莫屬，在2013年底，Vitalik Buterin公布了以太坊初版白皮書，於2014年透過非營利機構以太坊基金會開發程式，並以ICO之方式募資，參與者用比特幣向該基金會購買以太幣，直至今日，以太幣已經成為市值第二高的虛擬通貨。

　　ICO項目隨著時間發展，從單純的群眾募資衍生出了多種參與機制，例如：愛沙尼亞的Paquarium項目是以發行代幣的方式募集建設水族館的資金，或許是因愛沙尼亞明確承認ICO的合法性，且未限制ICO發行之代幣的類型，Paquarium項目網站及相關文件明確表示此ICO項目是由Paquarium發行代幣換取投資，參與者持有代幣即可獲得參與利潤分配之權利，於Paquarium項目網頁中甚至直接表示參與者可獲得Dividend（股利）[2]，使得Paquarium項目與發行有價證券較為相似。

　　由Paquarium項目的例子可知，ICO與IPO具有某種程度的相似性，因此常被拿來相互比較，惟兩者間雖有共同點，卻仍有不同之處。例如：IPO的投資人會持有發行公司的股票，並依市場上的股票價值及公司分紅來獲取利益，且依法享有其他股東權益；反觀ICO，取得發行方發行的代幣並不必然取得公司股份，也不一定會擁有決策權。亦即，雖然ICO可以透過發行方與參與者的約定將代幣連結各類權益，但與IPO相比，ICO還是比較偏向群眾募資之機制，而非傳統的股票投資。此外，選擇ICO及IPO的發行方通常也有類型上的差異，辦理IPO籌資的公司多已達成熟階段，具備支付較高之籌資成本及遵循嚴格的監管法令之能力，與多數ICO項目是為了初期籌資之狀況亦不相同。

---

[2]　依Paquarium之ICO網頁（https://ico.paquarium.com/）之說明，參與者除了可以得到終身免費入場券及20%之利潤分配權外，該項目尚設計投票權機制，以允許項目參與者透過線上系統參與水族館建設的決策（例如：表決水族館所在地等）。

（二）各國之ICO規範

　　由於ICO是隨著新興金融科技而出現的募資形式，各國對ICO之合法性問題的看法並不相同，例如：中國大陸全面禁止虛擬通貨交易；韓國則一方面禁止ICO活動，一方面透過實名制管制其他虛擬通貨交易；美國未制定虛擬通貨專法，其認為如ICO發行之代幣符合證券認定標準，該ICO項目即須適用既有之證券法規；日本目前則傾向以ICO專法監管ICO活動。以下以前述國家作為代表，介紹目前各國對虛擬通貨之不同規範機制：

1. 中國大陸

　　中國大陸的國家互聯網金融風險分析技術平台於2017年7月底發布了《2017上半年國內ICO發展情況報告》，該報告顯示ICO項目於中國上線頻率快速暴增，融資規模及用戶參與程度也呈現加速上升的趨勢。國家互聯網金融風險分析技術平台監測了中國大陸提供ICO服務的相關平台，發現第三方專營平台及虛擬通貨交易複合ICO的平台占了所有相關平台的九成左右[3]。從2017年開始，中國大陸的ICO項目數量及募資規模不斷攀升[4]，截至2017年7月18日為止，已經募集了超過人民幣26億元的資金，累計參與人次也高達10萬5000人，ICO項目在中國大陸風行之程度可見一斑。

　　然而，就在ICO蓬勃發展的浪頭上，中國大陸七個部門[5]卻於2017年9月初，依據中國大陸銀行及證券相關法規[6]，發布了《關於防範代幣發行融資風險的公告》。該公告開宗明義便將ICO定性為違法行為，認定向投資人募集虛擬通貨，構成未經批准而公開融資的非法行為，涉嫌非法發售代幣票券、非法發行證券、非法集資、金融詐騙、傳銷等犯罪活動。除

---

[3] 該報告同時發現有6家平台未發現明確的經營主體。

[4] 截至該報告發布基準日2017年7月18日為止。依據該報告之統計，中國大陸在2017年前只有5個ICO項目，但從2017年度開始，1到4月就有8個項目上線，5月份有9個項目上線，6月份更有高達27個項目上線，7月份也有16個項目上線。

[5] 中國人民銀行、中央網信辦、工業和信息化部、工商總局、銀監會、證監會、保監會。

[6] 《中華人民共和國人民銀行法》、《中華人民共和國商業銀行法》、《中華人民共和國證券法》、《中華人民共和國網絡安全法》、《中華人民共和國電信條例》、《非法金融機構和非法金融業務活動取締辦法》。

了宣告ICO違法外，該公告亦強調ICO之代幣或虛擬通貨非由主管機關發行，不具有法償性及強制性等貨幣屬性，因此不具有與貨幣相同的法律地位，無法作為在市場上流通使用的貨幣。

隨著該公告公布後，ICO平台陸續配合停止營運（包括著名之火幣網、幣安等交易平台）[7]。此外，由於該公告也禁止金融機構及銀行以外的支付機構開展與代幣之發行、融資交易相關的業務，ICO於中國大陸的發展因而受到巨大阻礙。

2. 韓國

韓國為繼中國大陸之後第二個明文禁止ICO的國家。韓國對於ICO的禁令早有跡可循，由韓國央行、金融監管機構以及數位貨幣公司所組成的「數位貨幣專案小組」在2017年9月初即宣布會加強控制虛擬通貨交易，隨後韓國金融服務委員會考量到ICO市場過熱及其所衍生的金融詐騙風險，進一步於2017年9月29日發表聲明，指出以證券發行形式使用虛擬通貨籌資違反韓國的《資本市場法》，宣布禁止境內所有形式的ICO籌資活動及嚴懲ICO參與者，並持續對虛擬通貨市場進行監控，觀察是否應繼續強化管控措施。

此外，為了避免藉由虛擬通貨交易進行洗錢等違法行為，韓國於2018年1月30日起實施實名認證機制，當虛擬通貨交易涉及法幣存、取款之服務時，虛擬通貨投資者使用的交易銀行須與交易所的銀行相同，目前銀行只向韓國前四大加密貨幣交易所（即Upbit、Bithumb、Coinone及Korbit）提供實名轉換服務。

2018年12月4日，韓國新任財政部長洪南基在就職前提供予國會的備詢資料中指出，韓國財政部將會在綜合考量市場狀況、國際趨勢及投資人保障後，以全新態度面對加密貨幣產業，韓國的ICO禁令似乎在未來將有轉機。

3. 美國

依據美國證券管理委員會（Securities and Exchanges Commission,

---

[7]　例如：BTC China於9月14日停止接受註冊，並於9月30日全面停止比特幣交易。

SEC）於2017年7月25日針對ICO專案「The DAO[8]」的調查報告（下稱「DAO報告」）[9]，如ICO所發行之代幣屬於《1933年美國證券法》（Securities Act of 1933，下稱「美國證券法」）及《1934年美國證券交易法》（Securities Exchange Act of 1934，下稱「美國證交法」）下的有價證券時，該ICO項目即須適用美國證券法規之證券發行規定。雖然ICO為新興金融科技下的產物，但因美國證券法§2(a)(1)及美國證交法§3(a)(10)肯認「投資契約」為有價證券，大為擴充了美國法下之有價證券概念，一旦ICO所發行之代幣的性質經認定構成投資契約，除非屬於豁免證券，發行該代幣即有美國證券相關法規的適用。

　　在DAO報告中，ICO是否構成美國證券法及美國證交法下之證券發行與銷售必須實質認定。SEC採用Howey Test檢視DAO代幣是否構成投資契約。Howey Test認定有價證券的要件有四：(1)金錢之投資（invest his money）[10]；(2)共同之事業（in a common enterprise）；(3)獲利之期望（is led to expect profits）；(4)他人之努力（Solely from the efforts of the promoter or a third party）。依據前述認定標準，SEC認為投資人使用以太幣購買DAO代幣提供金錢之投資，合理期待享有The DAO（一個共同之事業）進行投資所賺取的利潤，且該利潤植基於The DAO管理者對The DAO的控管而生，因此DAO代幣構成投資契約，該ICO應適用美國證券相關法規。觀察SEC之推論方式可知，雖然SEC認定DAO代幣為美國證券法及美國證交法下的投資契約，DAO報告並未一概認定所有ICO發行的代幣皆屬於有價證券，ICO發行的代幣是否屬於有價證券仍必須個案判斷。

　　儘管SEC已揭示應以Howey Test認定虛擬通貨是否應適用美國證券相關法規，但實際將Howey Test套用至ICO項目檢視代幣的性質時，在不同的主管機關眼中，ICO項目的代幣可能被認定為不同性質的商品，判斷法

---

[8]　DAO為decentralized autonomous organization的簡稱，為「去中心化自主組織機制」，其透過智慧合約(smart contract)來建立個體之間、個體與組織間或組織之間的聯繫。

[9]　Report of Investigation Pursuant to Section 21(a) of the Securities Exchange Act of 1934: The DAO (Release No. 81207/July 25,2017)

[10]　在SEC v. Shavers, No. 4:13-CV-416 (E.D. Tex. Sept. 18, 2014)一案中，法院認定虛擬通貨的投資亦符合「金錢之投資」此一要件。

規適用之結論仍有高度不確定性，因此，美國開始有聲浪希望可以針對虛擬通貨立法，明確化虛擬通貨相關業務應適用的法律規定。

4.日本

日本於2017年4月修改《資金結算法》承認虛擬通貨為合法交易工具（但非法定貨幣），但當時修法並未處理ICO議題。依據日本金融廳與相關人士組成的「虛擬通貨交換產業相關研究會」之會議討論，如虛擬通貨具有股權、配息性質，即應落入《金融商品交易法》的規範範圍；如虛擬通貨是供作購買商品、服務之用，則考慮另立法規管理，此外，ICO發行方應對參與者、其股東及債權人有充分說明ICO之義務，ICO不得侵害發行方之股東或債權人的利益，並應對ICO參與者進行KYC（Know Your Customer）認證，以及防範網路攻擊等可能風險。

日本金融廳於2018年12月14日依據前述討論發布了一份報告草案，並計畫依據該報告草案進行修法。另一方面，日本虛擬通貨協會（Japan Cryptocurrency Business Association, JCBA）也於2018年底建立了ICO審查小組，並於2019年3月8日發布對於ICO規範的建議，其中指出應將虛擬通貨區分為功能型代幣（utility token）及證券型代幣（security token），屬於後者的虛擬通貨應受《金融商品交易法》規範。

（三）台灣之現行ICO規範

1.ICO項目之法規適用

目前台灣尚未對虛擬通貨有明確規範，使區塊鏈技術相關業者於發展業務時常會受到既有法規限制，或因法規未有規範而無所適從。依金管會於2018年6月22日的新聞稿，金管會認定ICO代幣之性質的標準與SEC相似，認為應「實質認定」各個ICO項目代幣的性質，如該代幣經認定屬於《證券交易法》（下稱「證交法」）下的有價證券，則該ICO即屬有價證券之發行，應依證交法規定進行。

證交法第6條對有價證券的認定採取「有限列舉、概括授權」的立法方式，目前法律所規範之「有價證券」包括政府債券、公司股票、公司債

券及經主管機關核定之其他有價證券[11]；「準有價證券」則包括新股認購權利書、新股權利證書及前述有價證券之價款繳納憑證或表明其權利之證書。如果ICO發行的代幣所表彰之權益內容與前述有價證券、準有價證券所表彰之權益內容相同，只是改以代幣作爲表彰該等權益之媒介，則該ICO應會被認定爲有價證券之募集與發行，從而有台灣證交法規之適用。

由於代幣可能依照發行方的設計而表彰不同權益，當ICO發行的代幣不符合現有明文規定的有價證券類型，但與有價證券同樣具備「投資性」而可歸類爲「投資契約」時，以ICO向公眾發行代幣募集資金，將可能產生證交法適用上之爭議。雖因目前投資契約並非證交法列舉的有價證券，台灣亦未全面核定投資契約屬於有價證券，在現行法令的架構下，發行投資性質代幣的ICO不一定會被認定爲有價證券之募集與發行，但依最高法院104年度台上3215號刑事判決，證交法下有價證券之認定應著重於「表彰一定價值」、「投資性」及「流通性」的判斷，縱非屬證交法明文規定之有價證券或經主管機關核定之其他有價證券，也有可能被認定爲應受證交法規範之有價證券。由此可見，台灣司法實務上似乎開始擴大證交法下有價證券之定義，如ICO發行之代幣具備「表彰一定價值」、「投資性」及「流通性」的特性，仍有被認定爲證交法下之有價證券的風險。

2. ICO項目平台業者之法規適用

在ICO的實務中，平台業者會以各種角色參與ICO項目，除了自行認購ICO所發行之代幣外，平台業者也可能作爲ICO的中介平台，或從事推銷、評估ICO項目、代客認購代幣等業務。依據證交法第44條之規定，僅有金管會發給許可證照之證券商得經營證券業務，另外，依據證券投資信託及顧問法第4條，僅有經金管會許可經營證券投資顧問業務之證券投資顧問事業得提供分析意見或推介建議，因此，當ICO所發行之代幣被認定爲證交法下之有價證券時，從事相關業務之平台業者就必須取得該等執照。

---

[11] 例如：認售權證（財政部(86)台財證(五)字第03037號函）、公司債券分割後之息票（金管會民國94年2月4日金管證一字第0940000539號函）、華僑及外國人在臺募集資金赴外投資所訂立投資契約係屬有價證券（財政部76年10月3日台財證(二)字第6934號函）等。

二、從ICO轉向STO

　　從前述介紹可知，ICO發行方藉由發行表彰特定權益之代幣，以換取認購方資金之行為，常會被當地主管機關認定為「證券發行」。如當地法規對有價證券之定義較為寬鬆（例如：美國），ICO項目所發行之代幣幾乎難逃被認定為有價證券的命運，反之，如當地法規對有價證券之認定較為嚴格（例如：台灣），則ICO項目所發行之有價證券是否屬於有價證券，就有較大的討論空間，而有機會排除證券相關法規之適用。隨著政府對於ICO的管制越來越明確，以及因ICO項目良莠不齊，募資項目的計畫達成度低落、詐騙等非法行為層出不窮，ICO的風潮逐漸降溫。為了降低公司可能面臨之法律風險，並增加投資人對於募資項目之信心，有些公司開始選擇依證券相關法規發行證券型代幣（即STO）。雖STO為符合證券發行之法定程序，使代幣發行的成本增加，但當法規准許特定證券發行態樣可豁免適用某些發行程序時，STO發行方仍可用比一般證券發行便捷與低廉之程序發行證券型代幣，因此，在ICO市場低迷之際，漸漸有越來越多公司開始考慮以STO進行募資。美國因其證券法規中對證券發行程序之規定較有彈性（相關介紹請見下文），代幣發行方可依較簡單之程序發行證券型代幣，其ICO及STO之發展即十分符合此一趨勢。

　　反觀台灣，儘管金管會認為代幣之性質應依個案判斷，當代幣具備證券性質時應適用證券相關法規，但依前述金管會新聞稿，金管會亦表明其尚未依證交法規定核准任何代幣募資之項目，因此台灣目前並無STO之案例。縱使主管機關接受證券型代幣之發行申請，因台灣能豁免證券發行法定程序之規範不似美國之證券豁免規定多元，如是用一般證券發行之規定發行證券型代幣，在台灣進行STO之成本可能與一般證券發行之成本差異不大，在現行法規下，在台灣以STO募資似乎沒有特別之優勢。

三、STO之規範趨勢

（一）什麼是STO？

　　STO是指依照既有證券相關法規規定之程序發行證券型代幣之籌資方式。STO大致可分為兩種立法模式：1.依照現有法規申請發行；或2.依照新制定的虛擬通貨專法發行。除STO發行方是使用代幣來表彰認購方出資後將取得的權益外，證券型代幣的權益內容基本上與傳統證券市場上的商品並無太大差別。儘管許多國家的證券主管機關都曾表示虛擬通貨在具備證券性質時，發行虛擬通貨即應認定為發行證券，但實際上並不表示該國的證券主管機關已接受相關證券發行申請，因此目前已有成功STO案例的國家仍屬少數，例如：馬爾他、美國等。ICO、STO與IPO之比較茲整理如下表：

	ICO	STO	IPO
發行主體	無限制	無限制	公司法人
發行客體	代幣	代幣	公司股票
表彰權利	視設計而定	股權、證券化資產	股權
參與／出資方式	虛擬通貨、法定貨幣或其他貢獻	虛擬通貨、法定貨幣或其他貢獻	法定貨幣
二級市場交易	可	有限制	可
交易方式	虛擬通貨交易平台或其他利用區塊鏈技術之管道	虛擬通貨交易平台或其他利用區塊鏈技術之管道	證券交易市場或其他依發行地法令許可之交易方式
監管法規	發展中	發行地之證券法規，但發行地可能允許適用較簡易的發行程序	發行地之證券法規

　　由於SEC已對虛擬通貨是否屬於證券法規下之有價證券提出長期穩定的標準，加上美國證券法規有較多樣化的豁免規範，能降低適用證券法規發行證券型代幣時的法規遵循成本，美國目前已有不少STO成功案例，也因此成為研究STO規範體例的重要參考國家，本文以下即以美國為例，介

紹美國的STO規範。

（二）美國的STO發展

　　如前文所述，SEC以Howey Test實質認定ICO發行之代幣的性質，判斷發行虛擬通貨是否應該適用美國證券法規，以及遵守相關的KYC及洗錢防制要求。美國目前並未針對虛擬通貨制定專法，如發行的代幣性質屬於證券，應以合乎既有證券相關法令之方式進行募資，否則即爲非法發行有價證券。依美國證券法的規定，除非符合豁免規定，發行任何有價證券皆須經SEC核准，美國證券法下之主要的豁免規定爲Regulation D、Regulation A+、Regulation CF及Regulation S，簡介如下：

　　1. Regulation D：依Regulation D發行有價證券不必經SEC核准，但須符合以下限制：(1)證券發行金額不得超過500萬美金[12]；(2)發行金額無上限，但僅得向合格投資人（accredited investor）募資[13]；或(3)發行金額無上限，但僅得向合格投資人以及35位以下非合格投資人募資[14]。此外，依Regulation D發行之證券會有6個月或12個月的禁售期，投資人在禁售期內禁止轉賣其所取得之股票。

　　2. Regulation A+：依據Regulation A+向SEC申請核准發行有價證券之募資上限爲美金5,000萬元，且發行方須提供公司財務報告。如募資金額高於美金2,000萬元，非合格投資人之認購金額不得高於其年收入或資產淨值（取其高）的10%，合格投資人則無認購金額限制。SEC審核一般需要二至三個月，且駁回的機率爲45%，但依Regulation A+發行之證券沒有禁售期，以該豁免規定發行之證券具有高度的流通性。

　　3. Regulation CF（Title III of the Jumpstart Our Business Startups，JOBS法案）：依Regulation CF（全稱爲「Regulation Crowdfunding」）發行證券不須經SEC核准，但發行方應提出財務報告，並符合美金107萬元之年度發行金額上限，依Regulation CF發行有價證券適用12個月禁

---

[12]　Regulation D之Rule 504規定。
[13]　Regulation D之Rule 506(c)規定。
[14]　Regulation D之Rule 506(b)規定。

售期。Regulation CF依投資人之年收入或資產淨值對投資人設有投資上限，並規定單一投資人一年內取得之Regulation CF豁免證券不得超過一定金額。此外，除了依JOBS法案第227.204條向潛在或現存投資人提供簡要通知外，發行人不得就證券的發行進行廣告。

4. Regulation S：此豁免規定亦稱爲「安全港豁免條款」，依Regulation S發行的證券不須SEC核准，但僅能由美國境外之非美國居民認購，亦不得在美國境內進行廣告，且依週期而有不同的禁售期（禁售期爲40天至一年）。

前述豁免規定除了可以分別選用外，例如：Aspen Coin以ST. Regis Aspen Resort之房地產投資信託基金（REIT）爲基礎資產，依Regulation D的Rule506(c)募集1,800萬美金、健康資料平台MintHealth依Regulation CF募資15萬美金（其餘部分有可能在未來透過Regulation D 506(c)募集），亦可相互組合運用，例如：美國電商Overstock.com其下的子公司tZERO爲了建立證券型代幣的交易所進行籌資，承諾該STO之代幣持有者得享有公司10%之盈餘分配，依據Regulation D的Rule506(c)及Regulation S之規定進行STO而籌得美金1億3,400萬元；StarEngine及Gab則以Regulation A+及Regulation D下的簡易發行向SEC申請進行STO籌資。

由上述介紹可知，雖美國的證券型代幣必須遵照證券相關法規發行，但如能依照豁免規定適當規劃發行金額、地區及對象等發行要件，仍可適用已經存在的簡便程序進行STO，而無庸踐行繁瑣之IPO程序。然而，雖美國的STO在適用豁免規定之情形下，籌資成本比一般IPO專案低，但仍與ICO有意排除證券法規適用的初衷有別，募資成本已大幅上漲。STO是否會發展爲普遍被接納的募資方式，仍有待關注。

（三）台灣虛擬通貨相關之法律議題及立法走向

雖然台灣尚未確立發行虛擬通貨之規範體系，但有些業者已加入自律組織並同意遵守自律規範，以共同維護虛擬通貨市場之交易秩序，例如：

許多在台灣活動的主要虛擬通貨交易所[15]已於2018年9月簽署「區塊鏈暨加密貨幣自律組織」之自律公約，宣示遵守《交易所行為準則》所揭示的「守法」、「公開透明」、「善良管理」、「作業風險管理」、「市場、流動資產及信用風險管理」等原則。[16]隨著區塊鏈技術之運用越來越廣泛、虛擬通貨交易越來越普遍，主管機關開始正視新興技術的法規問題，並著手研擬相關法規。依據目前金管會釋出之相關資訊[17]，虛擬通貨相關法規及可能之規範方向如下：

1. 規範方向：核定證券型代幣為證交法之有價證券、募資分級管理、平台納管

金管會初步研擬將符合一定條件的證券型虛擬通貨核定為證交法之有價證券（即透過加密保護並表彰持有人得收取利益之憑證，且具備流通性及「投資人出資」、「出資於共同事業」、「投資人分享報酬」及「報酬主要取決於發起人或第三人之努力」性質者），並依據證券型代幣之投資人是「參與發行人經營利益或特定專案盈餘之分享」或「分享固定利息」，將證券型代幣區分為「分潤型」及「債務型」兩種類型。

另對於募資發行仿股權群募方式，建立分級管理機制。考量ICO的發展是因應市場上對便捷募資程序之需求而生，初步規劃依募資規模加以區分，小額募資計畫以豁免申報生效程序之方式進行較低密度之監管[18]；而

---

15 包括Ace王牌數位貨幣交易所、Algo Cipher阿格斯數字資產交易中心、BitoEX、BITPoint、BitRabbit Exchange、BitStar、BiTWe、CobinHood、EOS ex、Fusion$360、Joyso、Ktrade、Max、STAR BIT等。

16 《交易所行為準則》，區塊鏈與加密代幣自律組織，2018年9月14日。

17 2019年4月12日研商「證券型代幣發行（Security Token Offering, STO）監理規範」座談會之相關開會資料。

18 依照金管會初步規劃，募資金額為新台幣3,000萬元以下之小型證券型代幣募資活動將可依《證券交易法》第22條規定豁免向金管會申報生效之程序，但除了募資金額不得超過新台幣3,000萬元之限制外，該等小型虛擬通貨募資活動需符合以下規定：

1. 發行主體及發行代幣類型：依台灣《公司法》設立之非上市櫃、興櫃之股份有限公司才能作為發行主體，且只能發行分潤型及債務型虛擬通貨，並未開放涉及公司股權之股權型代幣。

2. 募資對象及持有限額：僅專業投資人（即《境外結構型商品管理規則》第3條規定之「專業機構投資人」、「高淨值投資法人」、「專業投資人之法人或基金」及「專業投資人之自然人」）得認購，如投資人為專業投資人之自然人，另有對每一個STO募資案之認購金額及持有餘額不得逾新台幣10萬元之限制。

3. 交易方式及交易量限制：由於依《證券交易法》第12條規定，競價買賣屬於證券交易所之專屬業務，證券型虛擬通貨應由證券商平台擔任自營商，依市場狀況自行報價買賣，並採預收款券及即時總額交割，且每日每檔STO之交易量不得逾該檔STO發行量之50%。

4. 管理規範：財團法人中華民國證券櫃檯買賣中心將就發行人應備條件、資訊揭露、相關證券自營商之財務、業務及人員管理等事項另訂管理辦法。

一定金額規模以上之募資計畫則擬由業者先進入監理沙盒實驗，再透過實驗過程進一步確認修法方向[19]。

　　無論募資規模之大小，金管會初步規劃投資人僅得透過單一證券商平台認購證券型代幣，並由平台業者確認發行方符合發行證券型代幣之條件。參照現行證券商之相關規範，規劃參與STO的平台業者需符合一定資格，並取得相關執照後，方可合法從事相關STO業務。[20]

2. 對STO規範方向之思考

　　依照目前金管會之初步規劃，明顯可看出金管會參酌美國Howey Test對於投資契約之認定標準，擬以相同標準作為STO發行之代幣是否為證券型代幣之判斷方式，但與美國之STO規範體制不同，金管會擬開放之證券型代幣排除涉及股權性質之代幣，並採取另外制定法規之方式豁免小型證券型代幣之申報生效程序。

　　相較美國之證券法規原本即存在多樣且有彈性的豁免規定，台灣證券法規與美國大不相同，原則是採正面表列方式規範，現行證券發行法規之態樣及法定程序，均無法適用於STO，亦無法滿足市場上的快速募資需求，故有待建立證券型代幣募資之相關規範。然而，僅以募資規模大小作為唯一豁免情形之規定缺乏彈性，參考美國證券法之豁免規定及美國成功的STO案例募資狀況，金管會設定之豁免申報生效程序門檻，似乎不足以滿足證券型代幣發行方之募資需求，勢必排除許多證券型代幣之可能態樣（例如以房地產投資信託基金（REIT）或其他高金額標的為基礎資產之項目），亦大幅降低外商來台發行證券型代幣之意願。此外，就單純表彰股權之代幣而言，除了是以代幣作為表彰股權之媒介外，其與一般無實體

---

[19] 依照金管會初步規劃，規模逾新台幣3,000萬元之證券型代幣募資活動限由未上市（櫃）、興櫃之公開發行公司為發行主體，並應先申請進入監理沙盒實驗，以議價方式發行分潤型或債務型虛擬通貨，再視實驗結果研擬相關修法。考量目前主管機關認為證券型代幣應受證交法等證券相關法規規範之見解，將來主管機關很可能參照證交法制定證券型代幣專法，或選擇直接適用證交法規範，並設計證券型代幣發行之相關規定，除了前述可豁免申報生效程序小型證券型代幣募資專案外，發行其他證券型代幣即須適用之。

[20] 依照金管會初步規劃經營募資金額為新台幣3,000萬元以下小型證券型代幣募資案之交易平台業者應申請證券自營商執照，並申請「自營—僅從事自行買賣證券型代幣業務」（待新增）之營業項目（擬規定平台業者之實收資本額為新台幣1億元、營業保證金為新台幣1,000萬元），現行證券商如欲經營此業務，則得申請「自營—自行買賣證券型代幣業務」（待新增）之營業項目，募資金額逾新台幣3,000萬元之相關平台業者規範則待沙盒實驗結果後再議。

發行之股票並無二致，初步因涉及修改公司法而未予納入，應有進一步討論之空間[21]。

另外，對於較大規模之證券型代幣發行，金管會擬依監理沙盒之實驗結果再議定規範，然而台灣監理沙盒之門檻要件、規模限制較嚴格，由實務發展亦可知送件審查耗時甚久，對業者而言並非便利，故業者是否有意願或有適當證券型代幣發行的案件申請進入監理沙盒實驗，以利制定法規，誠有疑問。STO規範是否須視沙盒實驗結果始能建立，似無必然關係。無論有無沙盒實驗，主管機關均可參考國內外發展，並應建立明確的規範方向，始能使業者對相關規範有所預見，並據以規劃發展其業務，而非以沙盒制度作為解方。

在平台業者之相關規定部分，預計針對STO需求新增之營業項目似僅為與自行買賣證券型代幣相關之業務，但實務上平台業者在STO活動中，除了自行買賣代幣外，亦可能擔任承銷商、經紀商、投資顧問等不同角色，平台業者日後縱使取得「僅從事自行買賣證券型代幣業務」之證券自營商執照，其參與證券型代幣發行活動之業務內容界線，仍有待進一步釐清及討論。

（四）結論

隨著ICO募資風潮漸歇，市場上逐漸轉以STO的方式募集資金，由於美國證券法規已存在多種豁免規定，證券型代幣發行方可直接使用適當的豁免規定，以較便捷之程序發行證券型代幣募資，與既有之證券募資架構並無牴觸。反觀台灣，證券型代幣募資並無既有之規範可供遵循或申請豁免，非法募集有價證券則有違反證交法之刑事責任，故業者只能觀望不前，為配合STO之募資需求，勢必需要另外制定相關規定。

台灣具有豐沛之金融科技能量與技術，金管會針對國內虛擬通貨業者呼聲，已提出STO之初步規範框架，並進行廣泛討論，帶來了STO發展的

---

[21] 依《財團法人中華民國證券櫃檯買賣中心創櫃板管理辦法》之規定，新台幣3,000萬元以下之股權群募可豁免申報生效程序，而新台幣3,000萬元以下之股權代幣與股票性質類似，卻不可適用豁免申報生效之規定，更顯出此規範之問題。

曙光，其用心值得肯定。然而，觀察目前金管會初步規畫，擬將證券型代幣核定為證交法下之有價證券，但排除涉及股權之代幣，僅將「分潤型」及「債務型」兩種類型納入，將使運用證券型代幣募資之項目大幅縮減；對於小型證券型代幣發行項目之豁免，在投資人資格及發行人條件設有諸多限制，業者仍有諸多意見，未來規範方向仍有待討論後定案。

隨著區塊鏈技術的發展及運用更加成熟，從ICO到STO，各種態樣不斷翻新，對全球主管機關而言，訂立一套兼顧市場秩序及投資人保護的法律規範誠屬難題。台灣STO的發展可否藉這一波討論及法規制度的建立帶來新風潮，值得觀察。未來制度發展方向，仍待找出一條符合監理需求及實務發展之途徑，方可能使STO真正在我國落地。

虛擬貨幣的沒收與執行

吳祚丞、張嘉予

一、前言

　　虛擬貨幣並非由中央銀行或存款機構所發行，也不是以法定貨幣計價，通常有其自己的計價方式與單位[1]；而透過如區塊鏈（Blockchain）的去中心化技術發行者，又稱為加密貨幣或密碼貨幣（Cryptocurrencies）[2]。拜區塊鏈技術之賜，目前流通中的加密貨幣已超過2000種，其中最耳熟能詳的，包括市值最高、交易量最大的為比特幣（Bitcoin），以及可用於付費使用以太坊技術的以太幣。

　　隨著虛擬貨幣[3]日漸盛行，近來以虛擬貨幣為不法所得的犯罪有增多趨勢，其中多為行為人以詐欺手段不法獲取被害人的虛擬貨幣（如比特幣），其犯罪手法多為向被害人宣稱僅需要投資一定虛擬貨幣，在短期內即可回收高額之紅利[4]。有不少被害人因此將持有的虛擬貨幣交付予不法集團而受詐騙。有別於一般詐欺案件以法定貨幣為犯罪所得，虛擬貨幣作為犯罪之獲利，因其性質及存放方式，能否沒收，以及如何執行沒收等，都是司法實務上必然碰到的難題。

---

[1] IMF Staff Discussion Note, "Virtual Currencies and Beyond: Initial Considerations" (2016), available at https://www.imf.org/external/pubs/ft/sdn/2016/sdn1603.pdf.

[2] 同上註。

[3] 依歐洲央行於2012年10月29日所提出「虛擬貨幣架構」（Virtual Currency Schemes），該報告將虛擬貨幣架構分為三類：1.封閉性虛擬貨幣架構，此種架構與真實經濟幾無連結，亦稱為遊戲內之架構；2.單向貨幣流的虛擬貨幣架構，此虛擬貨幣可直接以現實世界之財貨兌換，具有固定之匯率，但經兌換後無法再換回現實世界之財貨；及3.雙向貨幣流的虛擬貨幣架構，使用者可依照匯率以現實財貨買賣虛擬貨幣；按其流通性，該虛擬貨幣與其他可兌換之貨幣相似，而此架構允許使用者購買虛擬或實體之商品或服務，又此種架構通常皆以區塊鏈去中心化的加密技術加以保存，又可稱為加密貨幣。如近年來造成風潮之比特幣即屬本類型之架構。另在2018年8月9日行政院召開跨部會會議，將建構於區塊鏈加密技術的加密貨幣統稱為「虛擬通貨」。本文為討論方便，本文以下所稱之「虛擬貨幣」係指行政院所稱之「虛擬通貨」。

[4] 詳見誆比特幣高獲利吸金15億醫生、律師也受騙，https://news.ltn.com.tw/news/Taichung/breaking-news/2466121。

　　基此，以下將透過欲我國刑法沒收的規定、虛擬貨幣的定位及特性，討論實務執行上的法律議題。

二、虛擬貨幣的定性

　　刑法沒收分別犯罪物品沒收及犯罪所得沒收兩種類型，關於犯罪物品的沒收，刑法第38條第1項及第2項均規定須為違禁「物」、供犯罪所用、供犯罪預備或犯罪所生之「物」，才得沒收，至於犯罪所得沒收，刑法第38條之1第4項雖認為得追徵價額，但其前提應仍在不能沒收或不宜執行沒收時，方得追徵價額，由於虛擬貨幣並非傳統認定屬於「物」的動產，故於討論虛擬貨幣之沒收，須先對虛擬貨幣加以定性。

（一）「貨幣」？

　　一般認為，貨幣具有四種功能：交易媒介（Medium of Exchange）、計價單位（Unit of Account）、價值儲藏（Money）以及延期給付（Deferred Payment）。世界各國為規範債權債務的清償標準，一般會以法律來為其國家的貨幣進行定義。依據我國中央銀行法第13條規定：「中華民國貨幣，由本行發行之。本行發行之貨幣為國幣，對於中華民國境內之一切支付，具有法償效力。貨幣之印製及鑄造，由本行設廠專營並管理之。」是以，在我國僅有中央銀行所發行之貨幣，方屬具有法定清償效力之貨幣。虛擬貨幣在我國法體制下尚難稱為「貨幣」[5]。且近期台灣高等法院在一件違反銀行法非法吸金罪案件判決中，亦認為數位虛擬商品之比特幣，與「加密資產」（crypto-assets）之定性較為接近，非屬於貨幣[6]，因此不構成銀行法非法吸金罪所稱之款項或資金。

---

[5]　在2013年12月30日中央銀行與金管會公開宣示虛擬貨幣（比特幣）並非貨幣。

[6]　參臺灣高等法院107年度金上訴字第83號判決。本案被告被訴以網路吸引民眾投入比特幣共同投資而涉嫌違反銀行法非法吸金罪及詐欺罪，法院於判決採取金管會及中央銀行對於虛擬貨幣並非貨幣，而是虛擬通貨的見解，並明確指出：「本院認為比特幣固係具有經濟價值之虛擬商品，但目前並非銀行法第5條之1、第29條之1所稱之『款項』或『資金』，縱使被告等人以比特幣作為收受或吸收之投資客體，仍不該當銀行法第125條第1項之違法經營收受存款業務罪。……本案被告等人雖是向公眾募集虛擬貨幣（比特幣），但被告等人並未另外發行代幣作為權益憑證，而是仍以比特幣作為償還本息之工具，應非ICO之範疇。」

（二）法律上的「物」？

　　雖然我國政府對於虛擬貨幣的性質仍在持續發展中，但自2013年以來，金管會曾多次重申虛擬貨幣不得作為社會大眾普遍接受的支付工具，不得在銀行等金融機構進行收受或兌換，也不得在銀行ATM提供相關服務，並強調虛擬貨幣（比特幣）為數位「虛擬商品」。後於2018年8月9日行政院召開跨部會會議時，金融監督管理委員會（下稱「金管會」）主委表示與央行的共識是將「虛擬貨幣」統稱「虛擬通貨」。

　　承前所述，虛擬貨幣雖然被稱為「幣」，但並不具有實體，本質上屬於虛擬通貨，其交易亦係利用公開的分布式帳本（Distributed Ledger）在帳戶間做數字的增減。針對虛擬貨幣是否屬於法律上的「物」，目前法院判決實務分歧，有採否定見解者，認為：「查數位比特幣，係以電磁紀錄形式存在並流通於網際網路之虛擬貨幣，並非具體之財物，其於網際網路流通時，固具有一定之價值利益，惟尚非刑法第339條第1項所規定之客體（財物），僅能認係同條第2項規範之財產上利益。」[7]，持肯定見解則認為：「又比特幣依其性質應屬可替代物，堪認兩造已就5.83475753顆比特幣成立消費借貸契約，揆諸前揭規定，被告即應依約返還與所借用數量相同之比特幣與原告」[8]。

　　實則，虛擬貨幣在我國目前法制下，應屬於一種電磁紀錄[9]。以同屬電磁紀錄之網路遊戲虛擬寶物為例，竊取他人虛擬寶物之行為是否構成刑法竊盜罪，即曾引發虛擬寶物是否屬於竊盜罪客體（即「物」）之爭議，法務部為避免處罰漏洞，曾以函示表示「線上遊戲之帳號角色及寶物資料，均係以電磁紀錄之方式儲存於遊戲伺服器，遊戲帳號所有人對於角色及寶物之電磁紀錄擁有支配權，可任意處分或移轉角色及寶物，又上開角色及寶物雖為虛擬，然於現實世界中均有一定之財產價值，玩家可透過網

7　參臺灣高等法院臺中分院106年度上訴字第1014號刑事判決。值得注意的是，本件判決雖認定比特幣不屬於物，而是一種財產上利益，但卻同時於判決主文直接諭知將本案犯罪所得比特幣沒收，似又肯認虛擬貨幣屬於得直接沒收之物。相同見解可參臺灣高等法院臺中分院104度訴字第981號刑事判決。

8　參臺灣臺南地方法院106年度訴字第1907號民事判決，本判決主文判命被告應給付原告5.83475753顆比特幣。

9　刑法第10條第6項：「稱電磁紀錄者，謂以電子、磁性、光學或其他相類之方式所製成，而供電腦處理之紀錄。」

路拍賣或交換，與現實世界之財物並無不同，故線上遊戲之角色及寶物似無不得作爲刑法之竊盜罪或詐欺罪保護客體之理由。」[10]肯認虛擬寶物仍屬構成竊盜客體的「動產」，上開爭議直至92年間刑法增訂妨害電腦使用罪章，於第359條明定無故取得他人電磁紀錄爲妨害電腦使用之犯罪行爲，自此竊取他人之虛擬寶物之行爲均依本條規定處罰。由此以觀，目前法律雖將「電磁紀錄」認定具有一定財產價值，爲受財產法益所保護之客體，但似未將「電磁紀錄」認定具有「物」的性質，故虛擬貨幣於現行法上，應不具有「物」之性質。

三、沒收規定

刑法第38條[11]規定，係以違禁物（如毒品）或屬於犯罪行爲人的犯罪所用之物（如持刀搶劫的刀具）、犯罪預備之物（如預備持刀搶劫的刀具）以及犯罪所生之物（如持刀搶劫所得之金額後購買其他物品）爲沒收對象，由法條文字用語以觀，似以有形的實體「物」爲沒收客體，由於虛擬貨幣性質上爲電磁紀錄而不屬於「物」，應不在沒收之列。雖本條第4項規定前開沒收於一部或全部不能沒收或不宜執行沒收時，得得對被告諭知沒收相當該物價值的金額，然由本項立法理由以觀，是爲了避免應沒收的物價值昂貴，被告將該物移轉予他人以規避沒收，以致失去公平所設[12]，並非指應沒收對象性質上不屬於「物」的情形。因此，加密虛擬貨幣是否得依刑法第38條宣告沒收，依現行法規定，恐有疑義。

現行刑法第38條之1[13]另規定，若爲屬於犯罪行爲人的犯罪所得，得

---

[10]　參法務部90年11月23日（90）法檢決字第039030號。

[11]　刑法第38條：「違禁物，不問屬於犯罪行爲人與否，沒收之。供犯罪所用、犯罪預備之物或犯罪所生之物，屬於犯罪行爲人者，得沒收之。但有特別規定者，依其規定。前項之物屬於犯罪行爲人以外之自然人、法人或非法人團體，而無正當理由提供或取得者，得沒收之。但有特別規定者，依其規定。前二項之沒收，於全部或一部不能沒收或不宜執行沒收時，追徵其價額。」

[12]　按刑法第38條立法說明第5點：「考量供犯罪所用、犯罪預備之物或犯罪所生之物如價值昂貴，經變價獲利或轉讓予他人，而無法原物沒收，顯失公平，爰增訂第四項，就全部或一部不能沒收或不宜執行沒收時，追徵其價額。」

[13]　刑法第38條之1：「犯罪所得，屬於犯罪行爲人者，沒收之。但有特別規定者，依其規定。
犯罪行爲人以外之自然人、法人或非法人團體，因下列情形之一取得犯罪所得者，亦同：一、明知他人違法行爲而取得。二、因他人違法行爲而無償或以顯不相當之對價取得。三、犯罪行爲人爲他人實行違法行爲，他人因而取得。前二項之沒收，於全部或一部不能沒收或不宜執行沒收時，追徵其價額。第一項及第二項之犯罪所得，包括違法行爲所得、其變得之物或財產上利益及其孳息。犯罪所得已實際合法

沒收之，且同條第4項規定，所謂犯罪所得係指違法行為所得、其變得之物或財產上「利益」及其孳息。是以，應依刑法第38條之1規定沒收之犯罪所得並不限於有體物，具有一定財產價值的無形財產或利益，亦在法律規定沒收之列[14]。是以，因虛擬貨幣性質上屬於應受財產法益保障之「電磁紀錄」，具有一定之財產價值，如為犯罪所得，自得依刑法第38條之1沒收之[15]。至於以犯罪所得為虛擬貨幣而諭知沒收時，就係以該虛擬貨幣「本身」為沒收對象，或應以該虛擬貨幣換算為法幣之價值而追徵其價額，因最高法院判決[16]認為，於應沒收物的原物、原形仍存在時，自是直接沒收該「原客體」，不因沒收標的的「原客體」為現行貨幣，或現行貨幣以外之其他財物或財產上利益而有不同，是依上開最高法院見解，倘加密虛擬貨幣之原物、原形（電磁紀錄）尚存在，應直接沒收虛擬貨幣，只有當虛擬貨幣不存在時，方得追徵其價額。

四、虛擬貨幣應如何執行沒收？

直接以虛擬貨幣為沒收客體的案件，由於虛擬貨幣並非「實體物」，無法如動產般移轉占有而移轉所有權，此時應如何執行沒收？又若被告拒絕將虛擬貨幣移轉予政府，又得以何種方式要求被告移轉虛擬貨幣？即有進一步討論的必要。

一般而言，虛擬貨幣的是存放在虛擬錢包中，由於只要有該虛擬錢包之相關資訊（包括帳號、密碼等），即可支配控制該錢包中的虛擬貨幣，

發還被害人者，不予宣告沒收或追徵。」

[14] 按刑法第38條之1立法說明第5點：「現行犯罪所得之物，若限於有體物，因範圍過窄，而無法剝奪犯罪所得以遏止犯罪誘因。反貪腐公約第二條第d款、第e款、巴勒摩公約、維也納公約均指出犯罪所得係指因犯罪而直接或間接所得、所生之財物及利益，而財物及利益則不問物質抑或非物質、動產抑或不動產、有形抑或無形均應包括在內。」

[15] 韓國法院亦有相關爭議，在2017年9月韓國水原地方法院有判決認為比特幣並無具備任何經濟價值，僅為電子文件，並無實體。惟經檢察官上訴後，法院變更見解，認為犯罪所得收益並不僅限於物品，還有現金、存款、股票和其他擁有經濟價值的資產，且比特幣得通過交易所轉換成貨幣，具有一定經濟價值。故比特幣在韓國目前亦定位具有一定經濟價值之財產，而非定位成「物」。詳見韓國法院判定比特幣擁有經濟價值一文，https://newcoins168.com/detail_coin.chtml?id=1774725&type=C7。

[16] 最高法院106年度台上字第2274號判決：「刑法諭知沒收之標的，不論係犯罪所用、犯罪所生、犯罪預備之物或犯罪所得，於其客體之原物、原形仍存在時，自是直接沒收該『原客體』。惟於『原客體』不存在時，將發生全部或一部不能沒收之情形，此時即有施以替代手段，對被沒收人之其他財產，執行沒收其替代價額，以實現沒收目的之必要。不因沒收標的之『原客體』為現行貨幣，或現行貨幣以外之其他財物或財產上利益而有不同。」

進行轉移，故執行機關若只是持有沒收對象存放虛擬貨幣的電子錢包相關資訊，仍無法排除沒收對象或其同夥因掌握或備份相同電子錢包資訊，而得以繼續掌控利用該等虛擬貨幣。因此，最有效的方式，應是要求被沒收對象將虛擬貨幣移轉至檢警機關開立的電子錢包。實際執行手段，又因虛擬貨幣是存放在虛擬貨幣交易所的錢包，或沒收對象的個人錢包而有不同，分述如下：

（一）虛擬貨幣存放於國內虛擬貨幣交易所帳號內

如得沒收之虛擬貨幣是存放在國內虛擬貨幣交易所帳號內，因國內交易所絕大多數皆為中心化交易所[17]，交易所提供予使用者僅為虛擬錢包位址而非虛擬貨幣之私鑰，在交易所進行的交易並非區塊鏈上真正的貨幣交換，僅為修改交易所資料庫內之資產數字，虛擬貨幣的私鑰則是存放於交易所中。是以，當使用者將虛擬貨幣移轉至交易所提供錢包位址時，便將虛擬貨幣的所有權移轉至交易所，用戶對於交易所僅有要求提出虛擬貨幣之債權。是以，在該交易所為國內公司，或主機存放於國內之前提下，檢警機關應可命該交易所將沒收對象的虛擬貨幣直接移轉到檢警機關所開立或得單獨控制的虛擬錢包，以完成沒收程序。

（二）虛擬貨幣存放於國外虛擬貨幣交易所帳號內

不同於國內虛擬貨幣交易所帳號，如得沒收的虛擬貨幣存放在國外虛擬貨幣交易所時，因我國法律強制力僅限於國內。難以要求國外虛擬貨幣所提出虛擬貨幣。此時僅能要求犯罪行為人自行將在該交易所內之虛擬貨幣移轉於檢警機關。但如被告不配合，如係判決確定前扣押保全程序，或可於後續有罪判決的量刑中，將此認定為犯罪後態度不佳，列為科刑輕重的標準。但若是已經判決確定的沒收執行，除了透過國際間司法互助外，欲執行沒收國外電子錢包內的虛擬貨幣，恐有困難。

---

[17]　目前台灣僅STAR BIT交易所採用去中心化模式，其餘皆為中心化交易所。

（三）虛擬貨幣存放於手機、電腦錢包或硬體錢包內

　　如得沒收之虛擬貨幣是存放於手機、電腦錢包（指APP或相關軟體）或硬體錢包（額外硬體儲存加密貨幣）時。檢警機關即得直接沒收該等手機、電腦及硬體錢包等實體物品，其方式，應與一般物的沒收相同。

五、結語

　　長久以來，世界各國的金融體系均透過政府貨幣政策以及金融機構所建構。然而，虛擬貨幣作為一種新型態的去中心化電子貨幣，完全脫離由政府及金融機構組成的既有貨幣體系，為世界對「錢」的認識，開創了新的思考途徑及更多的想像空間。然而，此種新型態的電子貨幣在現行法律之執行卻有扞格不入之處。因刑法及刑事訴訟法於規範時並未考量到虛擬貨幣的性質，故檢警機關在如何進行沒收以及執行面對到困難之處。然而，虛擬貨幣作為數位經濟的重要載體，其影響力弘遠巨大，又隨著大眾對於虛擬貨幣的接受度越來越高，虛擬貨幣所涉及的法律訴訟只有日漸增加之可能[18]，直接諭知虛擬貨幣沒收的判決也會越來越多，倘若不能儘速研擬配套法律，將來能否確實執行沒收，執行手段上有無過度侵害人權之疑慮，勢必引發更多爭議。

---

[18] 就現與比特幣有關的詐欺以及毒品案件已經分別有數十件，而以返還比特幣做為訴訟標的之民事訴訟亦有三件，然這些案件在民國107年以後者占所有案件近七成。是以，有關虛擬貨幣之法律涉訟急遽增加中。

第三篇
電子支付與跨境匯款

- 從瑞典Swish看我國電子支付之發展
- 餘額寶模式在台灣發展的新紀元
- 跨境匯兌及P2P匯兌平台於我國發展之法制問題
- 分散式帳本技術（DLT）於銀行間跨境支付應用之法律議題

FinTech

從瑞典Swish看我國電子支付之發展

廖維達

一、前言

　　以電子支付取代現金支付，有提升經濟活動效率、節省現金支付之處理成本、刺激民間消費帶動經濟成長、縮小地下經濟規模及提高金融透明度等優點，故全球各國多列為重要的財金政策[1]。為推動電子支付，「金融監督管理委員會」（下稱「金管會」）於2016年5月提出「電子化支付比率5年倍增計畫」，鼓勵民眾使用信用卡、電子票證與電子支付等非現金支付工具，期望2020年我國電子化支付比率提升至52%。

　　根據金管會2019年1月公布2018年11月份電子支付機構業務資訊之資料顯示，目前我國電子支付之總使用者人數約409萬人，顯見其市場潛力不容小覷。然而，根據2016年7月Citibank與Visa之調查顯示，全球約20億活躍行動用戶之交易裡，有70%仍是以現金付款，且全球行動支付發展較快速之區域集中於北歐國家與中國。因此，本文將透過瑞典電子支付工具─Swish之介紹，反思在我國電子支付的戰國時代中，業者要如何打入市場以取得最多使用者，而政府也得以順勢推展無現金支付之政策以提升經濟活動之效率，其推展之障礙與可能突破之關鍵為何是本文的重點。

　　本文將從我國目前電子支付之法規出發，讓讀者能一窺我國電子支付在現行法規的框架下業者發展之狀況，接著介紹近年來在瑞典滲透率較高之行動支付工具Swish作為我國發展電子支付應用之借鏡，最後再點出我國目前發展電子支付之限制以及可能的解決方向。

---

[1]　蔡福隆，電子支付帶動臺灣金融科技發展，國土及公共治理季刊，第5卷第4期，頁92（2017年）。

二、我國電子支付之發展

電子支付係電子支付機構以網路或電子支付平台為中介，接受使用者註冊及開立記錄資金移轉與儲值情形的帳戶，並利用電子設備以連線方式傳遞收付訊息，於付款方及收款方間進行收受儲值款項、代理收付實質交易款項及電子支付帳戶間款項移轉等業務。我國係以《電子支付機構管理條例》規範電子支付業者。其中，電子支付帳戶間款項移轉即一般銀行之「匯兌行為」，此與僅能代理收付實質交易款項業務之第三方支付業者之不同點在於使用者不需有實質交易為原因即可進行電子支付帳戶間款項之移轉。然而，目前使用者仍無法進行不同電子支付平台間之轉帳，且每一個電子支付帳戶每次最多僅可以儲值新台幣5萬元、轉帳金額則為單筆新台幣5萬元以下[2]。

除上述規範外，由於《電子支付機構使用者身分確認機制及交易限額管理辦法》[3]中要求電子支付業者應於使用者註冊時驗證使用者之身分、留存使用者身分資料並確認使用者身分資料之真實性，並針對不同驗證之強度，將電子支付帳戶分為三類：第一類帳戶僅綁定行動電話號碼並查詢身分證資料、第二類帳戶應另外確認本人之金融支付工具、第三類帳戶應臨櫃或透過電子憑證辦理。如使用者身分驗證之強度越高，其所能進行之業務越多，且交易限額亦較高，請參下表說明。

電支帳戶種類	功能	交易限額
第一類電支帳戶（行動電話＋查詢身分資料）	1.代付實質交易款項 2.儲值	1.代付金額不得逾新台幣3萬元（得彈性增加交易限額，每月交易限額可從3萬元提高到10萬，但一年不得逾36萬元） 2.儲值餘額不得逾新台幣1萬元

2　《電子支付機構管理條例》第15條第1項、第2項：「（第1項）專營之電子支付機構收受每一使用者之新台幣及外幣儲值款項，其餘額合計不得超過等值新台幣五萬元。（第2項）專營之電子支付機構辦理每一使用者之新台幣及外幣電子支付帳戶間款項移轉，每筆不得超過等值新台幣五萬元。」

3　請參考107年8月28日修正發布之《電子支付機構使用者身分確認機制及交易限額管理辦法》。

電支帳戶種類	功能	交易限額
第二類電支帳戶（加確認本人金融支付工具）	1.收、付款（含轉帳）2.儲值	每月累計收付款分別以新台幣30萬元為限
第三類電支帳戶（加臨櫃確認及電子憑證）		1.個人使用者：每月累計電支帳戶間款項移轉之收付款以新台幣100萬元為限2.非個人使用者：每月累計電支帳戶間款項移轉之收付款以新台幣1,000萬元為限

　　我國目前核准登記得經營電子支付之業者包含國際連、中華郵政、街口支付、簡單行動支付、歐付寶、遠鑫、橘子支付及一卡通等八間公司。另外，悠遊卡公司亦於2019年2月11日獲金管會核准兼營電子支付業務，並預計於2019年第4季上線供消費者使用，預期能藉由電子支付之發展優勢，將與原本即有合作之交通、金融、消費零售平台進行更深度之整合。

　　然而，在政府為發展電子支付而逐步鬆綁法規的同時，雖然電子支付市場開始遍地開花，消費者也開始嘗試使用電子支付工具，但部分業者仍偏好以現金收款，其可能原因是：

（一）商家導入電子支付之成本較高

　　許多微型或個人商家因為規模小且經營狀況較不穩定，且電子票證、Apple Pay、QR code、信用卡等支付末端設備未統一，在末端設備導入成本高且商家不確定是否可以透過導入末端設備而增加客群及銷售業績之狀況下，降低了這些零售商家引進電子支付之意願，這使得台灣小型商家多半習慣現金收付。即便店家可以選擇使用現有設備（例如手機）來接受電子支付，但其中涉及的手續費等交易成本，也成為推動電子支付的障礙。另外，在微型店家採用電子支付後，所有交易資訊都可能揭露於政府，可能會因此產生稅賦成本，也可能使得微型店家不願意導入電子支付。

　　然而，這類微型商家常常是零售業者，而零售業正是一般消費者最常消費之通路，若我國在發展電子支付時不能刺激零售業者引進電子支付之

意願，消費者可能會因使用上不便利而降低使用之意願。

（二）我國尚未建立穩固的電子支付生態圈

　　電子支付業者主要可以分為金融端（如：信用卡業者及銀行業者）、支付端（如：電子支付、電子票證業者）、用戶端（如：行動載具業者）、電信資訊服務端（如：電信業者）。為了使消費者於使用電子支付工具時更便捷，支付端紛紛開始與其他端點合作。從產業生態的角度而言，若要協助零售業發展電子支付，急需多方業者之整合，例如：系統整合、支付設備整合、金融支付整合等。目前台灣的電子支付生態圈尚未有效整合，舉例而言，業者可能在收受交易金額不大的情況下還要拆帳給不同的金融機構、電子支付業者與電子票證公司，可能降低商家使用電子支付工具之意願。

　　此外，台灣的銀行密度高、提領現金的機會方便，且並無嚴重偽鈔問題，因此與中國大陸孕育行動支付的背景迥異，故行動支付的需求不若中國大陸來的殷切，發展速度也不及中國大陸近年的急速成長。

　　對比之下，北歐國家與中國之發展快速，電子支付之滲透率高，各自存在獨特的社會以及金融架構背景。本文以下將針對瑞典之行動支付工具Swish進行介紹，以作為我國進一步推動電子支付之借鏡。

三、借鏡瑞典—Swish之介紹

　　目前瑞典絕大多數的銀行已經不再受理以現金存款，路上幾乎沒有ATM，且許多零售攤商也不再接受以現金支付。根據研究指出，瑞典在2023年將會進入無現金社會[4]，而能達成無現金社會的關鍵金融基礎建設就是瑞典的行動支付工具—Swish。

　　Swish是2012年12月在瑞典推出之行動支付APP，截至去年為止已經有超過63%的瑞典人使用這個APP[5]。Swish並非第三方支付平台，而

---

[4]　European Financial Management Association, *How Swish is helping Sweden go cashless* (May 18, 2018), https://www.efma.com/article/detail/29633. (last visited Feb.26, 2019).

[5]　*Id.*

是提供消費者即時付款的免費支付服務。Swish係由瑞典的七間金融機構SEB、Danske Bank、Handelsbanken、Länsförsäkringar Bank、Nordea、Swedbank、Sparbankerna等共同為行動支付所提出之解決方案，可以說是為了建置更便捷的行動支付環境而共同建構之金融基礎建設。

Swish與台灣的電子支付不同之處在於用戶不需申請任何帳戶，使用者只需要有智慧型手機、在瑞典開立之銀行帳戶及Swish即可輕鬆進行轉帳。當使用者下載APP之後，只需登入自己的銀行帳戶，手機就能與銀行連線。使用者在使用Swish時並不會有進行一般轉帳時所會出現必須要記錄對方冗長銀行帳號之狀況，使用者僅需知道交易相對人的手機號碼或是商家代碼即可進行轉帳。

當使用者在進行線下C2C或C2B之交易時，使用者只要輸入對方的手機號碼或是商家代碼，Swish就會自動呼叫BankID頁面進行身分驗證。在每一筆交易中，商家會被收取2克朗（約新台幣9元）之費用，但商家不得將該費用轉嫁為消費者之手續費，Swish亦不會經手任何交易之資金。若使用者是在電腦上進行交易時，當使用者在線上商家的畫面上選擇以Swish進行支付時只要輸入當初綁定Swish的手機號碼後即可到智慧型手機上進行確認，並在輸入安全碼（säkerhetskod）後即可進行付款。若是使用智慧型手機進行交易時，由於手機會自動呼叫BankID，故使用者只需要輸入安全碼即可完成付款。

根據Swish之官方網站說明，Swish之交易限額因銀行而異。以Handelsbanken為例，其基本設定是每日10,000克朗（約新台幣34,300元），使用者如欲進行大額交易，亦可設定單日暫時較高之交易限額，最高可設定為150,000克朗（約新台幣514,500元）[6]。雖然仍有交易限額之限制，但是對大多數人而言已經非常夠用。

---

[6] Handelsbanken, More about Swish, https://www.handelsbanken.se/en/personal/digital-services/swish (last visited Mar.13, 2019).

線下C2C或C2B交易之交易步驟

- 開啓Swish，輸入對方手機號碼／商戶代碼和交易金額
- Swish自動呼叫出BankID進行身分驗證，消費者輸入密碼
- 交易完成

線上交易步驟

- 使用電腦進行線上交易
- 在電腦上輸入綁定之手機號碼
- 在智慧型手機上確認交易資訊
- 在智慧型手機上輸入安全碼
- 交易完成
- 使用智慧型手機進行線上交易
- 在智慧型手機上輸入安全碼
- 交易完成

Swish交易步驟介紹（作者自製）

　　Swish服務的背後有兩個很重要的策略夥伴支撐整個系統，一個是進行數位身分驗證的BankID，另一個則是辦理金融機構間跨行帳務清算的公司BankGirot[7]，業務性質上與我國的財金資訊公司極為類似。由於我國在金融基礎建設上目前尚未完成數位身分之建置，本文將簡單介紹瑞典之實踐狀況，以作為讀者之參考，關於數位身分之詳細介紹請參考本書第一篇「數位環境信任機制重中之重──數位身分」專文。瑞典之BankID是由數個大型銀行所共同開發，並自2003年開始提供民眾、政府與私人企業使用，其在應用上同時具有身分驗證與電子簽章等兩大功能，並可用於晶片卡、桌上型電腦、智慧型手機及平版電腦上[8]。因此，當BankID之功能應用在Swish上，使用者即可在手機上認證身分並簽署支付指令、銀行之轉帳系統即會根據使用者之支付指令將款項從付款帳戶轉至收款帳戶。

---

[7]　Bankgirot, About us, https://www.bankgirot.se/en/about-bankgirot/about-us/ (last visited Feb.26, 2019).

[8]　BankID, This is BankID, https://www.bankid.com/en/om-bankid/detta-ar-bankid (last visited Feb.26, 2019).

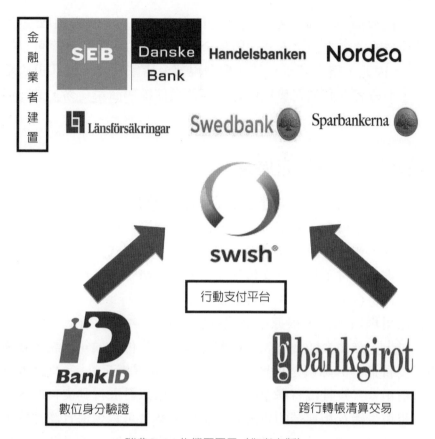

瑞典Swish生態圈圖示（作者自製）

　　瑞典預計於2023年正式進入無現金社會，這意味著「現金」屆時將不會是一個被普遍接受的支付工具。Swish作為瑞典邁向無現金社會的重要推手有幾點特殊之處：第一，其發展脈絡上是由金融機構間先進行合作共同建置行動支付平台作為金融基礎建設以推展電子支付，因此行動支付平台可以有效整合。第二，瑞典在推展行動支付之前已先行建置完備的金融基礎建設，其中包含由BankID提供數位身分驗證服務、BankGirot經營跨行轉帳清算交易等。第三，若政府透過立法方式保障現金之地位，則當消費者出示現金，商家即無拒收之權利，若沒有以立法之方式賦予現金支付地位，則可能可以較迅速發展電子支付。舉例而言，丹麥在《支付服務暨電子貨幣法》（Payment Services and Electronic Money Act）第56

條規定，配有雇員、接受電子支付工具的實體商店，不得拒收現金[9]。然而，瑞典並未透過立法之方式保障現金支付之地位，所以商家可以拒絕收受現金[10]。因此，讀者若走訪瑞典會發現部分店家會立一個「拒收現金」的告示，消費者就必須在尊重此締約條件之前提與商家交易，進而促進對於電子支付的使用習慣。

四、我國電子支付之展望

過去兩年以來，電子支付已經逐漸改變台灣既有的支付方式。現在消費者走遍商店除可看到店家可接受各種電子票證（例如：悠遊卡、一卡通等）支付外，亦可接受不同業者之電子支付付款方式。過去一年來，消費者除能以電子支付工具進行支付外，由於金融法規逐步鬆綁，消費者亦可在電子支付平台上儲值，並進行轉帳等業務。

在應用場域部分，根據中央銀行於2017年之資料顯示，民眾於零售業之支付上，雖然金額不大，但仍偏好以現金支付。換句話說，我國在推展電子支付最大的障礙是民眾每天都會進行的零售交易[11]。有論者認為我國因為信用卡普及且沒有嚴重的偽鈔問題，所以發展行動支付的關鍵是要建構可以與生活互相連結的生態體系，使消費者可以習慣且認為使用電子支付是方便的，以逐步打入零售業的市場中[12]。此外，透過多元場景的應用，消費者可以在不同場景中有更深刻與生活連結的便捷體驗。

從瑞典發展Swish的經驗中可以發現，其在推展電子支付前已經有完

---

9 Payment Services and Electronic Money Act, Art. 56: "The payee shall be obliged to receive cash payment, if the payee receives payment instruments covered by this Act, cf. however, section 2 of the Act on Measures to Prevent Money Laundering and Financing of Terrorism. The provision of the 1st clause shall not apply to distance sales or to payment transactions in unmanned self-service environments."

10 不過，瑞典央行行長Stefan Ingves提出警告，如果進入無現金社會，商業銀行就會掌控所有支付方式。此外，他也呼籲瑞典政府應制定法律保障現金之地位，否則當支付系統出現問題時，無現金社會就會面臨挑戰。消費者團體也認為若完全進入無現金社會，年長者或身障者在消費時將可能因為不諳使用電子產品而遇到阻礙。（請參見：田思怡，「無現金社會不是夢？七成瑞典人不挺」（2018.4.7），udn聯合新聞網，網址請見：https://udn.com/news/story/6809/3073515（最後瀏覽日期：2019/03/28）；Liz Alderman, *Sweden's Push to Get Rid of Cash Has Some Saying, 'Not So Fast'*, The New York Times (2018.11.21), https://www.nytimes.com/2018/11/21/business/sweden-cashless-society.html (last visited Mar.26, 2019).）

11 請參見中央銀行於立法院第9屆第3會期財政委員會第15次全體委員會議之報告「臺灣電子支付之發展」（2017.5.3）。

12 卓瑩鎗，「政府高喊行動支付，為什麼台灣人還是最愛塑膠卡？」（2018.2.27），關鍵評論，網址請見：https://www.thenewslens.com/article/90071（最後瀏覽日期：2019/02/26）。

備的數位身分BankID作為金融基礎建設，以使消費者可以從遠端驗證身分簽署支付指令。再者，由於行動支付平台是由金融機構共同合作開發，所以並不會出現如台灣店家在接受不同電子支付平台時需要和不同銀行結算款項之問題。尤其當店家同時受理電子支付與電子票證付款時，即便收受之金額不大，卻需要拆帳給不同的金融機構、電子支付業者與電子票證公司，使得店家在使用上非常不便。除了瑞典之外，新加坡政府也發現在電子支付業者日漸增多的狀況下，可能造成消費者在以電子支付工具結帳時需要對應到分別的QR Code進行掃描，使消費者在使用上相當不便。因此，2017年8月由新加坡支付委員會（Payment Council）主導建立一個整合27種電子支付平台的全國共用付款QR碼（Singapore Quick Response Code for Payment, SGQR）。不論從瑞典或是新加坡對於電子支付之實踐情形均不難發現各種平台、法規之「整合」是加速電子支付滲透率之關鍵之一。著眼於此，金管會於今年初提出三大施政方針[13]，並於4月份預告修正《電子支付機構業務管理規則》[14]。另外，金管會亦研擬擴大資金清算平台之業務範圍。按《銀行法》第47條之3之規定，「經營銀行間資金移轉帳務清算之金融資訊服務事業，應經主管機關許可。」目前我國係由財金資訊公司取得許可負責銀行間之清算業務，基於許可之範圍，財金資訊公司並未進行電子支付業者間之清算業務，電子支付業者仍須透過一家銀行擔任管理行方能進行資金移轉清算業務。對此，金管會將研擬修正現行《銀行法》第47條之3之規定，將原本僅能進行「銀行」間資金清算業務修正為可進行「金融機構」間之資金移轉清算業務[15]，從而財金資訊公司應可進行電子支付業者間之資金移轉業務。未來，消費者可將電子支付業者之儲值金額移轉到電子票證使用。財金資訊公司目前也已

[13] 金管會於2019年1月份召開記者會提出三大修法方向：1.將《電子票證發行管理條例》相關規定整合納入《電子支付機構管理條例》，以便對支付工具進行統一性的管理；2.擴大電子支付業務形態、提供支付相關資訊及商品禮券相關資訊系統與設備規劃、建置與維運；3.建置跨機構共用平台，將現行的封閉式平台，改為開放式平台，並且新增跨機構的清算機制，未來可達成跨機構資金移轉與通路共享。

[14] 請參見金管會預告修正《電子支付機構業務管理規則》部分條文修正草案，其中擬開放可用電支帳戶到超商繳水電費以及罰款、可透過簡訊等方式通知消費者交易訊息、放寬實體店面交易免指示和確認的金額門檻，以及可發行專用儲值卡等。

[15] 請參見金管會預告修正《銀行法》部分條文修正草案，網址請見：https://www.fsc.gov.tw/ch/home.jsp?id=133&parentpath=0,3&mcustomize=lawnotice_view.jsp&dataserno=201805160001&toolsflag=Y&dtable=NoticeLaw（最後瀏覽日期：2019/04/30）。

在研議要搭建「電支電票支付平台」，除了讓不同電子支付之使用者透過其所搭建之支付平台互相轉帳外，店家可以改善目前需要和不同業者拆帳的問題，因為將會由財金資訊公司和指定銀行合作協助拆帳。最後，由於財金資訊公司原本就是負責跨行轉帳交易之清算與結算，未來如果電子支付業者與電子票證業者間要互相轉帳的話，不見得要在同一家銀行開戶，而可直接透過財金資訊公司搭建的平台，就能完成互相轉帳。在此法規鬆綁後雖然解決了店家為結算金流而須開立不同金融帳戶之問題，但如同本文所述，如果要建立如瑞典一樣高滲透率的行動支付工具，需要加強電子支付生態圈之建立，讓業者認為導入電子支付可以提升消費者消費意願。究竟在財金資訊公司推出「電支電票支付平台」後，是否可以提升商家導入電子支付工具，進而帶動台灣逐步進入無現金社會值得我們繼續觀察。

台灣要步入無現金支付時代仍有很長一段路程，不僅是金融法規之鬆綁，更需要改變整個支付環境。從瑞典之實踐，我們可以發現從數位身分之建立到行動支付平台之整合均需要政府與金融業者共同努力，在電子支付之戰國時代中需要傳統金融業者、金融科技業者及政府彼此合作，打造新時代的支付環境。

餘額寶模式在台灣發展的新紀元

張炳坤、杜春緯

一、前言

　　「餘額寶」是由中國阿里巴巴集團旗下螞蟻金融服務公司（Ant Financial Services Group，下稱「螞蟻金服」）於2013年在中國所推出之線上金融服務，其號稱可以「化廢爲寶」、「點石成金」，且「一元也可以投資」等，以致推出後，銳不可擋，不僅成爲全球最多投資人參與的基金，總體基金資產規模更突破人民幣1兆5,000億元大關。受到對岸餘額寶蓬勃發展的啓發，台灣銀行業及投信業者自2014年起不斷向主管機關爭取開放台灣版「餘額寶」的業務，但因當時尚未制訂及施行《電子支付機構管理條例》（或俗稱「第三方支付專法」。自2015年5月3日起施行），故最後不了了之，未有更進一步的發展。然而，隨台灣第三方支付專法已正式上路，再加上中華民國證券投資信託暨顧問商業同業公會（下稱「投信投顧公會」）的大力爭取，終獲得主管機關首肯開放，台版「餘額寶」的正式上線，可謂露出一線曙光。爲因應行政院將2018年訂爲台灣行動支付元年的重大施政目標，主管機關正式開放電子支付機構可與投信業者合作，推出所謂「台灣版餘額寶」業務。

　　中國餘額寶在近期的發展，也隨著其貨幣基金的收益率走弱，及中國主管機關加強流動性的控管，而漸顯疲態。因此，也促使中國餘額寶力求升級，加緊開放更多基金業者加入，以提供用戶更多元的選擇，並同時迎接其他競爭者提供類似服務的挑戰。由此觀之，餘額寶此類服務在中國的發展，已由一方獨霸，逐步走向百家爭鳴的情況。

　　目前發展台灣版餘額寶已有法規依據，觀察對岸餘額寶的發展經驗及所遇到的問題，以及該項服務移植到台灣後，在台灣現行法制上會遇到哪些問題，乃至未來於規範及監理上應如何因應及調整，爲本文探討的問

題。

二、餘額寶的介紹

（一）餘額寶的運作模式

　　「餘額寶」顧名思義就是便利使用者將其支付工具「支付寶」帳戶中的儲值款項餘額，直接進行投資理財，藉以「點石成金」、「化廢為寶」。其運作模式，簡而言之，就是讓用戶可以在支付寶平台上，直接將資金轉入餘額寶，並根據餘額寶服務協議，當用戶將資金轉入餘額寶時，即代表用戶同意購入與餘額寶平台合作基金公司所推出的金融商品。換言之，螞蟻金服是善用旗下第三方支付平台「支付寶」，作為線上直接銷售基金的渠道，讓用戶支付寶帳戶中的餘額，在閒置時能物盡其用，而在需要付款時，又能馬上變現動支。此外，因用戶於開立支付寶帳戶前已完成「實名制」認證，故可以免除購買基金前需親自在基金公司辦理開戶認證的繁瑣程序，也大大地降低了投資的障礙，對於傳統基金的銷售模式及潛在客群帶來顛覆性的巨變，可說是普惠金融（Financial Inclusion）理念的具體實現。

　　與餘額寶平台配合的金融商品，最初只有天弘基金公司所推出的天弘餘額寶貨幣基金。該基金主要將資金用於投資風險較低的國債、銀行存款或高安全性及收益較穩定的債券。從歷史績效來看，該基金的投資本金出現虧損的機率似乎不高，但因其性質上屬於基金商品投資，理論上仍存在虧損的可能（例如：貨幣基金在同一時間發生鉅額贖回事件，導致遭拋售的債券價格大幅下跌時），而餘額寶本身並未對用戶保證營利及最低收益，且其網頁中也再三強調此貨幣基金與銀行存款性質的不同，其過往績效不代表未來的獲利表現，藉以提醒用戶注意投資的市場風險[1]。

---

[1]　餘額寶網頁上明確告知用戶所連結之理財商品性質及運作機制，同時強調餘額寶與銀行存款具保本性原則之差異。該基金產品屬「低風險」基金類別，並提醒用戶於交易時，系統將自動將之歸類為「最低風險承受類型」，惟如投資人不具備該最低風險之承受能力，則切勿進行投資。

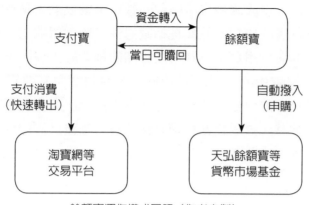

餘額寶運作模式圖解（作者自製）

（二）餘額寶特性分析

　　綜觀上述餘額寶的運作模式，之所以能成功在金融產業的護城河下，掀起金融科技革命的波瀾，在於其資金流通的便利性及低度進入門檻（號稱1元也能投資）。亦即，存在餘額寶中的資金，可以隨時贖回用於支付寶轉帳及網路購物，除每日結算收益外，並受有一定額度內的擔保，能有效避免線上系統遭到入侵盜用的風險。而就投資收益而言，雖然相較於其他貨幣基金的收益，餘額寶在近期的收益率統計只呈現中等水平，但仍明顯高於銀行存款的利率。

餘額寶特性

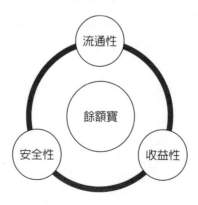

　　不可諱言地，中國餘額寶所開創的數位金融浪潮，是奠基於第三方支付領導品牌支付寶的成功。餘額寶打破過往普羅大眾欲從事投資理財的高門檻障礙，使其廣大用戶可以利用同集團的創新線上理財服務，藉由閒置資金停泊於不同處所的差異（詳請參下表餘額寶與其他資金停泊處的比較），而獲得更好的收益。此外，餘額寶上路時，業者利用其收益高於銀行存款利率為號召，透過網路快速宣傳，也有推波助瀾的效果；而其有效結合資金流動性、安全性及收益性的金融科技創新思維，也值得深思與效法。

餘額寶、儲值款項及銀行存款之比較

	儲值款項	餘額寶	銀行存款
性質	電子支付帳戶內儲值款項	投資（貨幣型基金）	存款
資金運用主體	電子支付機構	基金公司	銀行
安全性	安全性高，儲值款項應交付信託或取得銀行十足之履約保證[3]	投資一定有風險，可能損及本金	安全性最高，並受存款保險保障
準備金	達一定金額者，應繳存準備金[4]	無	有
流動性	可隨時動用，流動性高	透過基金回贖方式，流動性略差，且可能有無法回贖或暫停回贖之風險	可隨時動用，流動性高
收益性	無[5]，但如有孳息或其他收益，應回饋使用者	投資收益（可能高於存款利息，但也可能虧損）	依約定利率，計算利息

2　　《電子支付機構管理條例》第20條參照。
3　　《電子支付機構管理條例》第19條參照。
4　　《電子支付機構管理條例》第21條第4項參照。

三、餘額寶的發展

（一）餘額寶初期發展歷程

餘額寶服務剛推出時，是以「一元也能投資」作為號召，再加上中國當局對於銀行存款利率設有上限（餘額寶設算收益約為該上限的兩倍），及當時「錢荒」等有利因素下，以致甫推出即一炮而紅。在2013年6月13日正式上線後，短短18天內，用戶數一舉突破250萬。截至2018年底用戶數已突破6億人次，為全球最多投資人參與的基金，總體基金資產規模最高達人民幣1兆7,000億元[5]，其影響力不言可喻。

（二）餘額寶事件─金融機構的反撲

然天無百日晴，餘額寶開辦後的發展，也非一帆風順。除業界紛紛效尤外，許多類似線上理財產品也陸續問世，加上銀行業者群起反攻，要求主管機關對於餘額寶等線上金融貨幣基金在銀行的存款，也應納入「一般性的存款管理」（即需要計算上繳中國人民銀行的準備金，且存貸款比率及利率有10%上限），而非適用「同業存款」等較低度的監管規範。然此一建議，卻因招致輿論的強烈抨擊，而不了了之，但對於此類互聯網金融應進一步建立監管機制的呼聲，也隨之鵲起。

在當時，中國當局是選擇力挺餘額寶，但允諾逐步完善線上金融監理的相關政策，其認為網路金融業務的發展，因屬全新事物，過去的金融政策、監理等若直接套用，將導致削足適履之害。因此，為確保金融與科技結合創新的活水，中國當局選擇支持及包容餘額寶等線上金融產品的大膽創新，但在此同時，也採取適當措施以避免可能的風險。

在具體監管措施的執行方面，於2013年時，中國證券監督管理委員會（下稱「中國證監會」）曾就餘額寶的營運模式及未來相關監管措施發表看法[6]。中國證監會認為，餘額寶屬支付寶平台提供給用戶的增值服務

---

[5] 參見譚有勝，餘額寶瘦身2018年狂縮5千億，工商時報，2019年1月30日，https://www.chinatimes.com/newspapers/20190130000360-260203?chdtv（最後瀏覽日期：2019/03/28）。

[6] 參見中國證券監督管理委員會，2013年6月21日新聞發布會，2013年6月21日，網址為http://www.csrc.

之一，本質上當屬第三方支付業務與貨幣市場基金的創新組合。另觀察餘額寶的架構設計，支付寶並無參與基金銷售業務，也未介入基金投資運作，只是扮演導入互聯網客戶的作用而已。

（三）餘額寶的金融監理

1.關於促進互聯網金融健康發展的指導意見

2015年7月，中國人民銀行、中國銀行業監督管理委員會及中國證監會等數十個主管機關，聯名頒布了《關於促進互聯網金融健康發展的指導意見》（銀發（2015）221號，下稱「指導意見」），正式為互聯網金融的全面性監管，揭開序幕。而有關「互聯網基金銷售」是規定於指導意見的第10條，該規定為：「基金銷售機構與其他機構通過互聯網合作銷售基金等理財產品的，要切實履行風險披露義務，不得通過違規承諾收益方式吸引客戶；基金管理人應當採取有效措施防範資產配置中的期限錯配和流動性風險；基金銷售機構及其合作機構通過其他活動為投資人提供收益的，應當對收益構成、先決條件、適用情形等進行全面、真實、準確表述和列示，不得與基金產品收益混同。協力廠商支付機構在開展基金互聯網銷售支付服務過程中，應當遵守人民銀行、證監會關於客戶備付金及基金銷售結算資金的相關監管要求。協力廠商支付機構的客戶備付金只能用於辦理客戶委託的支付業務，不得用於墊付基金和其他理財產品的資金贖回。互聯網基金銷售業務由證監會負責監管」。

該指導意見強調主管機關鼓勵互聯網金融創新，及逐步穩定發展的立場。另著眼於互聯網金融的金融本質，強調應建立起「依法監管、適度監管、分類監管、協同監管、創新監管」等五大監管原則，並劃定各業別的業務範圍及進入門檻，同時將各主管機關的監管責任明確化，嚴格取締非法行為，以防免所可能發生的金融系統性風險。其中，就餘額寶所屬的「互聯網基金銷售」類別而言，指導意見將該業務類別劃歸由中國證監會

gov.cn/pub/newsite/zjhxwfb/xwfbh/201306/t20130621_229568.html；中國證券監督管理委員會，2013年7月5日新聞發布會，2013年7月5日，網址為http://www.csrc.gov.cn/pub/newsite/zjhxwfb/xwfbh/201307/t20130719_231512.html（最後瀏覽日期：2019/02/24）。

監管，強調業者應對客戶善盡風險告知義務，且不得以承諾保障收益的方式，違法招攬客戶。此外，如有基金銷售機構透過促銷活動給予投資人額外收益時，也應就該基金的收益組成、先決條件及適用情形等，進行全面性真實的清楚表述，且不得與基金本身的收益混同。

最重要的是，如涉及第三方支付機構於基金互聯網銷售過程中提供支付服務者（如餘額寶），因其金流架構上有「貨幣基金T+0」的設計，亦即消費者對基金申請贖回的當日，該贖回資金可以直接在線上購物進行消費，因涉及未實現投資損益即時變現的功能，所以業者需先提供資金「墊付」予消費者。對此，指導意見中特別指出，第三方支付機構就客戶準備金只能用於辦理客戶所委託的支付業務，不得作為墊付基金或其他理財產品的贖回資金。換言之，為因應基金於「T+0」日贖回的資金，依法僅得由業者以自有資金墊付，不得動支第三方支付機構中其他客戶的準備金。因此，如遇到重要年節或「雙11」等有大規模資金贖回需要時，即考驗業者的資金調度與應變能力。就此，餘額寶則是以「額度上限」策略因應，亦即超過一定額度時，投資人無法當日完成贖回，藉以減緩資金調度的壓力。

2. 相關法律規範及主管機關的監管措施

就法律監管的定性而言，餘額寶所銷售的互聯網金融商品，本質上為「貨幣基金」，雖其銷售管道是透過互聯網平台，與傳統的基金銷售管道有所不同，但仍應合於證券投資基金法等相關規範。

在法律規範層次上，相關法律也先後出台。根據法律的規定，基金銷售機構有義務就投資人的身分認證與投資資格（可承受風險等級）進行確認及把關；如有投資人不符合資格者，基金管理公司應拒絕其申購。此外，有關基金銷售機構的資格條件、行為規範、投資人服務及資訊技術系統等，也訂有明確規範，基金銷售機構縱然只是透過互聯網來進行交易，也應受到同等的監管。值得注意的是，有關投資風險揭露及誇大收益等問題，雖然基金銷售管理辦法明確禁止基金銷售機構以預測投資績效、承諾投資收益、承擔損失或誇大績效等方式作為宣傳，但該辦法所監管的主體，只限於基金銷售機構。因此，如何避免第三方線上平台代為此類宣傳

而誤導投資人，將成爲主管當局所必須正視的課題。

（四）餘額寶的困境與升級

　　隨著中國「錢荒」的情形不再，餘額寶的7日年化收益率，從2013年中服務上線時的最高點約6.73%，一路走跌，近期更屢屢低於7日年化益益率3%的大關[7]。此外，由於主管當局對餘額寶的金融監理日趨嚴格，且因餘額寶下天弘餘額寶貨幣基金的規模龐大，餘額寶爲因應需以自有資金暫爲墊付的流動性風險，自2017年起祭出「限購」措施，即將個人持有餘額寶最高額度由人民幣100萬元調降爲10萬元，同時開始設定單日申購上限及每日申購總量，以致用戶叫苦連天，抱怨連連。

　　爲突破收益率偏低及單一基金規模過大的流動性風險，餘額寶於2018年5月正式宣布升級，陸續開放導入「博時現金收益貨幣A」和「中歐滾錢寶貨幣A」等8家貨幣基金。希望藉此將資金分流，以降低相關系統性風險，而其並未對新加入的貨幣基金設定限購措施，也大大緩解網民所謔稱「定好鬧鐘秒搶寶寶」的窘境，也有利於螞蟻金服面對微信和銀聯支付等等類似服務之競爭。

四、餘額寶模式在台灣的開展

（一）主管機關正式發布解釋令的運作情形

　　依《電子支付條例》第4條第1項第2款的規定，電子支付機構代理收付款，不得涉有未經主管機關核准代理收付款項之金融商品或服務。爲有利電子支付機構及證券投資信託事業的業務推展，及增加電子支付機構使用者帳戶內資金運用的效益，進而開發貨幣市場證券投資信託基金的新客戶群與增加基金規模，金管會在2018年4月20日正式發布《電子支付條例》第4條第1項第2款的函釋[8]，認爲「證券投資信託事業所募集發行且以

---

[7]　參見譚有勝，餘額寶瘦身2018年狂縮5千億，工商時報，2019年1月30日，https://www.chinatimes.com/newspapers/20190130000360-260203?chdtv（最後瀏覽日期：2019/03/28）。

[8]　詳可參見金融監督管理委員會民國107年4月20日金管銀票字第10702015720號函。

投資國內為限之貨幣市場證券投資信託基金」，屬該規定所稱「經主管機關核准代理收付款項之金融商品或服務」。換言之，在函釋公布生效後，台灣投資人即可以透過其電子支付帳戶，投資國內貨幣市場基金，其結果幾與大陸餘額寶業務無異。

　　在該函釋中，金管會基於電子支付機構只是基金投資商品代理收付款項的本質，再次重申重要監理措施如下：

　　1. 電子支付機構應與付款方使用者及金融商品或服務提供者（即收款方）簽訂契約，就辦理代理收付款項相關事項，約定權利、義務及責任。

　　2. 電子支付機構應於網站公告及通知交易結果，且其僅係提供代理收付款項之服務，並未涉及該金融商品或服務之業務經營。

　　3. 電子支付機構因提供代理收付款項服務，向金融商品或服務提供者提供使用者之往來交易資料及相關資料，應取得使用者同意。

　　此外，為維護電子支付機構付款方使用者的權益，並明確規範電子支付機構與投信業者間的權利義務關係，金管會也一併要求電子支付機構應符合相關規定，其中有關貨幣市場基金的部分，其確保交易安全及控管風險措施如下[9]：

　　1. 使用者以約定條件方式自動申購貨幣市場證券投資信託基金，電子支付機構應與其約定自動申購標的及限額，並提供隨時停止自動申購及調整限額之機制；

　　2. 使用者以貨幣市場證券投資信託基金買回款進行支付，電子支付機構應於買回款存入專用存款帳戶並紀錄於使用者之電子支付帳戶後，始得接受使用者提出支付指示及進行支付款項移轉作業。

　　然而，於金管會開放餘額寶模式於台灣上路後，截至目前為止，因投信投顧公會仍在修訂其自律規範，故尚未有電子支付機構開始提供該服務[10]。另外，值得注意的是，雖然投信投顧公會已於2019年1月18日完成

---

[9]　參見金融監督管理委員會，開放電子支付機構得就「證券投資信託事業所募集發行且以投資國內為限之貨幣市場證券投資信託基金」辦理代理收付款項服務，2018年4月24日，網址為https://www.fsc.gov.tw/ch/home.jsp?id=96&parentpath=0,2&mcustomize=news_view.jsp&dataserno=201804240004&aplistdn=ou=news,ou=multisite,ou=chinese,ou=ap_root,o=fsc,c=tw&dtable=News（最後瀏覽日期：2019/02/24）。

[10]　參見葉憶如、邱金蘭，電支投入貨幣基金還沒開張，經濟日報，2018年8月29日，https://money.udn.com/

相關辦法及自律規範的修正，但依主管機關的意見，將來縱使該服務正式上線，投資人仍必須先到投信公司開戶[11]，電子支付機構並非如同對岸「支付寶」，可作為於線上直接銷售基金的渠道，而只是該基金的廣告平台或媒介而已。另就貨幣市場基金之申購買回皆應由投資人提出申請，並於投信事業之基金交易平台進行，而非電子支付平台為之[12]，故就普惠金融（Financial Inclusion）理念的實現程度而言，與對岸餘額寶所提供一次到位的服務相比，仍有美中不足之處。

（二）餘額寶模式於台灣推行的監理

　　就上述金管會所強調的監理重點，並參考對岸餘額寶所出現的問題及管制對策，以下擬分析將來餘額寶模式在台灣推行時，值得關注的監理議題：

1. 監理機制的調整

　　有認為伴隨資訊技術快速發展所生的金融創新，考量到金融市場、服務或機構本身所面臨的重大變革，新型金融監管框架的建立，也應對監管的重心進行調整，即從所謂「機構監管[13]」轉向「功能監管」。雖然採機構監管機制對主管機關而言較為有利，因可直接對業內相關金融機構進行審批或行政指導，以達到監管及政策要求。然而，有利必有弊，在此種監管機制下，金融機構的經營活動範圍將受限，無法快速有效因應市場需求，也可能使從事相同金融活動的不同類型機構，因監管密度的差異，而無法公平競爭。

　　因此，隨著金融科技所產生金融服務的改變與多元化，「功能監管」被認為是金融監管的新趨勢，亦即應依金融活動的功能，就金融監管部門的職能加以劃分。在此之前，現有各監管部門間應如何有效配合，以避免金融活動監理上的死角或矛盾，當是餘額寶模式移植到台灣時，主管機關

　　money/story/5613/3336020（最後瀏覽日期：2019/02/24）。
[11] 參見葉憶如、邱金蘭，街口推台版餘額寶被盯上，經濟日報，2018年8月29日，https://money.udn.com/money/story/5613/3336017（最後瀏覽日期：2019/02/24）。
[12] 詳可參見金融監督管理委員會民國108年1月15日金管證投字第1070120046號函。
[13] 所謂機構監管，乃指金融監管部門直接將相關金融機構列為監管對象。

所應思考的問題。

2. 電子支付機構款項金流及資訊揭露責任

　　在餘額寶發展初期，曾有部分基金銷售支付結算帳戶因未向監管部門進行備案，也未提交其與監督銀行的監督協定，而引發餘額寶可能有基金銷售結算資金遭挪用或侵占的疑慮，因而遭中國主管機關糾正並要求限期改善。爲保障投資人的權益，台灣金管會也明確宣示，將就各帳戶（平台使用者銀行帳戶、第三方支付帳戶及基金保管銀行帳戶）間的資金流向及信託保管關係進行釐清，同時建立完善的配套及避險措施，以免發生電子支付機構無法償付或不當挪用資金的風險。

　　另外，主管機關也應正視第三方支付機構從事基金銷售時宣傳不當的問題。就中國餘額寶的發展來看，主要係誤導該金融商品的投資風險及效益，甚至讓平台使用者（基金投資人）誤以爲該投資或該資金存放如同銀行存款性質一般，是由第三方支付平台就帳戶內儲值款項提供無風險（甚至誇大）的利息收益。就此，如何有效確保第三方支付平台業者，對使用者善盡資訊告知及風險揭露義務，也是台灣餘額寶模式將來所應關注的重點。

3. 投資人風險控管及權益保障

　　在餘額寶模式下，雖然其銷售渠道係透過第三方支付機構所開設連結的線上平台，但因該平台所連結銷售的金融商品，本質上仍屬基金投資。因此，仍應符合現行法規關於基金銷售的所有規範。

　　其中，因基金銷售機構有義務就投資人身分進行認證，並評估其可承受的投資風險，故如何於線上平台進行有效且方便的身分認證及客戶屬性調查（Know Your Client, KYC），也將成爲重要課題。雖然，KYC可藉由投資人於線上平台直接填寫問卷的方式完成，然仍將面臨線上身分認證的問題，惟將來如可藉由與第三方支付機構的連結，並建立網路實名制，以協助基金銷售機構有效進行線上身分認證，乃餘額寶模式在台灣究係「一飛沖天」，抑或「橘化爲枳」的關鍵所在。

五、結語：餘額寶模式於台灣之未來展望

隨金融科技的蓬勃發展，科技業者挾其優勢對金融業造成衝擊，雖非難想像，但如何攜手推動產業的數位轉型，共創未來金融，仍考驗著雙方的智慧。對岸餘額寶善用其數位平台的規模及科技，結合基金業者所長，一舉成爲全球最多投資人參與的基金，即屬雙贏典範。

隨著《電子支付條例》的頒布施行與主管機關的核准開放，且投信投顧公會與電子支付機構業者將相關配套建構完備後，台版餘額寶即可正式開發，爲維護台版餘額寶使用者的權益，就電子支付機構與投信業者間的權利義務關係，及其交易安全及控管風險措施之建立，可預期是未來值得關注的監理議題。本文期許以現狀之介紹及相關法律議題初探爲引，供各界持續關注後續發展，俾使台灣在技術或法規上均能不落於世界的潮流，進而推動普惠金融之深化。

跨境匯兌及P2P匯兌平台於我國發展之法制問題

谷湘儀、黃彥倫

一、前言

　　2018年8月發生一起震動新創圈的大事，曾於新加坡Starupbootcamp Fintech競賽獲獎，並受台灣FintechBase輔導及政府青睞的新創事業櫻桃服務股份有限公司（CherryPay），因辦理多幣別支付跨境媒合平台業務，遭詐騙集團利用為支付管道，CherryPay遭受檢察官搜索扣押並調查，隨即暫停營業。檢方認為該營業型態有違反銀行法辦理匯兌業務由銀行專營之問題，引發各界對金融科技新創的法律風險與法律落後不符時宜的議論。

　　隨著國際貿易與跨境人口流動之增加，跨國匯款或支付之需求日增，傳統匯款透過通匯銀行系統，手續費高、且有匯率差價及須配合銀行營業時間，十分不便利，以台灣人欲將一筆金額利用台灣銀行[1]匯出至國外為例，郵資加上匯款手續費即至少420元，尚不包括代理銀行、國外當地銀行所收之手續費，可知若對於較小額之匯款者而言，各種費用支出占所匯款金額之比例偏高，並不划算。時至今日，各種跨境購物平台興起，因購物而生之跨境支付或儲值需求大增，再加上為數不少之國外求學、移居所生之需求，資金跨界早已深入國人日常生活。我國目前居留之外籍配偶以及外籍移工，依照政府統計約分別有五十餘萬名[2]、七十餘萬名[3]，且在中

---

[1]　參考資料：https://www.bot.com.tw/Services/Documents/FX_charge.pdf （最後瀏覽日期：2019/05/21）。

[2]　參考資料：https://www.gender.ey.gov.tw/gecdb/Stat_Statistics_DetailData.aspx?sn=lJvq%2BGDSYHCFfHU73DDedA%3D%3D（最後瀏覽日期：2019/05/21）。

[3]　參考資料：http://statdb.mol.gov.tw/statis/jspProxy.aspx?sys=100&kind=10&type=1&funid=q1301&rdm=iq （最後瀏覽日期：2019/05/21）。

國大陸亦有數十萬名台灣人[4]工作，傳統銀行匯款服務實難以滿足民眾需求。

金融科技發展下，早已進入「嗶-」經濟時代，電子支付可協助快速完成交易收付，更讓人進一步思考運用科技在跨境匯兌上，以改善傳統匯款之不便利。各種新商業模式的跨境匯兌興起，且爲符合日漸升高之洗錢防制要求，各國法令多已針對跨境匯兌業務調整管理架構及法令規範，以鼓勵金融科技發展，嘉惠民眾。

相對而言，我國法規落後，非銀行之業者尙受有銀行法第29條第1項規定「除法律另有規定者外，非銀行不得……辦理國內外匯兌業務。」之緊箍咒。讓人眼睛一亮者，目前已有二家業者依《金融科技發展與創新實驗條例》，於2018年12月經金融監督管理委員會（下稱「金管會」）核准辦理外籍移工跨境匯款服務實驗，分別爲統振股份有限公司[5]之「外籍移工薪資匯款金融科技創新實驗」，及香港商易安聯股份有限公司（下稱EMQ）「小額跨境匯款金融科技創新實驗」；此外，櫻桃服務股份有限公司之跨境支付媒合平台亦有意申請進行沙盒實驗。我國有關跨境匯兌之法制，如何在非金融業者之加入下重行檢討，爲本文探討的課題。

二、非銀行從事跨境匯兌及P2P匯兌平台於我國發展之現狀

（一）跨境匯兌

傳統的跨境匯款，消費者欲匯款至國外他人帳戶時，係透過銀行帳戶與銀行帳戶間通匯，其匯款流程係由銀行以電匯（Telegraphic Transfer，簡稱T/T）形式透過SWIFT機制委託國外通匯行，再經過收款行之存匯行，因電報往返需等1～3個工作天，除了時效上不敷需求，且透過SWIFT系統，不論金額多寡都需要發電文，費用居高不下。

---

[4] 參考資料：https://www.dgbas.gov.tw/public/data/dgbas04/bc6/107ebas/1_1.pdf依據估計方式差異人數有不少落差，惟均可得知人數眾多（最後瀏覽日期：2019/05/21）。

[5] 統振公司主要業務爲人力仲介服務，http://www.welldone.com.tw/Human/human_profile.php（最後瀏覽日期：2019/05/21）。

　　業者發展新型態之跨境匯兌業務，有若干金融機構及金融科技業，嘗試運用區塊鏈的分散式帳本技術，或以區塊鏈所生之數位貨幣來結算交易，作為雙方間交換的商定價值存儲，整合支付指令，使帳務清算更有效率。此外，前述沙盒實驗案例之EMQ在香港已經營數年，在菲律賓、印尼、越南等國均與當地銀行業者合作，透過API串接電子錢包，提供當地移工便利之匯款方式，大受歡迎[6]。統振公司及EMQ之模式是與外國金融機構合作提供外籍移工跨境匯款服務，由外籍移工於手機APP輸入匯款資訊，並至超商、公司門市、ATM、網路銀行或銀行繳款後，依該國法規匯入受款人帳戶、受款人臨櫃取款、現金快遞或電子錢包等，無需再支付其他費用，均為突破傳統匯款方式。[7]

（二）P2P匯兌平台

　　P2P匯兌平台是以共享經濟概念進行跨境支付媒合，在國外行之有年。相對於跨境匯兌係完成跨境的資金結算，P2P匯兌平台並未完成資金跨境的移動。即有跨境支付需求的使用者，透過P2P匯兌平台媒合，雙方在各自國境內匯款對應款項，以實際達成異地款項收付的目的（參考下圖）。前述CherryPay的商業模式即運用此概念，CherryPay匯率參考國際市場的中間價，申請人於本地（台灣）平台上提出代付需求單後，由境外（大陸）反向支付需求者選擇接單而成為代付人。申請人須先將代付金額加上服務費轉至CherryPay指定帳戶代收。代付人於境外（大陸）代付完成後，CherryPay將代付總額扣除服務費後，代付至代付人指定之國內帳戶，即完成媒合交易。即境外部分是由接單人自行完成，CherryPay未協助此部分金流。故透過平台的媒合及建立的信任機制，跨國結算換匯，轉為境內貨幣的代付，提高交易效率並降低交易成本。

---

[6]　https://emq.com/consumerfacing-enterprises.（最後瀏覽日期：2019/05/21）。

[7]　我國依電子支付機構管理條例第14條授權明定「與境外機構合作或協助境外機構於我國境內從事電子支付機構業務相關行為管理辦法」，業者得申請核准辦理跨境交易款項之代理收付及相關服務。然而該辦法是電子支付機構架構下所生基於實質交易之跨境支付，業務辦理申請條件嚴格，主要運用於電子支付合作網站或商店之跨境購物消費。

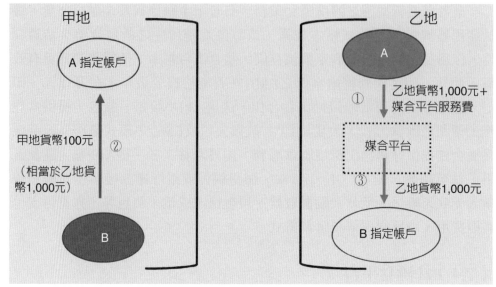

本圖為作者自製

三、非銀行從事跨境匯兌及P2P匯兌平台於我國發展之法律爭議

按銀行法第29條第1項規定「除法律另有規定者外，非銀行不得經營收受存款、受託經理信託資金、公眾財產或辦理國內外匯兌業務。」違反本條規定，依同法第125條規定「處三年以上十年以下有期徒刑，得併科新台幣一千萬元以上二億元以下罰金。其因犯罪獲取之財物或財產上利益新台幣一億元以上者，處七年以上有期徒刑，得併科新台幣二千五百萬元以上五億元以下罰金。」何謂匯兌業務？參考歷年來司法實務見解，多引用財政部85年間有關「匯兌」之函釋[8]：「指行為人不經由現金之輸送，而藉與在他地之分支機構或特定人間之資金清算，經常為其客戶辦理異地間款項之收付，以清理客戶與第三人間債權債務關係或完成資金轉移之行為。」司法實務上認為凡從事異地間寄款、領款之行為，無論是否賺有匯差，亦不論於國內或國外為此行為，均符合銀行法該條項匯兌業務之規

---

[8] 財政部民國85年9月4日台融局(一)字第85249505號函。

定。[9]

　　P2P匯兌平台之經營模式是採媒合方式，資金僅在當地移動，但達到異地間款項收付的功能，是否有違反上開銀行法規定？該種業務是否只能限於銀行專營？如以CherryPay案例觀之，其開辦業務達年餘，受半官方機構FintechBase輔導，商業模式始終在透明方式下進行，為金管會、國發會等政府機關肯定，顯然很長時間未認定為違法而將之移送；再者，CherryPay只扮演媒合角色，並未在他地設有分支機構或特定合作人士（此與後述英國之Transferwise不同）清算，與過往地下匯兌者收受現金後異地清算的方式差異甚大。銀行法限制「匯兌」，實非明確的法律概念，法律解釋空間之模糊，恐涉及罪刑法定原則爭議，政府鼓勵金融科技發展，偵查機關對個案司法權之發動，甚至搜索扣押，對新創事業發展金融科技相關業務而言，實面臨了重大的法律風險！法規範的不足或不合時宜，則扼殺了創新業務的發展空間，尤其觀察國外之匯兌產業早已百花齊放，我國法規落後誠足讓人扼腕。

　　然而，如何建立一套對未來我國非銀行從事跨境匯兌之規範，隨著統振、EMQ進入監理沙盒實驗，有待檢討現行法規，國外實務發展及規範方式均有值得我們借鏡效法之處。

四、跨境匯兌及P2P匯兌平台在國外發展之現況與監理模式

（一）Transferwise經營模式介紹

　　根據《經濟學人》2018年中之專題報導[10]，2017年全球之移民已近2億人，同年度流入開發中國家之資金亦有4,600億美元，此金額高達國際對開發中國家援助之三倍，可見來自移民之跨境匯兌金額不只台灣，於全世界均不可小覷。以下介紹英國著名P2P匯兌平台Transferwise。

---

[9]　最高法院95年台上字第5910號刑事判決、105年台上字第1042號判決、106年度台上字第783號判決參照。

[10]　https://www.economist.com/special-report/2018/05/03/the-battle-for-the-remittances-market（最後瀏覽日期：2019/05/21）。

Transferwise為國際上知名的P2P匯兌平台業者，為兩名前Skype員工於2011年在英國成立，根據報導[11]指出，截至2018年第3季，Transferwise已有超過400萬名用戶，每月匯款金額高達30億英鎊，且2018年有望繼2017年後再次實現年度獲利。目前該公司之業務範圍已包含英國、歐盟、美國多數州、加拿大、日本、香港、新加坡、紐西蘭、印度，且在各國均有依當地之監理法規辦理登記或申請許可[12]。該公司之跨境匯兌模式係若於德國之使用者需要一筆數量的英鎊，另外平台有對應之歐元需求，系統將依照市場價格撮合。德國之使用者向TransferWise的歐元帳戶匯一筆款項，讓英國之使用者向TransferWise的英鎊帳戶匯一筆款項，TransferWise則各自提供他們需要的貨幣。

TransferWise在總公司所在地英國為受英國金融行為監理局（Financial Conduct Authority, FCA）監管的金融機構，在英國依法註冊為電子錢機構（Authorised Electronic Institution），得以合法發行電子貨幣（e-money）並提供支付服務。

（二）各國監理制度之走向

在各項金融創新中，跨境匯兌業者之監理應為各主要國家間較為齊備及一致者。茲以發展較發達之美國、英國，以及亞洲之日本、新加坡、中國為例簡介各國之監理模式發展。

1. 美國之監理模式

於美國從事跨境匯兌，並未有一部聯邦層級關於跨境匯兌之專法規範所有匯兌業者應遵循之內容，而是需分別接受聯邦政府以及州政府之多重監理。於各州進行跨境匯兌，多數需申請執照[13]始得為之，取得各州執照之要件不外乎遞交申請書、符合最低資本限制、提供一定金額供擔保等。

---

[11] https://forbesjapan.com/articles/detail/24267 （最後瀏覽日期：2019/05/21）。

[12] https://transferwise.com/help/article/1870573/security/security-and-regulatory-information （最後瀏覽日期：2019/05/21）。

[13] 根據整理，目前美國僅有蒙大拿州未對匯兌業者（Money Transmitter）設有特殊管制。詳細資料，請參https://abnk.assembly.ca.gov/sites/abnk.assembly.ca.gov/files/50%20State%20Survey%20-%20MTL%20Licensing%20Requirements(72986803_4).pdf （最後瀏覽日期：2019/5/21）。

以聯邦層級之管制觀之，在美國之匯兌業者（Money Transmitter），依法屬於金融服務商（Money Service Businesses）之一種[14]，除極少數之例外，金融服務商依照法律規定[15]，必須向美國財政部所轄金融犯罪稽查局（FinCEN）登記，其主要目的係依照銀行保密法（Bank Secrecy Act）課予匯兌業者反洗錢之義務。除登記義務外，美國消費者金融保護局（CPFB）亦課予匯兌業者義務[16]，對於匯款至國外之美國消費者，必須告知其包含匯款費用、預計抵達日期等資訊，必須賦予取消與退款之權利，以及提供發生錯誤時之救濟途徑等。

2. 英國之監理模式

英國作為歐盟之成員（截至2019年5月）以及金融科技之先驅國，其監理模式亦值得參考。於英國經營之跨境匯兌業者，除受英國本身之法律監理外，目前尚包含歐盟之指令。

英國原來於歐盟支付服務指令之前，僅須向英國稅務海關總署（Her Majesty's Revenue and Customs, HMRC）申報及登記，為洗錢之防制由其負責檢查業者之營業場所、財產等。在歐盟支付服務指令（Payment Services Directive, PSD）通過後原則上規範歐盟成員國除支付服務業者外，不得提供支付服務，英國為使國內規範合於歐盟支付服務指令之意旨，於2009年通過英國支付服務法（Payment Services Regulations, PSR）規範英國之支付服務。

前開規範之最新版本分別為英國支付服務法（Payment Services Regulations 2017，簡稱PSR2017）以及歐盟支付服務指令修正案（The second Payment Services Directive，簡稱PSD2），其中PSD2之多數內容已融入PSR2017內。法律目前對於跨境匯兌業者之監理，係由FCA負責[17]，監理模式係分層級為之，其中包含小型支付機構（Small Payment Institution），原則上係過去十二個內月周轉金額未達300萬歐元者[18]，僅需

---

[14]　§ 31 CFR 1010.100(ff)

[15]　§ 31 CFR 1022.380

[16]　https://www.federalregister.gov/documents/2016/10/12/2016-24506/electronic-fund-transfers-regulation-e （最後瀏覽日期：2019/05/21）。

[17]　https://www.handbook.fca.org.uk/handbook/PERG/15.pdf （最後瀏覽日期：2019/05/21）。

[18]　PSR2017第14(3)條。

向FCA辦理登記，然而小型支付機構之業務範圍即受限制，例如其不適用通行權（Passport）之權利[19]。若不符合前開小型支付機構以及其他豁免要件者，則應申請為許可支付機構（Authorised payment institution，API）[20]，申請許可之條件包含最低資本額兩萬歐元。且PSR2017亦規定有保護使用者之機制（Safeguard），於停泊超過一晚，及超過50英鎊之資金，即須有分別管理、保險以及保證等措施之適用[21]，對於支付服務使用者（Payment Service User），原則上應於締結契約前告知支付服務業者、提供服務、保護措施、救濟途徑等等資訊[22]。此外若非經FCA許可而受其監管之支付業者（例如以上僅需登記之小型支付機構），如同過去仍須向英國稅務海關總署（Her Majesty's Revenue and Customs, HMRC）依據反洗錢相關法規（例如《刑事金融法》（Criminal Finances Act））為反洗錢相關登記[23]。又因為匯兌業者為符合英國個人資料保護法（Data Protection Act 2018）之規定，必須向英國資訊專員辦公室（Information Commissioner's Office, ICO）為登記。截至2019年5月為止，Payment Institution申請許可者及小型者均有上百家；Electronic money institution申請許可者有一百餘家，小型則有十餘家[24]。

3. 日本之監理模式

過去日本的法律規定與台灣目前類似，僅有取得銀行或其他得收受存款之金融機關，得為「為替取引」（類似於我國銀行法之『匯兌』）業務。日本銀行法上之「為替取引」，依照最高裁判所判例的看法，與台灣實務上「匯兌」之定義相近[25]。因此，雖然銀行可以安全、確實將匯款

---

[19] 同前註，即為於歐洲經濟區（European Economic Area, EEA）之一國經許可之企業，毋庸再經其他EEA國家之許可，即得於其他EEA國家經營所許可業務之權利。

[20] Transferwise所持有之執照為Authorised electronic money institution，根據PSR2017第138條之規定以及FCA說明，持有electronic money institution執照毋庸再為支付機構執照之申請。https://www.fca.org.uk/firms/apply-emi-payment-institution

[21] PSR2017第23條。

[22] PSR2017第43條、48條、附表4。

[23] https://assets.publishing.service.gov.uk/government/uploads/system/uploads/attachment_data/file/686152/Money_Service_Businesses_Guidance.pdf （最後瀏覽日期：2019/05/21）。

[24] https://register.fca.org.uk/ （最後瀏覽日期：2019/05/21）。

[25] 銀行法2條2項2号にいう『為替取引を行うこと』とは，顧客から，隔地者間で直接現金を輸送せずに資金を移動する仕組みを利用して資金を移動することを內容とする依賴を受けて，これを引き受けること，又はこれを引き受けて遂行することをいう。

參考翻譯：「銀行法第2條2項2款所謂『匯兌交易』係指接受顧客之委託，以非直接移動現金之機制達

送達，手續費高昂以及銀行時間有限也讓居留之外國人等有所不滿[26]。因此，於《資金結算法》（資金決済に関する法律）之立法過程中，考量科技技術之進步，非銀行之一般業者也有能力提供低價、便利的匯款服務，且網際網路之發達，也產生以個人爲主、小額的跨境匯兌需求，因此參考歐盟及美國之制度，使跨境匯兌彈性化，鼓勵創新，並不會危害匯兌行爲之安全[27]。

於是，日本於2009年通過，2010年開始施行之資金結算法中，設有「資金移動業者」之專章[28]，將資金移動業者之登記、履行保證金之信託，以及對使用者之保護等一併規定。

資金結算法所稱「資金移動業者」，係指銀行以外，經營一百萬日圓以下之小額匯兌交易者。依照資金結算法，資金移動業者應向內閣總理大臣（實際上係向各地區財務局，例如公司在東京須向關東財務局辦理）登記，並合於法律所定之要件。爲保證匯款之履行，亦規定必須提存於法務局、保全、信託擔保於指定銀行，擔保金至少爲停泊資金之100%或是1,000萬日圓。此外對使用者保護部分，強調資金移動業者必須向使用者說明與銀行匯兌之差異、手續費及其他重要資訊及確保資金移動業者經營所採取之措施。

除資金結算法外，資金移動業者亦有《洗錢防制法》（犯罪による収益の移転防止に関する法律）之適用，納入洗錢防制法所列特定行業之範圍，其規範內容主要是爲特定交易（單筆交易達10萬日圓或重複爲交易）時，必須進行本人確認，並保存特定資料[29]。

截至2019年4月爲止，全日本所登記之資金移動業者共有63家[30]。根據日本資金結算業協會2018年所做的報告顯示，於2017年度，已有8,400

成資金之移動，或允諾，或允諾並實行前開行爲。」
http://www.imes.boj.or.jp/research/papers/japanese/kk36-2-1.pdf（最後瀏覽日期：2019/05/21）。

[26] https://www.fsa.go.jp/singi/singi_kinyu/tosin/20090114-1/01.pdf（最後瀏覽日期：2019/05/21）。

[27] 同前註。

[28] 資金決済に関する法律第三章，資金移動業者之登記於該法第37-40條、履行保證金之信託於該法第42-48條、使用者之保護於第49-51之2條。

[29] 犯罪による収益の移転防止に関する法律第2條第2項第30款、第4條等。

[30] https://www.fsa.go.jp/menkyo/menkyoj/shikin_idou.pdf#search='%E8%B3%87%E9%87%91%E7%A7%BB%E5%8B%95%E6%A5%AD%E8%80%85'（最後瀏覽日期：2019/05/21）。

萬筆透過資金移動業匯款，且總金額已達1兆800萬日圓（包含日本國內與海外）[31]，相較資金結算法施行之第一年（2010年），匯款次數成長四百倍，總金額亦成長近百倍，且該報告亦指出由於投資、留學、醫療等等向海外匯款需求，約六成曾經使用過資金移動業之消費者希望開放100萬日圓之匯款上限[32]。

4. 新加坡之監理模式

新加坡管理跨境匯兌之法律為《匯兌與匯款業法》（Money-changing and Remittance Businesses Act，簡稱MCRB Act），主管機關則為新加坡金融管理局（Monetary Authority of Singapore，簡稱MAS）。依據法律所有人欲經營跨境匯兌（即MCRB Act中所定義之Remittance Business），須向[33]MAS申請匯兌執照始得為之，且目前其最低資本額限制為新加坡幣10萬元[34]。有關於匯兌業者可能涉及之監理，包含反洗錢、消費者保護以及個人資料保護（Personal Data Protection Act, PDPA）規定，除各該法規之主管機關（例如PDPA之專責主管機關個人資料保護委員會Personal Data Protection Commission）外，MAS亦有可能公布注意事項（notice）或指導原則（guideline）以供業者遵循，例如有關匯兌業者反洗錢之注意事項[35]，即包含所有持匯兌執照之業者，均須受洗錢防制規範，主要內容係規範本人確認、可疑交易之申報、以及取得客戶個人資料之保護規範，和因為反洗錢目的所得使用個人資料之界線等。截至2019年5月為止，持有Remittance Business許可者計有115家[36]。

---

[31] https://www.fsa.go.jp/singi/singi_kinyu/seido-sg/siryou/20181025/JPSA.pdf （最後瀏覽日期：2019/05/21）。

[32] 同前註。

[33] 至少自新加坡官方法規查詢可發現，1996年版本之匯兌與匯款業法即為非經許可不得從事匯兌業務。https://sso.agc.gov.sg/Act/MRBA1979/Historical/19961227?DocDate=19961227&ValidDate=19961227 （最後瀏覽日期：2019/05/21）。

[34] MCRB Act第5(2)條

[35] MAS Notice 3001 (Amendment) 2015 http://www.mas.gov.sg/~/media/MAS/Regulations%20and%20Financial%20Stability/Regulations%20Guidance%20and%20Licensing/Money%20Changing%20and%20Remittance%20Businesses/Notices/MAS%20Notice%203001%20Amendment%20Nov%2015/MAS%20Notice%203001%20%20November%202015.pdf （最後瀏覽日期：2019/05/21）。

[36] https://eservices.mas.gov.sg/fid/institution?sector=Money%20Changing%20%26%20Remittance%20Business&category=Remittance （最後瀏覽日期：2019/05/21）。

5. 中國之近期發展

　　中國原即對於外匯有較嚴格的管制，非法從事資金支付結算業務依照中華人民共和國刑法第225條，負有刑事責任。然而，中國亦非完全不開放非金融業經營跨境匯款服務，中國於2010年公布《非金融機構支付服務管理辦法》，經由中國人民銀行審查批准的非金融機構，依法頒發支付業務許可證，即可從事「支付服務」[37]，支付服務範圍之一即包含「貨幣匯兌」，支付業務許可證的效期為五年。然而，2019年2月，最高人民法院最高人民檢察院（以下簡稱「兩高」）發布《關於辦理非法從事資金支付結算業務、非法買賣外匯刑事案件適用法律若干問題的解釋》，除了具體明確化中華人民共和國刑法第225條的定義[38]外，兩高亦表示，「非法買賣外匯大都通過地下錢莊以『對敲』方式進行，具體手段是把人民幣和外匯的直接交易隔離，人民幣只在境內交易，外匯在境外交易，沒有發生物理流動，以對賬的形式來實現『兩地平衡』。這樣，地下錢莊的境內帳戶和境外帳戶之間沒有資金往來，表面上沒有倒賣行為，實質上卻完成了非法的換匯活動」，此與目前世界上日漸興盛之跨境匯款媒合平台營運模式，具有相似性。兩高此舉普遍於媒體報導中被解讀為打擊外匯黑市，並有收緊外匯管制之意義[39]。

---

[37] 第二條　本辦法所稱非金融機構支付服務，是指非金融機構在收付款人之間作為仲介機構提供下列部分或全部貨幣資金轉移服務：
（一）網路支付；
（二）預付卡的發行與受理；
（三）銀行卡收單；
（四）中國人民銀行確定的其他支付服務。
本辦法所稱網路支付，是指依託公共網路或私人網路絡在收付款人之間轉移貨幣資金的行為，包括貨幣匯兌、互聯網支付、行動電話支付、固定電話支付、數位電視支付等。

[38] 第3條規定，非法從事資金支付結算業務或者非法買賣外匯，具有下列情形之一的，應當認定為非法經營行為「情節嚴重」：（一）非法經營數額在500萬元（人民幣，以下同）以上的；（二）違法所得數額在10萬元以上的。
第4條規定，非法從事資金支付結算業務或者非法買賣外匯，具有下列情形之一的，應當認定為非法經營行為「情節特別嚴重」：（一）非法經營數額在2,500萬元以上的；（二）違法所得數額在50萬元以上的。

[39] https://money.udn.com/money/story/5603/3636751（最後瀏覽日期：2019/05/21）。
http://www.xinhuanet.com/fortune/2019-02/14/c_1210059126.htm（最後瀏覽日期：2019/05/21）。

6.小結

　　綜合以上國家法制介紹，跨境匯兌業務並非銀行所專營，但受有一定的限制，各國大多於2010年即已完成修法調整，參與業者及使用者均持續成長，相較下我國實屬落後。各國制度大略歸納如下：1.建立跨境匯兌相關執照申請之制度，以最低資本額等規定為進入市場之限制（雖然部分國家對非銀行為匯兌業務沒有應申請執照之規定，例如紐西蘭）；2.基於跨境匯兌係資金跨國界之移動，於開放經營之同時納入洗錢管制之一環；3.由於非銀行經營匯兌業務通常資金規模不如銀行，因此規定對使用者之說明以及保護義務；4.跨境匯兌業者經營業務時經常蒐集、處理使用者如本人基本資料以及匯款紀錄等個人資料，因此就使用者之個人資料，亦受個人資料保護法規管制。

　　各國對於執照之規定，所要求資本額之限制均不高，重點在於洗錢管制、個人資料保護，顯示以上國家之制度重點在於降低市場門檻，鼓勵創新業者加入，然而在鼓勵創新的同時兼顧商業秩序之管制。台灣金管會近期亦有討論有關金融「有限執照」的概念，即不涉及吸收存款，僅經營跨境匯兌、放款等部分業務之金融機構，不須要求如完整銀行執照般的規範。過去我國法規對金融業者一向嚴格，諸如《電子支付機構管理條例》之電子支付執照，規定最低資本額為5億元新台幣，僅代理收付實質交易款項者亦須1億元新台幣。相較之下，以類似之執照而言，英國（即Authorised electronic money institution）規定之最低資本額為125,000歐元[40]、日本對於不限使用區域之「第三者型」電子支付（第三者型前払式支払手段）[41]之要求，則為淨資產1億日圓[42]。日後我國應如何建立有限執照之規範，始符合產業發展、科技潮流及國際競爭，國外規範可資思考與借鏡。

---

[40] PSR 2017 Schedule 3, Part 1. http://www.legislation.gov.uk/uksi/2017/752/pdfs/uksi_20170752_en.pdf （最後瀏覽日期：2019/05/21）。

[41] 係指電子支付有使用於相同公司提供之商品、服務以外的電子支付業者，若僅使用於相同公司則無最低淨資產之限制。

[42] 資金決済に関する法律施行令第5條。

五、結語

　　銀行法第29條第1項規定之立法目的，固有達成金融行政上取締非法經營銀行業務之目的，而得以健全我國金融市場之紀律與秩序，並保障社會大眾權益。過去地下匯兌業者確實未登記、繳稅、無客戶身分認證制度且不遵循洗錢防制規範，對於金融秩序以及其他犯罪之防治確實造成困擾。然而，隨著金融科技發展，新型態之跨境匯兌業者或P2P匯兌平台業者提供了較銀行更便利、便宜的服務。平台服務模式均有數位軌跡，亦可要求所有金流及資訊流均透明及納管，與過去地下匯兌難以控管迥不相同。參考其他國家之制度，對匯兌業務均非以銀行為限，但有明確規範提供一定執照、納入洗錢防制法所管制之行業，並且做好消費者保護措施。我國法規遲未修正，實屬落後。我國就匯兌之管制固涉及政府政策、金融秩序、洗錢防制等諸多問題應考量，然而發展金融科技下，更應正視人民選擇不同跨境匯兌之需求與權利，目前監理沙盒實驗案例範圍限於提供外籍移工的小規模匯款，僅屬起步階段，尚未能普惠一般大眾；展望未來，跨境線上金融需求將更擴大，期望有更多元便利的跨境匯款服務，實有待就跨境匯兌儘速建立明確及可供遵循之規範，而非就新型態業者動輒以銀行法之重罪相繩或僅訂定高不可及之門檻，使得匯兌地下化，民眾混淆，司法人員更加困擾。對於辦理創新金融業務的業者，亦應本於負責任的創新，落實實名制及防制洗錢，共同建立良好金融秩序。法律的明確性及妥適性，實有助於業者遵循及發展業務，實踐普惠金融理想並保護消費者權益，實為我國當務之急。

分散式帳本技術（DLT）於銀行間跨境支付應用之法律議題

李偉琪、黃彥倫

一、備受矚目的DLT應用

隨著比特幣興起及虛擬通貨（cryptocurrency）發展，其底層技術分散式帳本技術（Distributed Ledger Technology，以下簡稱「DLT」）[1]亦備受關注。DLT的點對點網路、分散式資料儲存以及透過多個節點（nodes）驗證資料、對資料正確性有較高保證等特性，可使交易無需依賴中間機構進行資訊儲存及傳輸，被視為解決傳統銀行間跨境支付（cross-border payments）[2]曠日廢時、不透明、高額手續費及駭客風險等痛點的解決方案。

在支付網路供應商瑞波公司（Ripple Labs, Inc.）展現將取代SWIFT（Society for Worldwide Interbank Financial Telecommunication，環球銀行金融電信協會）的強烈意圖後，DLT於銀行間支付、清算之應用受到熱議，各國銀行、DLT業者（甚至SWIFT本身）均開始就DLT於跨境支付的應用進行研究或提出解決方案。包括世界經濟論壇（World Economic Forum）、國際清算銀行（Bank of International Settlement）、國際貨幣基金組織（International Monetary Fund）、瑞士聯邦委員會（Swiss Federal Council）、台灣中央銀行等，紛紛提出各自關於將分散式帳本技術應用於清算領域之研究或報告，亦有多個銀行與DLT業者合作進行各式概念驗證（Proof of Concept, PoC）的計畫。

---

[1] 於支付、清算應用領域，分散式帳本技術，主要指使節點（例如銀行）可以安全的提出、驗證（validate）及紀錄狀態變化或更新到一個同步帳本（synchronised ledger）的流程及關聯技術。參Bank of International Settlement, "Distributed ledger technology in payment, clearing and settlement-An analytical framework", 2017年2月。

[2] 本文所稱支付（payment），是指為交換商品、服務或履行義務，將價值從一方移轉到另一方的過程。

　　面對新興DLT業者的挑戰，老字號的SWIFT於2017年推出「SWIFT gpi」（global payments innovation），提供更快速、點對點即時追蹤、費用透明、不更改匯款資訊的服務[3]，且SWIFT gpi服務中包含對DLT的概念驗證，以測試DLT是否能有效協助銀行對存同帳戶（nostro accounts）進行即時對帳[4]；2019年1月，SWIFT更進一步宣布與區塊鏈軟體業者R3合作，初始的概念驗證將會使用gpi標準以「gpi Link」閘道的方式實作在R3的區塊鏈平台Corda之上[5]，企圖持續鞏固SWIFT在全球支付網路的壟斷地位。

　　世界多數銀行長久以來仰賴SWIFT網路及既有的跨境支付架構進行跨境支付資訊傳輸，但隨著DLT的發展，既有的支付架構將被打破，SWIFT壟斷的局面也可能面臨改變，銀行將有與DLT業者合作重新建構以DLT為基礎的跨境支付模式。本文將概述傳統跨境支付的痛點及近期DLT於跨境支付之應用，並從台灣法角度初探DLT業者與銀行業合作所可能涉及之相關法律議題。

二、傳統銀行間跨境支付架構及挑戰

　　1973年，為了解決跨境支付的溝通問題，來自15個國家的239間銀行組成環球銀行金融電信協會（SWIFT），總部位於比利時，並於1977年開始提供跨境支付的訊息傳遞服務，內容包含訊息平台、驗證訊息的電腦系統及訊息標準[6]。目前，SWIFT連結超過200個國家及區域，為超過11,000個機構提供服務[7]，是世界金融機構通用的跨國金融機構間交換標準化報文（message）系統。

　　而運行此龐大SWIFT網絡的跨境支付架構，其主要流程及所面臨之

---

[3]　參https://www.swift.com/our-solutions/global-financial-messaging/payments-cash-management/swift-gpi（最後瀏覽日期：2019/03/25）。

[4]　參https://www.swift.com/news-events/press-releases/22-additional-global-banks-join-the-swift-gpi-blockchain-proof-of-concept（最後瀏覽日期：2019/03/25）。

[5]　參https://www.swift.com/news-events/news/swift-to-bring-benefits-of-gpi-to-dlt-and-trade-Ecosystems（最後瀏覽日期：2019/03/25）。

[6]　參https://www.swift.com/about-us/history（最後瀏覽日期：2019/03/25）。

[7]　參https://www.swift.com/about-us（最後瀏覽日期：2019/03/25）。

痛點可大致歸納如下：

流程	主要步驟	痛點
1.發起支付	付款人向銀行申請付款到境外，銀行與付款人進行AML/KYC程序、收取款項及手續費、後續移轉確認或查詢服務。	付款人與收款人的資訊透過人工及重複作業流程收集，處理效率低。 不同機構間KYC的成熟程度不同，對客戶資訊及文件的真實性控制程度有限。
2.金錢移轉	如銀行為SWIFT網路之一員，可透過SWIFT網路對收款人的收款銀行進行資金移轉。如銀行非SWIFT網路之一員，則可經由境內跨境清算網路（local clearing network）連接通匯銀行（correspondent bank）進行資金移轉。	支付視中介機構數、金融基礎設施等流程差異，可能相當昂貴且耗時。 於經由通匯銀行支付的模式，由於每個銀行都對資訊進行驗證，導致被拒絕的機率偏高；且銀行必須在存同帳戶預先存放資金，亦衍生相關成本。
3.資金遞送	收款人經由收款銀行接獲款項通知。收款銀行對收款人進行KYC程序後，收款銀行以當地貨幣支付予收款人。	不同機構間KYC的成熟程度不同，對客戶資訊及文件的真實性控制程度有限。
4.支付後程序	銀行依當地法令提供交易資料予監理機關。	因資訊來源、流程管道不同，提交給監管機關的報告可能需要多個團隊或高端技術支援，法令遵循成本高。

資料來源：World Economic Forum[8]

三、對DLT的願景與目前應用情形

　　面對傳統銀行間跨境支付之痛點，世界經濟論壇2016年以DLT技術於跨境支付之應用，描繪出未來全球支付的新架構[9]：

　　1. **發起支付階段**：付款人與銀行間的信任將建立於傳統KYC或是數位身分檔案（digital identity profile）。付款人與收款人間的資金移轉義

---

[8]　參World Economic Forum, "The future of financial infrastructure-An ambitious look at how blockchain can re-shape financial services"，2016年，頁49。
[9]　參World Economic Forum，"The Future of Financial Infrastructure- An ambitious look at how blockchain can reshape financial services"，2016年，頁51。

務，將由智能合約（smart contract）裝載，並由帳本（ledger）上的流動性提供商（liquidity provider）促成貨幣轉換。

2.金錢移轉階段：監理機關可透過智能合約即時監控交易並接收特定AML警示。透過智能合約即時移轉資金，不需要再經過通匯銀行，參與者減少、不用開立同存帳戶可降低費用，增加利潤空間。

3.資金遞送階段：資金透過智能合約自動存入收款人帳戶，或是於KYC確認後開放收款人提取。

4.支付後程序：交易歷史紀錄均保存於帳本上，監理機關可以不間斷的進行審查。

繼瑞波公司後，DLT業者紛紛推出各自的DLT跨境支付方案，如R3與其22個銀行會員合作於Corda上建立跨境支付平台、IBM於Stellar區塊鏈上建立的跨境支付網路IBM Blockchain World Wire。銀行與DLT業者合作模式，主要是透過於DLT業者既有的區塊鏈上建立跨境支付網路。2018年底起，以虛擬通貨或數位資產做為跨境支付解決方案的合作模式，蔚為風潮。簡單而言，此種模式是將支付金額轉換成虛擬通貨或數位資產，以虛擬通貨或數位資產形式傳送給收款銀行，收款銀行收到後再將收到的虛擬貨幣或數位資產轉換成當地法定貨幣支付予收款人。於此之前，瑞波公司雖已推出以其所發行之瑞波幣（XRP）作為橋樑貨幣（bridge currency）之支付服務「xRapid」，但可能因牽涉虛擬貨幣之法令未明、虛擬貨幣價格波動等因素，並無實際商業運用。2018年10月，瑞波公司xRapid服務將首度於三家金融機構投入商轉[10]，2019年亦陸續新增金融機構使用者[11]。

2019年2月，美國摩根大通銀行（JPMorgan Chase & Co.）宣布發行運行於摩根大通區塊鏈平台Quorum上的「JPM Coin」，將採與美元1比1固定價值，目前基於測試目的僅提供特定機構用戶之B2B支付使用[12]。JPM Coin也是第一個由美國銀行支持的虛擬通貨。

2019年3月，IBM也宣布將與Banco Bradesco、韓國釜山銀行、Rizal

---

[10] https://www.chinatimes.com/realtimenews/20181002002675-260410（最後瀏覽日期：2019/03/25）。

[11] http://fortune.com/2019/01/08/ripple-xrapid/（最後瀏覽日期：2019/03/20）。

[12] https://www.jpmorgan.com/global/news/digital-coin-payments（最後瀏覽日期：2019/03/25）。

Commercial Banking Corporation等金融機構合作，於其支付網路IBM Blockchain World Wire上發行穩定幣或代幣[13]，做為跨境支付的橋樑資產。

　　台灣目前為止似尚未有銀行與DLT業者合作，以DLT或發行虛擬貨幣模式提供即時跨境支付服務的消息。姑不論DLT技術之應用是否能真的為世界的支付帶來劃時代的轉變，對國際貿易高度仰賴的台灣，應密切關注國際間的相關進展；且台灣銀行規模相對較小，自行開發DLT技術或發行自己的虛擬貨幣，未必符合成本效益，且有不易與國際網路支付串接的風險。與國際知名DLT業者合作，透過利用相同的DLT網路與國際銀行串連，擴大服務範圍，可能是較為快捷的方式。以下即針對銀行與非SWIFT的DLT業者合作發展跨境支付網路為背景，初探可能涉及的相關法律議題。

四、台灣銀行業與DLT業者合作發展跨境支付網路可能涉及之法律議題

（一）是否有《金融機構作業委託他人處理內部作業制度及程序辦法》之適用？

　　SWIFT目前是由超過兩百個國家或地區組成，董事會成員來自十餘個國家，受G10會員國共同監管，並由比利時央行承擔主要監管責任，且考量其為必要之金融基礎設施，故於新加坡、歐盟等國家，於銀行業透過SWIFT系統進行交易資訊傳輸時，將SWIFT排除於銀行業委外（outsourcing）相關規範之外。

　　就台灣而言，依銀行法第3條第10款規定，「辦理國內外匯兌」為專屬於銀行經營之業務，非銀行不得為之。而「匯兌業務」，依台灣最高法院見解認為，係指行為人不經由現金之輸送，而藉與在他地之分支機構或特定人間之資金清算，經常為其客戶辦理異地間款項之收付，以清理客戶

---

[13] https://www.coindesk.com/ibm-signs-6-banks-to-issue-stablecoins-and-use-stellars-xlm-cryptocurrency（最後瀏覽日期：2019/03/20）。

與第三人間債權債務關係或完成資金轉移之行為」[14]。DLT業者如僅是辦理銀行間交易資訊之傳輸，不負責與銀行客戶間之接觸或款項收付，亦不辦理資金清算，似非屬經營銀行業務。故銀行與DLT業者間的關係，應較近似銀行業者委託DLT業者提供支付資訊網路服務或建置跨境支付系統，而非跨境匯兌業務之共同經營。

依據《金融機構作業委託他人處理內部作業制度及程序辦法》（下稱「委外辦法」）第3條第1款規定：「金融機構對於涉及營業執照所載業務項目或客戶資訊之相關作業委外，以下列事項範圍為限：1.資料處理：包括資訊系統之資料登錄、處理、輸出，資訊系統之開發、監控、維護，及辦理業務涉及資料處理之後勤作業。」而DLT業者應係將交易資料於DLT進行處理、輸出，或協助銀行進行資訊系統之開發、維護，解釋上應可屬上開委外辦法規定之資料處理範圍，銀行得依委外辦法規定辦理委外處理。此外，依委外辦法第2條但書規定：「金融機構作業委託他人處理者，應簽訂書面契約，並依本辦法辦理，但涉及外匯作業事項並應依中央銀行有關規定辦理。」再依管理外匯條例第2條規定，「外匯」指外國貨幣、票據及有價證券。由於跨境支付涉及本國、外國貨幣幣別轉換，應屬與外匯有關之事項，從而執行上亦有需先經中央銀行同意之可能。

（二）銀行以虛擬通貨作為跨境支付橋梁之法律風險

承前所述，銀行發行虛擬通貨進行跨境支付，主要是透過將支付金額換成等值的虛擬通貨發送給收款銀行，收款銀行將收到的虛擬通貨轉換成對應的法定貨幣後，再支付給收款人。而就此模式所使用之虛擬通貨，依據媒體報導及各公司提供資訊，又可進一步區分為以一般之虛擬通貨為媒介（如瑞波幣XRP），或以穩定幣為媒介（例如JPM Coin[15]、IBM World Wire宣布擬發行的虛擬貨幣）。

所謂「穩定幣」（stable coin），是指價格相對較穩定的一種虛擬

---

[14] 參最高法院108年度台上字第24號刑事判決、最高法院106年度台上字783號刑事判決。同財政部1996年9月4日台融局（一）字第85249505號函。

[15] 參https://www.jpmorgan.com/global/news/digital-coin-payments（最後瀏覽日期：2019/03/20）。

通貨，一般多被用於市場避險、支付或價值儲藏之用。穩定幣的價格穩定機制各有不同，例如最知名的穩定幣USDT，發行商Tether號稱每一個USDT都有相對應的美金儲備[16]。

而自2009年比特幣出現迄今，就虛擬通貨的性質及監管方式，國際上尚未形成具體一致的監理標準，除了比特幣一般被認定為虛擬商品（commodity）外，其他虛擬通貨的性質尚非明確。以XRP為例，美國證券主管機關SEC迄今尚未表態，也使得XRP的性質懸而未決，而容有爭議。而台灣金管會於2017年12月新聞稿再次重申禁止包括銀行在內的金融機構參與或提供虛擬通貨幣相關服務或交易的立場，故於金管會針對虛擬通貨制定明確規範或變更立場前，台灣銀行業可能難以利用虛擬通貨辦理跨境支付。

除了虛擬通貨性質的風險外，於所使用的虛擬通貨非由銀行發行之情形，以虛擬通貨作為支付媒介亦可能存在價格波動大、虛擬通貨由發行商掌控、資安、AML/CFT等風險；若所發行虛擬通貨為穩定幣，雖價格波動可能較少，但每個虛擬通貨是否均確如發行人所述具有十足的法定貨幣或其他資產對應儲備，亦非無疑。如所使用之虛擬通貨為知名國際銀行所發行之虛擬通貨，上述風險可能將因該銀行係受政府監管而降低，然而風險具體可消弭到何種程度，仍須視當地政府之監管力道而定，並不表示由銀行所發行的虛擬通貨就沒有風險。

（三）DLT業者是否屬於銀行法第47條之3之特許事業？

銀行法第47條之3規定，經營銀行間資金移轉帳務清算之金融資訊服務事業，應經主管機關許可[17]。目前經許可經營銀行間資金移轉帳務清算業務的事業，為財金資訊股份有限公司。

而依據銀行法第47條之3之子法《銀行間資金移轉帳務清算之金融資訊服務事業許可及管理辦法》（下稱「管理辦法」）第2條第1項，銀行間資金移轉帳務清算之金融資訊服務事業係指提供金融機構間即時性跨行

---

[16]　參Tether官方網站https://tether.to/（最後瀏覽日期：2019/04/09）。
[17]　2019年4月17日銀行法第47條之3將「銀行」修正為「金融機構」。惟管理辦法尚未對應調整。

金融業務帳務清算加值網路之跨行金融資訊網路事業；再依同條第2項規定，清算是指依據金融機構間支付指令暨結計金融機構間應收、應付金額，並於各參加機構指定帳戶予以貸、借記，以解除付款行支付義務之程序。換言之，如DLT業者單純於銀行間進行支付資訊之傳輸，而不實際協助辦理銀行間之帳務清算，應非屬於銀行法第47條之3之金融資訊服務事業。惟倘若DLT業者提供之支付網路服務除交易資訊之傳輸外，尚包含結計銀行間應收、應付金額，並於指定帳戶予以貸、借記，則DLT業者即有是被認為屬金融資訊服務事業之風險，如未經許可在台灣從事相關業務，將有違反銀行法上刑事責任之風險。

五、結語

　　DLT於跨境支付之應用，仍持續快速發展中。姑且不論DLT目前之應用是否已帶來突破性的創新，或是否有以虛擬通貨處理跨境支付之必要，至少對提升銀行間跨境支付及打破SWIFT壟斷、刺激產業進步發展的面向而言，已有顯著助益，將DLT導入銀行間跨境支付目前已是必然的趨勢。2019年，可預期是DLT業者及金融機構合組聯盟，共同擴大市場版圖的一年。SWIFT也將結合既有之優勢，一同競逐全球跨境支付服務的主導地位。

　　而台灣是以出口為導向的經濟體，經濟發展高度仰賴對外貿易。國際跨境支付技術變遷，對台灣亦有重要影響。目前，國際就DLT於跨境支付之應用初起步，國際亦尚未就此制定對應的監理標準與規範，本文期許以現狀之介紹及相關法律議題初探為引，供各界持續關注後續發展，俾使台灣在技術或法規上均能不落於世界的潮流。

第四篇
P2P網路借貸

- 我國P2P借貸平台之發展與創新
- 國外P2P網路借貸平台之發展與監管趨勢

FinTech

我國P2P借貸平台之發展與創新

谷湘儀、賴冠妤

相較於國外P2P借貸平台已發展相當時日，我國P2P借貸平台約自2016年開始發展，金融監督管理委員會（下稱「金管會」）監管採取不立專法之態度，並朝向鼓勵P2P借貸平台業者與銀行業採取合作之模式，透過對於銀行既有之監理及措施，填補目前金融科技產業現況之不足，銀行公會亦以《中華民國銀行公會會員銀行與網路借貸平臺業者間之業務合作自律規範》予以回應，提出六大合作模式，然而上開監理方向，仍係以銀行本位為出發，並未配合目前我國P2P借貸平台的發展需求。

而目前我國P2P借貸平台之經營模式，與國外常見之P2P借貸平台之經營模式有所不同，除了受限於金管會所頒布「四不原則」、銀行法及證券交易法的相關規範外，我國借款利率環境與國外環境不同，使我國目前P2P借貸平台的發展較為緩慢。本文將簡介P2P借貸平台於我國的發展現況，及檢討目前業者發展所面臨之障礙及困境，並提出未來走向建議。

一、P2P借貸平台在我國發展現況

依中央銀行公布資訊，就台灣消費性貸款市場現行需求狀況而言，截至2018年底，消費性貸款總計達8兆3,043億7,800萬台幣，年增率約為4.42百分比[1]。反觀供給面，台灣雖然銀行眾多，消金業務也很蓬勃，但各家銀行在辦理信貸業務時，常會參考年齡、婚姻狀況、現居房屋狀況、學歷、就職公司、行業別、年資、年收入、信用往來、雙卡動用率、聯徵次數、名下資產等等因素，綜合決定借款人信用評分以作為是否同意貸予款項之參考，因此並非所有民眾皆得自銀行獲得融資款項。非銀行業者願意承做的資金需求者，從而試圖自其他管道獲取資金，而許多業者瞄準此

[1] 參考資料：https://stock-ai.com/grp-Mix-twCL.php

一商機並運用金融科技，開始發展P2P借貸平台，使非銀行關注之客戶得透過平台更快速取得資金，且從一般個人之需求，發展至小微企業之資金融通，以補充傳統金融的不足；而一般民眾亦得出借其閒置資金獲取利益，並增加一般民眾資金使用的效率。

現在國內市場已有多家業者從事P2P借貸平台，包括鄉民貸、LnB信用市集、蘊奇線上（LendBank）、旭新科技、台灣資金交易所（Taiwan Fund Exchange）、金想貸（商借町）、債權商城（L Market）、必可企業募資（BznK）、逗派（Doughpack）、普匯金融科技等，借貸、媒合的方式不一而足，茲簡介並以表格整理如下：

	經營模式	平台業者
一般借貸媒合	1. 透過平台媒合借貸雙方。 2. 部分平台利用綁定電子支付帳戶或專屬帳號收款確保金流。 3. 部分平台提供票據貼現的媒合服務	RoboLoan 羅伯貸 信用市集 LEND & BORROW LendBand 蘊奇線上 商借町 逗派 doughpack
債權讓與	1. 先由放款人與借款人成立契約取得債權，平台透過債權讓與媒合的方式將債權分割轉讓予投資人。 2. 另有平台主打會員所投資債權具有不動產提供擔保。 3. 部分平台提供壞帳買回之服務。	豬豬在線 PIGGY ONLINE 鄉民貸 seed[in] TAKE YOUR BUSINESS FURTHER PüHey! 普匯金融科技 L market 債權商城

	經營模式	平台業者
標會型態	類似傳統標會型態，申貸方或投資人可以依自身需求以每期金額、總期數等不同條件參加競標組合，借方輸入標金（願支付的利息）來競標。	**TFE** 台灣資金交易所 Taiwan Fund Exchange

二、我國P2P借貸平台的監理發展

（一）我國金管會之監管立場

1. 既有法律之功能性監督：四大適法性疑慮、四不原則

　　2015年9月，金管會成立金融科技辦公室，並趕在2015年底召開金融科技諮詢委員會第二次會議，首度鬆口表示將成立專案小組，並指示銀行局負責研議開放P2P可行性，包括發展要件、開放模式，民間業者亦紛紛反映P2P開放將有助減少地下金融。

　　隔年，金管會就現行《證券交易法》、《個人資料保護法》、《銀行法》、《公平交易法》、《多層次傳銷管理法》等不同面向之法規，對P2P提出四大適法性疑慮[2]，其中因平台業者向不特定投資人事先收取將出借之款項的行為，可能涉及銀行法第29條「非法經營收受存款業務」之疑慮，且違法吸金罪之行為人將面臨三年以上十年以下有期徒刑之重罪，更為各界關注。金管會表示面對民眾檢舉，將依行政程序法請業者提供書面資料，若有必要會約談、進一步釐清是否違法，惟亦聲明P2P業者不屬於金管會管轄。同年金管會進一步針對P2P行業，勾勒、歸納出相關服務，並提出「四不原則」[3]，此階段的政府監督接近美國模式，是以既有

---

[2]　參考資料：https://www.chinatimes.com/realtimenews/20160429001735-260410。
[3]　P2P網路借貸平台業者於提供相關服務時，應符合下列法令規範：
　　（一）提供撮合金錢借貸契約服務，不得涉及發行有價證券、受益證券或資產基礎證券等行為。
　　（二）提供借貸款項代理收付服務，不得涉及收受存款或儲值款項等行為。
　　（三）提供資訊蒐集、資訊揭露、信用評等、資訊交換等服務，應符合個人資料保護法相關法令規定。
　　（四）提供債權催收服務，不得有不當之債務催收行為或以騷擾方法催收債務等情事。
　　（五）其他相關作業，不得有廣告不實或違反公平交易法、多層次傳銷管理法等法令規定之行為。

法律之框架下，由各機關各司其職為功能性規管。

2.銀行公會訂定自律規範，提出與網路借貸平台業者六項合作模式

2016年為因應國際網路科技發展與金融創新之趨勢，金管會提出《金融科技發展策略白皮書》，擬具我國可能運作模式及納入金融監理之可能方案，就P2P納入金融監理之必要性進行研議，初步傾向訂定專法規範可經營的業務範圍，惟受到業者強烈反彈，表示此舉不僅是在既有的法律規範上疊床架屋，更與金融科技「去特許化、去中心化、去剝削化」之核心精神相悖。[4]同年6月，金管會經參考英美等國對P2P發展及監理走向後，表示不會訂立P2P專法，採取「鼓勵銀行與網路借貸平台業者合作」模式，另以行政命令或銀行公會自律規範作為規範。

金管會並鼓勵銀行與網路借貸平台業者合作─特別是金流及徵信方面，銀行亦得以轉投資之方式百分之百持股P2P[5]，以加強雙方合作關係。2017年底，經金管會敦促，銀行公會提出《中華民國銀行公會會員銀行與網路借貸平臺業者間之業務合作自律規範》正式備查，揭櫫六項銀行與P2P業者分工、互補的合作模式：合作推展P2P相關業務、銀行提供資金保管服務、銀行提供金流服務、銀行提供徵審與信用評分服務、銀行透過Peer-to-Bank模式提供貸款以及廣告合作及銀行提供債權文件保管。

（二）P2P業者成立公會及自律規範

隨著P2P借貸業務發展更成熟，一如英國業者成立P2P金融協會（P2PFA），2019年1月，瑞保網路科技、怡富資融、香港錢匯、逗派等近十家P2P借貸業者，正式送交經濟部商業司申請文件，成立「P2P借貸商業公會」[6]。而成立公會的目的，是期望藉由產業公會的管理規章，使

4　https://www.nextmag.com.tw/realtimenews/news/38877541

5　2016年12月14日，金管會發布「金管銀控字第10560005610」，將P2P借貸平台定性為「其他以資訊或科技為基礎，設計或發展數位化或創新金融服務」，並屬銀行法第七十四條第四項所稱「其他經主管機關認定之金融相關事業」及金融控股公司法第三十六條第二項第十一款所稱「其他經主管機關認定與金融業務相關之事業」。因此，銀行業者得依循銀行法第七十四條第三項第二款對P2P平台進行轉投資，且因其定義P2P平台為金融相關事業，不受銀行法第七十四條第三項第三款投資金額不得超過該被投資事業實收資本額或已發行股份總數5%之限制，亦即銀行業者得100%轉投資P2P平台。

6　詳參：https://money.udn.com/money/story/5613/3583006.

我國的P2P借貸產業得以健康正向的發展。再者，藉由P2P借貸商業公會的成立，將有助於產業以有效之產業自律規範與相關法令主管機關互動和協調[7]。而在主管機關並未如同部分國家制訂專法監管P2P借貸平台，即有賴平台業者之自律，透過業者遵守公會所制訂之自律規範，增強消費者信心，並加強洗錢防制及KYC的規範，亦可避免如同中國發生劣幣驅逐良幣之現象。

三、P2P業者的困境，能否突破重圍？

　　雖依前開政策方向，經營P2P平台業者不屬金管會管轄、亦不受專法監督，惟近年台灣的平台規模發展仍然有限，原因除較晚起步外，與銀行、洗錢防制相關政策或有一大關聯。P2P平台業者銀行帳戶多半有高密集度資金流量，而近年來隨者洗錢防制之規範越趨嚴格，銀行為遵循洗錢防制政策，對業者帳戶中資金來源及實名制等問題提出要求，或未必樂意受理開戶，致P2P借貸平台業者於銀行開戶時經常碰壁，使P2P借貸平台之發展受到衝擊。

　　而現行平台業者除了透過會員自行提交金融聯合徵信中心（下稱「聯徵中心」）之信用資料外，尚無法直接取得並驗證會員提交資料之正確性，然而，聯徵中心之信用資料，除了作為平台業者是否核貸依據之一環外，更為重要的是可加強平台業者KYC及洗錢防制之程序。雖然目前金管會就是否開放平台業者直接取得聯徵中心之資料，仍在討論中，並強調互惠與創新之開放原則，但仍待主管機關及聯徵中心討論得連線取得資料之平台業者資格，短時間內平台業者僅能透過會員自行申請並提交聯徵中心之資料辦理。

　　而目前台灣集中保管結算所建置的防制洗錢及打擊資恐查詢系統，金管會表示經金管會核准之創新實驗如有需要，得向集保結算所申請使用以辦理客戶盡職審查作業，但並未開放其他P2P平台業者申請使用。在國際上對反洗錢的規範越趨嚴格的情況下，並未開放反洗錢工具供平台業者使

---

[7]　https://udn.com/news/story/7239/3588083.

用，反而易造成洗錢防制之漏洞。

再者，現行法規框架下，雖對平台業者並無一定營業資格的要求，但業者基於業務是媒合性質不得吸收存款，無法先收取並保管出資資金後再進行放貸，亦無法藉由發行憑證方式分割債權，以分散個別借款人之倒帳風險。平台對於資金需求者進行媒合取得融資的效率，以及個別會員出借資金之風險分散，均有待提升。在眾多P2P平台業者陸續加入競爭後，平台如何建立信譽並取得使用人的信賴，如何加強管理能力，有待業者努力。

在創新發展上，除了一般小額的P2P借貸，亦有平台主打小微企業的借款，媒合票據貼現借款。對於小型企業作為供應商所取得的應收帳款及票據，可透過平台分割轉讓給不同的平台會員，而票據於到期日兌現所取得之金額，再由平台負責清償予購買債權之會員。在小微企業所取得之票據天期較長，且銀行較少辦理小額的票據貼現服務時，於短時間內有資金需求之企業，即可利用平台提供的服務以票貼方式取得資金。況且，於小微企業持有票據之發票人信用良好的情況下，且票據天期又較一般借款的期間為短，可吸引更多會員購買債權賺取貼現利息，小微企業亦可避免利用地下管道進行融資，減低資金周轉壓力。透過平台提供小微企業借款多對一之媒合服務，更可使一般創業初期或較為小型之企業可以較為順利的取得營運資金。

考量P2P借貸平台可提供更有效率之小額借貸服務，促進資金融通，實踐普惠金融，有助於小微企業或新創事業的發展，為金融科技發展之一環，政府應協助業者健全產業適當發展，對於洗錢防制之需求，亦應協助提供良好工具運用。目前由金管會攜手金融總會打造之金融科技新創園區FintechSpace已有多家P2P借貸平台業者進駐，由官方提供創新輔導，亦有業者依《金融科技發展與創新實驗條例》提出監理沙盒申請[8]，P2P借貸平台業務蓄勢待發。面對目前發展困境，思考各國目前均已推行開放銀行（Open Banking）政策，使金融機構對符合資格之第三方服務機構提供

---

[8] 香港首個合法由眾籌提供資金的網貸平台MoneySQ.com來台發展，即香港商錢匯發展有限公司台灣分公司已向金管會提出金融科技創新實驗之申請，以突破現行P2P借貸平台發展模式之侷限。

API（Application Programming Interface）串接，開放金融機構數據資源，藉以規劃及發展更多元及優良的服務，P2P借貸平台業者日後應有適用空間。

　　惟我國開放銀行政策實施有待細部規劃，爲協助業者，建議短期內至少可規劃同意將符合一定條件之P2P借貸平台納入聯徵中心[9]會員一員，方便業者提高信用評估及洗錢防制之效率。而一般民眾在平台違約之資訊亦可透過平台傳送之聯徵中心進行整合，避免有心人利用平台違約資訊互不流通之弱點，在多個平台申貸後違約不清償，提升業者及銀行評估資金需求者信用之準確度。

四、結語：P2P在我國未來走向

　　網路科技爲傳統金融業務提供虛擬的管道，使金融服務朝向網路化、虛擬化發展，於是第三方支付服務、網路借貸金融服務等產業應運而生。整合不同金融業務之際，亦獲得進入其他服務領域的發展機會，科技與金融兩大行業彼此間之「互動共生」逐漸形成正向發展模式。從國外發展來看，各行業透過網路跨界合作的經濟模式已成大勢所趨，P2P正爲金融相關行業結合網路的新興產業，值此微型創業時代，國內經濟發展低迷，更需注入資金活水以活絡景氣，P2P可填補個人或獨資商號有資金急用或因擔保不足而無法向傳統銀行融資的資金缺口，服務傳統銀行無法顧及之客群及區域，促進經濟活動。

　　我國目前已有多家P2P借貸平台上路，並有業者嘗試運用各種媒體互動、數據分析、雲端運算等科技創新元素計算信用分數，或針對中小企業的票貼進行媒合，呈現不同業務樣貌。雖然相較於其他國家，我國現行網路借貸業務並不興盛，一方面台灣P2P市場不若美國、中國大陸等地擁有市場龐大優勢或普惠金融需求高，經濟規模較小；另一方面可能出於網路

---

[9]　依據銀行法第47條之3第2項，經營銀行間徵信資料處理交換之服務事業，須經主管機關許可。另依財團法人金融聯合徵信中心網站之說明（最後瀏覽日期：2019/03/09），該中心是台灣唯一現行蒐集跨金融機構間信用資料之信用報告機構，且其聯徵資料庫信用報告僅提供報告當事人及會員金融機構查詢。該中心係採行會員制，目前之會員僅包含本國銀行、外國銀行在台分行、票（證）券金融公司、信用合作社、漁會信用部、農會。

借貸業務於我國方起步，法律適用疑慮未能全部排除而限制其發展模式，投資人、借款人對此借貸方式及是否參與也都還在觀望；然而，銀行基於風險控管，並無法服務到所有的資金需求者，資金需求往往轉向其他租賃公司、當鋪或其他地下借貸管道取得融資，資金取得成本相較於現行P2P平台業者所推出之服務要高，P2P借貸平台仍有發展之機會。

參考外國P2P業者的發展，值得一提者是在歐洲以金融科技爲背景的網路銀行，有發展作爲金融服務的整合平台，銀行未必自行辦理授信業務，而是與P2P平台業者合作。例如知名的德國網路銀行N26在德國地區則與德國最大的P2P借貸平台auxmoney合作[10]，在法國地區則與法國P2P借貸平台Younited Credit合作[11]，N26的客戶無需另行於合作的P2P平台開戶，透過連結P2P借貸平台的API即可於N26的平台介面上完成借款申請。N26透過與P2P借貸平台的合作爲客戶提供服務，N26也無需自行承擔借貸風險，客戶可以透過在網路銀行開戶一併享受P2P借貸平台所提供的服務。

數位金融興起，P2P平台業者如能妥善運用金融科技，服務的對象可普及至非銀行服務之客戶，提供便捷的融資管道。對照德國N26的發展，P2P借貸平台的發展及營運模式仍有很大空間，而銀行及P2P借貸平台業者的合作並不失爲一個雙贏的策略。

惟因台灣P2P平台帳戶內頻繁之資金流動觸發了銀行洗錢防制相關法規之遵循程序，造成爲提交相關認證致成本大幅上升之經濟及事實性問題，或是囿於現行法規限制無法優化經營模式，在政府鼓勵P2P金融科技發展，應思考如何運用科技輔導或授予業者強化KYC及洗錢防制工具，日後主管機關可藉便利聯徵資料查詢、開放銀行、監理沙盒或以其他方法貫徹其鼓勵金融科技發展之願景，使P2P借貸平台藉由科技發展出更多元、靈活的樣貌。

此外，目前P2P借貸平台業者已成立公會，業者除與銀行業合作外，亦可透過自律組織訂定規範，訂定業務準則並增加民眾信賴，並應積極

---

[10]　https://techcrunch.com/2017/07/31/n26-partners-with-auxmoney-to-offer-credit-to-more-customers/
[11]　https://techcrunch.com/2017/12/11/n26-partners-with-younited-credit-to-launch-credit-offering-in-france/

運用科技強化授信技術。同時汲取中國大陸P2P業者經營不善及倒閉的教訓，強化風險控管。中國大陸P2P未來的發展目標係爲降低借款人取得資金成本，減少金融資源分配不均，以及避免市場脫序，我國積極發展的同時，自應重視P2P資訊透明度之要求，及適當提出警訊，同時保障使用者金融服務權益、個資安全及市場安全，實踐普惠金融理想。

國外P2P網路借貸平台之發展與監管趨勢

谷湘儀、賴冠妤

英國自2005年起出現第一家P2P網貸平台業者「Zopa」；2006年，全球知名P2P網貸平台業者「Lending Club」及「Prosper」先後於美國成立，隔年6月，中國也有了第一家P2P平台「拍拍貸」，上開四家平台業者，就有Lending Club及拍拍貸已在美國紐約證交所掛牌上市。如前篇文章所述，我國這三、四年來隨著金融科技之發展，雖有業者陸續推出網路借貸平台，但囿於現行法規、市場及一般民眾使用習慣的問題，使P2P網路借貸平台產業發展碰到瓶頸。

而國外P2P平台的營運歷經近15年發展，在市場發展較為成熟的情況下，對P2P網貸平台的監管法規也較為完備，以下主要簡介英國、美國及中國P2P網貸平台發展的背景及脈絡，並剖析其監管趨勢，可供我國產業發展的借鏡。

一、英國監理制度：自律先行、監管在後

（一）市場發展

2005年全球第一家P2P網貸平台Zopa在英國倫敦發跡，作為P2P網貸平台的發源地，P2P網貸平台向來被政府視為替代金融（Alternative Finance）[1]之一環而給予支持與彈性的發展空間。歷經10多年的發展與探索，英國在P2P借貸的行業領域逐漸形成相對完善的監理制度。根據統計資料，2017年，英國的替代性金融市場規模達61.9億英鎊，年成長率

---

[1] 英國雖然金融市場高度發達，但金融危機後，銀行提高對中小企業及社會公眾的貸款條件，使其難以從傳統金融機構借得資金，於是P2P借貸、眾籌、票據等成為替代性融資手段，並受到英國政府支持。

35%，其中P2P借貸達20億英鎊，年成長率高達66%[2]。

英國P2P金融協會（Peer-to-Peer Finance Association，以下簡稱「P2PFA」），係由三家P2P平台業者，Zopa, FundingCircle及RateSetter於2011年所發起之自律組織，目前有八大P2P平台隸屬於其會員。而P2PFA早在政府介入監理之際，已推出會員準則[3]及4項運營規則[4]，並要求協會會員必須遵守相關自律規章，以行業的自律法規彌補法律空白。

（二）FCA監管規則

2014年4月1日英國金融業務監理局（Financial Conduct Authority，下稱「FCA」）正式頒布《Crowdfunding and the Promotion of Non-readily Realisable Securities Instrument 2014[5]》（2014年群眾募資和通過其他方式推介不易變現證券的監管規則，以下簡稱「監理規則」）將借貸型（即「P2P」）和股權投資型等二種群眾募資類型納入監理，且從事上述二類型業務的公司都必須事先取得FCA的授權，並對P2P提出七項基本要求[6]。整體而言，英國對P2P的監理發展出類似銀行業的金融保護網，例如經營者最低資本要求、平台倒閉後後續管理及爭端解決機制，以達到保護使用者之目的。

以Zopa平台為例，據FCA的網站查詢其核准資訊[7]，即包括營運與借

2　The UK online alternative finance industry market volume grew by 35% year-on-year to reach £6.19 billion in 2017. P2P Business Lending retained the top spot as the largest market segment in online alternative finance with £2 billion in transaction volume in 2017 and 66% year-on-year growth rate.詳見Cambridge Centre for Alternative Finance,"Cultivating Growth: The 5th UK Alternative Finance Industry Report" (Nov, 2018).

3　詳見：https://www.p2pfa.org.uk/membership-criteria/。

4　詳見：https://www.p2pfa.org.uk/operating-principles/。

5　詳見：https://www.handbook.fca.org.uk/instrument/2014/FCA_2014_13.pdf。

6　包括：最低資本要求、客戶資金保護規則、資訊揭露制度、信息報告制度、合同解除權、平台倒閉後借貸管理安排與爭端解決機制等。最低資本要求是為確保其在出現倒閉時能以自有資本應對風險；客戶資金保護規則是要求平台就客戶資金必須託管於銀行，且平台為客戶開立之銀行帳戶為客戶所持有，不得以客戶銀行帳戶資金抵消平台自身債務；資訊揭露制度是監理核心，關於平台業務及服務等信息應充分揭露；信息報告制度是要求P2P業者每季向FCA報告；消費者（即投資者）有單方合同解除權，如果P2P有二級市場，投資者可以轉讓其債權則其並無解除權，但如果是P2P沒有二級市場，投資者在14天冷靜期間可以單方合同解除權，取消投資且不承擔任何限制和責任，但14天內該投資者不得再次投資；平台破產後借貸管理安排規則是確保P2P倒閉後，借款債權能後續得到管理；爭端解決規則是要求平台設有投訴制度，且投資者對平台的投訴平台應在八週時間內審查並回應，且投資者對平台回應之結果不滿意，可以向金融申訴專員服務有限責任公司（FOS）投訴。

7　https://register.fca.org.uk/ShPo_FirmDetailsPage?id=001b000001YW500AAD.

款有關之電子系統（Operating an electronic system in relation to lending）、以出借人身分簽訂受規管之借款契約（Entering into regulated credit agreement as Lender）及債權催收（Debt-Collecting）等項目，使用者可以透過FCA的網站查詢平台取得的核准項目。

（三）近期監理及自律規範之發展

另，FCA在2016年5月9日對金融科技創新企業正式啟動「監理沙盒」（Regulatory Sandbox），准許創新的金融服務業在一定的測試環境（即「沙盒」範圍內）給予實際營運、發展之機會，2017年Orca在FCA第三波沙盒計畫的61份申請中，進入入選名單之一，Orca整合各大P2P平台資訊，並提供使用者以簡化的程序一次對多樣的P2P平台分散投資，依自己願意承擔的風險選擇ORCA PURE或ORCA PLUS等投資組合，亦可隨時在網路確認商品表現。

在確保消費者權益的前提下，簡化金融科技創新企業進入市場標準和流程，使金融科技能快速落地運營。過於繁冗的監理措施容易窒礙P2P的發展，適度與合乎比例的監理才有機會促進更豐富的金融創新，FCA秉持「自律先行、監理在後」的一貫精神，由P2PFA自行制定嚴格的行業規則，並輔以規範性的監理規則，FCA僅擔任適時指引及適度監理的角色，從旁監督、評估監理規則的實施情況，適時調整監理走向。

2018年，P2PFA修改上開運營規則第3.5條[8]關於貸款帳簿（Loan-Book）資訊公開的規定。在原先「針對平台所發行的貸款組合，以個案方式及角度（loan-by loan），於P2P平台完整發布貸款帳簿[9]」的要求外，新增加「依P2PFA公布之標準，在概括總覽的貸款帳簿中，提供消費者可知悉貸款性質及數量的分項細節」[10]的揭露方式，並表示隨著平台的規模擴張以及投資者人數的增加，該項修訂使平台維持資訊透明之優

---

[8]　詳見：https://www.p2pfa.org.uk/p2pfa-statement-revision-to-operating-principle-3-5/。

[9]　"publish their full loan book, which is a loan-by-loan view of the portfolio of loans originated through the platform".

[10]　"(a) publish on their website a detailed breakdown of loans in the overall loan book such as would enable a consumer to be informed about the nature and number of loans of different descriptions presently originated through the platform to meet standards approved by the P2PFA Board".

點，而提供使用者可近用卻更有意義的資訊[11]。P2PFA成員之一Funding Circle，亦已下架原開放下載的貸款帳簿完整檔案，改由使用者帳號管理頁面中，提供與其投資相關的細節，平台也表示，相對於初始投資者，全文下載貸款帳簿的人數已大幅下降。有論者主張此項修改是在資訊透明度上開倒車，亦有報導指出該項規定的放寬與部分平台正準備上市（IPO）的傳聞不謀而合，為使公司未來於股票市場上的資訊公開規定相接軌而發展更易，然而，該修正的所帶來的影響似尚未在市場上發酵，值得再觀察。

相較於自律組織寬鬆資訊揭露之要求—或說是增加其靈活及彈性，同年7月至10月，FCA對所有民眾進行諮詢開放，並發布《Consultation Paper: Loan-based ('peer-to-peer') and investment-based crowdfunding platforms》[12]，該諮詢文件指出先前為增強消費者保護及市場信用所發布的政策聲明，將於2019年年底適用於所有眾籌平台，無論以投資為基礎者，或是P2P網貸平台，並指出針對停業機制、法律遵循、風險及查核獨立控制功能，風險管理架構等要求，均將明確化P2P現行的監管規定並為加強。

二、美國監理制度：多重的功能監理、嚴密他律

（一）市場發展

美國自2006年起開始發展P2P網貸平台，陸續發展出Lending Club、Prosper及Funding Circle等大型P2P網貸平台。而一般資金需求者，除了申辦貸款便利之優點外，且於網貸平台上所可取得的資金成本較銀行借貸為低，始越來越多人轉向平台申請借款，且部分銀行甚至會透過借款予

---

[11] "(b) with the growth achieved in peer-to-peer lending, we need to consider how best to congure the P2PFA's requirements to make platform disclosure requirements meaningful for all investors. The loan books of the largest platforms are now of such a magnitude that their continued accessibility for a large number of investors is of questionable value. This amendment maintains transparency but ensures that it is delivered in an accessible and meaningful way."

[12] https://www.fca.org.uk/publication/consultation/cp18-20.pdf.
https://www.cbc.gov.tw/public/Attachment/892717204371.pdf.

P2P網貸平台或取得平台發行的憑證達到放貸的目的，可減少銀行直接放貸的人事及作業成本。而平台也陸續利用蒐集的數據發展信用評分模型，減少平台放款的壞帳率。

2017年，美國的替代性金融市場規模高達428.1億美金，與2016年相較，成長率24%，其中P2P消費者借貸爲大宗，占其34.3%，高達147億美金[13]，其中LendingClub以及SoFi平台，除了媒合借貸之外，更將申貸人的債權進行證券化、包裝爲證券化商品，以金融科技爲信用評分與風險管理，售予投資人，獲取營運資金並降低風險。

（二）平台監管規範

雖然美國發展出許多大型的網路借貸平台，美國並未制定P2P監理專法，而是藉由許多基礎性立法[14]作爲監理P2P行業的依據，並依靠聯邦政府[15]和州政府等相關監理機構實行多重監理，以美國證券交易委員會（SEC）[16]作爲P2P監理核心單位，並在美國聯邦存款保險公司（FDIC）、消費者金融保護局（CFPB）、州一級金融機構部等機關各依其功能、協同監理下，形成嚴密他律，共同成爲美國金融消費者保護的主要力量。

2008年金融危機後，SEC順勢加強對P2P業務監理，認定Prosper和Lending Club等P2P之投資者所持有的並非是對借款人的「債權憑證」而是由平台發行的「附條件的收益權憑證」（borrow payment depen-

---

[13] 詳見Cambridge Centre for Alternative Finance,"REACHING NEW HEIGHTS: The 3rd Anericas Alternative Finance Industry Report" (Dec, 2018).

[14] 包括：證券監理方面主要是《1933年證券法》、《1934年證券交易法》；消費者信貸保護法案方面主要是《眞實借貸法案》、《信貸機會平等法案》、《公平信用報告法案》；結算環節所涉及的銀行等金融機構以及收款環節所涉及的協力廠商債務收銀機構的監理條款方面主要是《銀行保密法》、《格雷姆·裡奇·比利雷金融現代化法案》、《公平催收法案》；電子商務相關法律方面主要是《資金電子轉帳法案》、《電子簽名法案》。

[15] 包括：美國證券交易委員會（SEC），主要是負責對P2P投資人的保護，要求P2P所有資訊完整、透明、無誤的披露；美國消費者金融保護局（CFPB），主要是對P2P金融消費者之權益進行保護和監理；聯邦貿易委員會（FTC）負責處理P2P涉有不公平或者欺騙性行爲；聯邦存款保險公司（FDIC）負責承保網路銀行分銷貸款。

[16] SEC是根據1934年美國證券法令而成立，直屬美國聯邦的獨立準司法機構，負責美國的證券監督和管理工作，是美國證券行業監理的最高機構。SEC的管理條例旨在加強資訊的充分披露，保護市場上公眾投資利益不被怠忽職守和虛假資訊所損害。

dent note）[17]，符合證券法有關證券之定義，故P2P應適用如《Securities Act of 1933》（1933年證券法）、《Securities Exchange Act of 1934》（1934年證券交易法）之聯邦證券法及證券業相關規範。同年SEC便對著名P2P平台Prosper發布禁令，依1933年證券法Section 5(a)及5(c)，以其未註冊亦未獲豁免爲由，停止Prosper爲「證券」之發行與交易[18]。由於SEC對證券業設有較高門檻，導致大量小型P2P業者因無法承受高昂的法務費用而被迫倒閉，意外有效地阻止不成熟P2P業者加入市場，卻也因此從某種程度上抑制P2P在美國的發展。

2015年美國國會發現1933年證券法已然成爲小企業融資的障礙，爲解決中小企業融資不易的問題，2015年10月美國國會正式通過《The Jumpstart Our Business Startups Act》，（創業企業融資促進法案，又稱JOBS法案）的《Title III，Equity Crowdfunding》（第三編，眾籌）協助小企業進行融資，將眾籌明文化，並豁免SEC對P2P等「新興成長型企業」所要求的遵循規範－例如減少證券招股說明書中財務資訊揭露義務、財務報告須經內部控制審計師認證義務，減少投資人對小企業進行投資時所受到的規制，並補充P2P行業監理細則。

Lending Club在2016年間發現3月至4月間兩筆高達2,200萬美元的貸款出售予與投資特徵不符合的投資者，違反公司內部規則，且創始人兼公司董事長和首席執行官Renaud Laplanche並未揭露自己在公司即將發放貸款的一個項目中存在利益關係，該項消息使得Lending Club在紐約證交所的股價大幅下挫近30%，市值縮水至不到20億美金，迫使Lending Club不得不在2016年5月9日發表聲明，宣布其創始人兼公司董事長和首席執行官Renaud Laplanche辭職的消息，導致美國P2P行業蒙上一層陰影，引發相關單位將監理升級[19]。美國財政部旋即發布《Opportunities and Challenges in Online Marketplace Lending》（網絡借貸市場機遇與挑戰）白

---

[17] 由平台自身向投資者發行憑證，而非直接的債權分銷。P2P平台向投資者到期給付本金和利息的條件是借款人按期還款由於該憑證的發行主體是平台，投資者只對平台享有請求權不能直接要求借款人給付本金和利息。

[18] SECURITIES ACT OF 1933 Release No. 8984 / November 24, 2008 ADMINISTRATIVE PROCEEDING File No. 3-13296.

[19] 參考資料：https://read01.com/G5Ae7O.html；https://www.cnbc.com/2016/05/18/lendingclub-cancels-summer-intern-program-as-capital-flees.html

皮書[20]，預示使用數據及建模技術爲貸款承銷之計算，雖是創新，亦爲風險，並揭示將提高網絡借貸平台透明度之要求，尤其是P2P對小企業貸款資訊的揭露義務，美國消費者金融保護局（CFPB）、聯邦存款保險公司（FDIC）、美國聯邦儲備委員會（Federal Reserve Board）、貨幣監理署（OCC）亦表示未來會加強對網絡借貸平台的管理措施。

三、中國監管制度：監管政策出台

（一）市場發展

自2013年以來，P2P網貸平台在中國的發展先是被放任發展並呈現爆發性成長，但隨著出現非法集資或詐騙事件，導致劣幣驅逐良幣的情況，以高報酬吸引民眾出借的平台快速成長，爾後又面臨一波波的平台倒閉潮[21]，使各界開始正視P2P所隱含之風險議題，要求監管呼聲開始出現。

2017年，繼宜人貸（Yirendai, YRD-US）之後，信而富（China Rapid Finance, XRF-US）、拍拍貸（PPDAI Group, PPDF-US）及和信貸（Hexindai, HX-US）接連3家平台成功赴美上市。但中國P2P網貸平台陸續於2018年6月起爆發另一波的倒閉潮，據報導僅7月期間就有高達221家之網貸平台倒閉，營運許久的P2P平台如銀豆網及金銀貓等也開始傳出退出市場停止營運之消息，而2018年部分平台受害者，更串連至北京請願，涉及金額高達數千億人民幣。

歷經合規檢查的深入開展，淘汰體質不佳或營運不善的平台，截至2018年底，P2P網貸行業正常運營平台數量雖自2240家下降至1021家，全年成交量仍有人民幣17,948.01億元，總體貸款餘額仍有7,889.65億元[22]。

---

[20] U.S. Department of the Treasury, "Opportunities and Challenges in Online Market Place Lending" (May 2016), *available at* https://www.treasury.gov/connect/blog/Documents/Opportunities_and_Challenges_in_Online_Marketplace_Lending_white_paper.pdf.

[21] 依據網貸之家提供之數據顯示，2013年有75家P2P平台發生倒閉和無法提現的現象，2014年共有270家平台相繼倒閉，僅2014年12月就出現問題平台92家。

[22] 網貸之家，P2P網貸行業2018年年報。

（二）平台監管

中國銀行監督管理委員會（以下簡稱「銀監會」，2018年3月改制爲「中國銀行保險監督管理委員會」（以下簡稱「銀保監會」），在2014年4月對P2P網貸平台提出「四條警戒紅線」[23]：1.鮮明平台本身仲介性；2.明確平台本身不得提供擔保；3.不得歸集資金搞資金池運作；及4.不得非法吸收公眾存款。亦即，要求平台本身必須嚴守仲介性質，不得提供擔保，不得集結資金，不得吸收公眾存款。之後中國大陸最高人民法院發布《最高人民法院關於審理民間借貸案件適用法律若干問題的規定》第22條規定[24]，平台在借貸關係中僅扮演起聯繫與介紹作用的角色，故平台不應（或得）承擔保證責任，以司法解釋方式再次重申自2014年以來監管部門所確立的P2P網貸平台四條紅線。

2015年，銀監會發布《依法監管、爲民監管、風險監管，銀監會施行監管架構改革》，訴求專業、功能監管，除分拆合併原有的部門，亦新設「普惠金融部」，職掌小貸、網貸業務，包括P2P網貸平台之監理[25]。同年7月18日，中國大陸人民銀行、工業和信息化部（以下簡稱「工信部」）、公安部、銀監會、國家互聯網資訊辦公室等十部門聯合發布《關於促進互聯網金融健康發展的指導意見》[26]，作爲互聯網金融行業監管的綱領性指導，針對包括P2P網貸平台在內等互聯網金融行業提出總體要求和監管原則。銀監會爲避免在遏止平台亂象之際，同時扼殺金融創新產業之發展可能，故於2015年12月28日提出《網絡借貸信息中介機構業務活

---

[23] 四條警戒紅線包括：1.明確平台的仲介性質：P2P應嚴守單純仲介性質，借貸雙方自行在平台上自由競標自行撮合，平台不得參與存放款；2.平台本身不得提供擔保：平台不得提出本金保障或保本保息措施，否則等同將投資人的風險嫁接給平台，一旦平台發生問題，投資人依舊血本無歸，此爲最大監管重點；3.不得歸集資金搞資金池運作：部分平台要求資金先流入平台所開設之帳戶，再進行項目的匹配，如此一來將使平台得以控制操作資金，產生資金池；4.不得非法吸收公眾資金：由於某些公司爲降低融資成本，以自建平台方式發佈假借款標或在平台上採取借新還舊的龐氏騙局模式，募集大量資金，再趁機捐款潛逃。

[24] 中國大陸最高人民法院發布《最高人民法院關於審理民間借貸案件適用法律若干問題的規定》第22條規定：「借貸雙方通過網路貸款平台形成借貸關係，網路貸款平台的提供者僅提供媒介服務，當事人請求其承擔擔保責任的，人民法院不予支持。網路貸款平台的提供者通過網頁、廣告或者其他媒介明示或者有其他證據證明其爲借貸提供擔保，出借人請求網路貸款平台的提供者承擔擔保責任的，人民法院應予支援。」

[25] 詳見：http://www.cbrc.gov.cn/chinese/home/docView/67163D0D8293499BA499D2A9705C61CD.html。

[26] 詳見：http://www.mof.gov.cn/zhengwuxinxi/zhengcefabu/201507/t20150720_1332370.htm。

動管理暫行辦法（徵求意見稿）》[27]，向各界徵詢P2P網貸平台的監管意見。由於該辦法負面表列禁止P2P網貸平台不得從事十二項活動，將有助於控制平台經營風險，且該辦法將P2P網貸平台定位為補足個人或微型企業無法向銀行融資缺口的性質，以明確劃分P2P網貸平台與銀行之界線，符合P2P網貸平台促進普惠金融發展之本旨。

　　歷經18個月的整改期，《關於促進網際網路金融健康發展的指導意見》正式出台，P2P網貸平台進入全面監管時代，目的是為了從根本上解決P2P網貸平台先前在中國缺乏門檻、監管規則和體制機制不健全情形，終止P2P野蠻生長之情況，有效引導中國大陸P2P行業進入規範經營和穩健發展的軌道，並明確表達中國大陸目前支持銀行、證券、保險、基金、信託和消費金融等金融機構利用網際網路技術進行轉型、升級，並積極鼓勵金融機構建設與創新型網際網路平台開展網路銀行、網路證券、網路保險、網路基金銷售和網路消費金融等業務之合作。

　　2016年8月24日，銀監會會同工信部、公安部以及國家互聯網信息辦公室公布《網絡借貸信息仲介機構業務活動管理暫行辦法》[28]，監管機制上採取「銀監會＋地方金融監管部門」的「雙負責制」監管制度，並且要求就資金存管需與正規的銀行合作[29]。另外，該辦法將網路借貸定義為小額借貸，就借款餘額上限也有嚴格限制[30]。

　　2016年10月，銀監會與工信部正面發布《網絡借貸信息中介機構備案登記管理指引》，要求P2P等網貸平台除工商登記外，另應為備案登

---

[27] P2P不得從事的十二項活動包括：不得利用平台為自身或關聯借款人融資；不得直接或間接接受出借人的資金；不得向出借人提供擔保或者承諾保本保息；不得向非實名制註冊用戶宣傳或推介融資項目；不得拆分融資項目的期限；不得發放法律規定以外的貸款；不得發售銀行理財、券商資管、基金、保險或信託產品；不得與其他機構投資等業務進行混合、捆綁、代理；不得從事股權眾籌、實物眾籌等業務；P2P不得故意虛構、誇大融資項目的真實性、收益前景，以歧義性語言進行虛假片面宣傳或促銷。

[28] 《網絡借貸信息仲介機構業務活動管理暫行辦法》內容請詳：http://www.miit.gov.cn/n1146295/n1146557/n1146624/c5218617/content.html。

[29] 《網絡借貸信息仲介機構業務活動管理暫行辦法》第28條：「網路借貸資訊仲介機構應當實行自身資金與出借人和借款人資金的隔離管理，並選擇符合條件的銀行業金融機構作為出借人與借款人的資金存管機構。」

[30] 《網絡借貸信息仲介機構業務活動管理暫行辦法》第17條（節錄）：「同一自然人在同一網路借貸資訊仲介機構平台的借款餘額上限不超過人民幣20萬元；同一法人或其他組織在同一網路借貸資訊仲介機構平台的借款餘額上限不超過人民幣100萬元；同一自然人在不同網路借貸資訊仲介機構平台借款總餘額不超過人民幣100萬元；同一法人或其他組織在不同網路借貸資訊仲介機構平台借款總餘額不超過人民幣500萬元。」

記，方得開展相關業務，惟該登記並非監管機關的認可和背書。同一期間，中國大陸互聯網金融協會[31]（以下簡稱「互金協會」）正式發布《互聯網金融信息披露個體網絡借貸》標準，這是P2P行業的首部資訊揭露規範，其囊括90多項揭露指標。其中強制性揭露指標65項、鼓勵性揭露指標31項，涉及從業機構資訊、平台運營資訊與專案資訊等方面，初步形成一個較爲完整的P2P平台資訊揭露指標體系。該標準期待透過資訊揭露使行業達到「三個透明」：即透過揭露從業機構、年度報表、股東高管與平台經營等資訊，達到機構自身透明；通過揭露資金存管、還款代償等資訊，達到客戶資金流轉透明；通過揭露借款用途、合同條文、相關風險以及借款人信用等資訊，達到業務風險透明，2017年銀監會研究並發布《網路借貸資訊仲介機構業務活動資訊披露指引》，互金協會並於同年建立了集中式、防篡改的全國互聯網金融登記披露服務平臺，按月就其登記會員之資訊披露情況進行通告。

另一方面，因資金監管爲中國監管單位就P2P合規、網貸風險專項整治重點之一，2017年，銀監會發布《網絡借貸資金存管業務指引》（銀監辦發〔2017〕21號），要求P2P平台將資金置於銀行存管、隔離並分帳管理，方得取得備案資格。其後銀監會普惠金融部的「P2P網絡借貸專項整治領導小組辦公室」（以下簡稱「全國網貸整治辦」）更發布《關於開展網絡借貸資金存管測評工作的通知》，與互金協會展開對「商業銀行」網貸資金存管業務的評測。

2018年9月，互金協會針對銀行業務流程及技術系統，爲實地與書面完整評鑑，公告首批通過的25家銀行名單（泛稱「白名單」），截至今日，白名單的數量已達39家，其中21家銀行已對外披露其存管網貸平台的訊息，共達417家網貸機構，然而，截至2018年10月底，共有1435家網貸平台宣稱自己直接與銀行進行資金存管協議[32]，雖資金存管看似成爲一個雙向市場，惟因非所有白名單上的銀行均將平台名單完整揭露，資訊之透明仍非全面。

---

[31]　該協會是應《關於促進互聯網金融健康發展的指導意見》及《網絡借貸信息中介機構業務活動管理暫行辦法》等監管要求所組建，具有一定半官方色彩。

[32]　參考資料：http://money.people.com.cn/BIG5/n1/2018/1113/c42877-30396922.html。

　　上開「一個辦法，三個指引」為中國大陸官方對P2P監管的主要圭臬，直至2017年年底全國網貸整治辦復向各省市網貸整治辦下發了《關於開展P2P網路借貸機構合規檢查工作的通知》，重申將嚴格依照「網貸1+3」及相關規章，嚴格監管，進一步列出108條《網路借貸資訊仲介機構合規檢查問題清單》，除原有針對融資、歸集資金、擔保、承諾保本保息等禁止規定，實名註冊，如資金存管、訊息揭露等對消費者保護義務，清楚地而全面地歸納官方監管重點。

（三）結語及反思

　　在英美服務模式下，P2P網貸平台信用評比制度較成熟，平台借款人提供的資訊及利用協力廠商的徵信數據來評斷投資人信用等級，而模式亦較為多元，平台可以透過發行債權憑證的方式分散出資人的風險，惟兩個國家的監理型態大不相同。英國以官方FCA專法及民間P2PFA自律規章雙管齊下，前者隨著產業的發展，發布了不同政策聲明與要求；反之，美國似因著重商業發展而逐漸鬆綁部分規定。美國由不同的功能機關，各司其職，進行基礎性的多方監督，就監理的程度，原採嚴格認定並曾以禁止命令迫使平台向主管機管為註冊，雖曾制定JOBS眾籌法案豁免部分要求，其後則因應實務事件爆發進行監管程度的升級調整，而美國大型網貸平台因以發行債權憑證予出資人的模式營運，發行亦受到美國證券交易法的管制，監管單位透過證券相關法規達到對該等P2P網貸平台的監管。

　　中國大陸近年則以銀保監會為首，時而水平地會同其他如工信部、公安部等機關，時而垂直分工至普惠金融部的「P2P網絡借貸專項整治領導小組辦公室」專責監管，另外上有帶半官方色彩的自律組織「互金協會」，法規方面，除了四條警戒線、一個辦法三個指引、又有108條問題清單等多重、多方的監督，以整頓該產業野蠻發展下的市場秩序。

　　我國借貸市場與利率環境固與國外不同，P2P網貸平台上路後未能爆炸性成長，但觀察國外大型P2P業者，得運用金融科技分析良好的徵信數據同時於線上快速完成撥貸及媒合，成為指標上市企業，促進資金融通，普惠金融，扮演重要的角色，上開三地之監理方式與步驟，亦各有特色，

殊值借鏡。台灣P2P平台仍在探索及發展階段，深化金融科技的同時，應將前開各地監管政策的軌跡納入參考與考量，綜合評估我國整體金融市場規模與融資環境，在鼓勵金融創新發展、消費者保護與金融服務權之間取得衡平。

第五篇
新型態理財服務

- 發展自動化投資工具顧問服務之法律面面觀
- 美國機器人投顧之實務發展及管理措施
- 社交投資平台發展之法律紅線

FinTech

發展自動化投資工具顧問服務之法律面面觀

谷湘儀

一、前言

近年來網際網路及行動裝置普及，金融科技及人工智慧（AI）的快速發展，各種自動化投資工具也隨之崛起。投顧業者運用演算法，透過大數據及計量模型，依據使用者之風險屬性提供投資建議，並可由程式自動下單，進行自動化投資組合服務，在華爾街及全球均相當盛行，也催生了如美國Betterment、Wealthfront、英國Nutmeg等大型機器人投顧業者（Robo-Advisor），顛覆了傳統上顧問服務是以人的專業提供分析建議的方式。我國金融機構或新興科技業近二年也興起一股運用自動化投資工具之熱潮，尤其針對國人較熟悉的基金商品，相繼推出類似服務，用語上諸如：「智能理財」、「機器人理財」、「機器人投顧」、「智慧理財機器人」等，不一而足。自動化投資工具的發展，使得一般社會大眾得以投入少量的資金，享有金融機構所生便捷、便宜且專屬於個人的投資顧問或資產管理服務，實踐普惠金融理想。

觀察我國業者運用自動化投資工具之共通點在於服務提供的方式，即投資人透過自動化線上平台，提供各種如收入、年齡、投資目標、風險承受度等資訊給業者，業者運用財務模型及演算法提供適合之投資組合建議，該投資組合以投信基金及境外基金最為常見。投資人可據以自行下單，或由該平台為投資人自動進行投資管理。然而，相對於國外Robo-Advisor之服務多元且規模龐大，我國產業發展仍屬起步階段。在法律框架上，我國由於銀行信託、證券、投信投顧所適用之法律依據不同，資產管理法制未經整合，且對於全權委託投資業務採核准制，故不同金融業所呈現自動化理財工具之內容及法規限制並不同，此與國外Robo-Advisor

係由投顧業辦理,並可搭配證券商帳戶保管款券買賣ETF之情形不同,本文即以法律規範之觀點,探討我國業者運用自動化理財工具所適用之法令及發展機器人投顧所面臨之法律議題。美國Robo-Advisor的發展及借鏡,將另以專文介紹(請參下一篇「美國機器人投顧之實務發展及管理措施」)。另為方便行文及統一用語,針對採行自動化投資工具之業者,本文暫以機器人顧問或機器人投顧統稱之,泛指運用自動化投資工具提供客戶申購或投資證券商品之相關業者,併此敘明。

二、機器人顧問之分類及產業面貌

隨著人工智慧發展,我國業者積極發展資產管理或財富管理業務,目前許多金融業及金融科技業自行開發運用演算法分析,或號稱與國外合作或引進國外先進模型,針對不同理財需求,發展機器人顧問業務。因採取之商業模式不同,涉及之法律議題亦不同,為利於法律探討,初步依提供服務之對象,可先區分為是「直接提供一般民眾或投資人使用」,或未直接提供投資人使用,僅提供金融業使用二種;再就機器人顧問提供服務之方式,進一步區分為「極少或全無人力的參與」,或自動化工具只是輔助工具,需搭配傳統證券分析人員人力的參與,而有不同。依此區分方式可分為四個類型,其各自特色列表如下:

	極少或全無人力參與	人力分析＋自動化工具輔助
直接提供投資人使用服務	類型一 • 需信託或投信投顧證照 • 低投資門檻低收費,普惠金融 • 以平台互動,迅速且中立之自動化建議	類型二 • 需信託或投信投顧證照 • 提供較高資產客戶或法人客戶理財規劃 • 人機合作
提供金融業使用以優化金融服務	類型三 • 金融科技業為主 • 可搭配金融業之機器人投顧平台,支援演算法開發、數據分析等客製化服務	類型四 • 投顧業或金融科技業均可 • 提供技術面、籌碼面、交易面之策略與分析工具,標的包括個股,供理財人員或證券分析師運用

前述四種類型,係廣泛描述機器人顧問相關產業之樣貌,但嚴格而

言，僅類型一對傳統服務提供破壞式創新，且具有典型機器人投顧之特徵。

　　類型一係以極少或全無人力參與，運用自動化程式於平台互動並直接提供投資人理財或投資顧問之服務，美國之Betterment、Wealthfront業者均屬此類；如以國內業者觀察，類型一例如：王道銀行推出之「王道機器人理財[1]」，以投資門檻僅1000元吸引使用者。王道銀行以手機APP供投資人開戶，於線上確認投資人的投資偏好（參圖15.1），並稱結合運用王道銀行所研發的「大數據運算分析」技術，可分析出符合專屬於各個投資人的建議標的及進出時間，並可以快速地在自動化平台上依據投資建議下單建立投資組合（參圖15.2）；

圖15.1

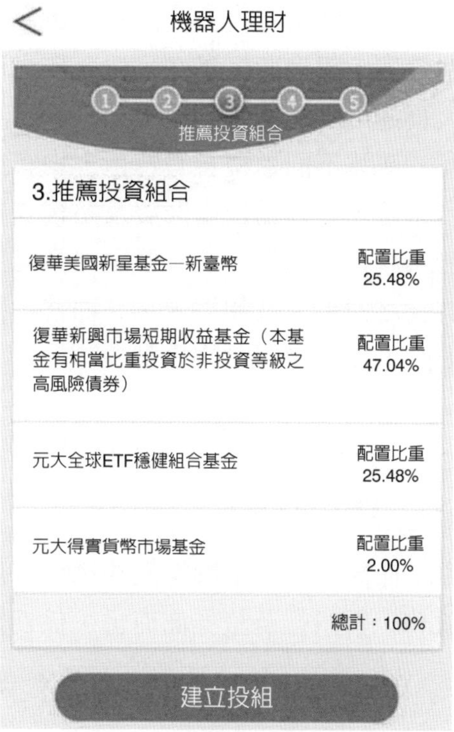

圖15.2

---
[1]　機器人理財—O-Bank王道銀行，https://www.o-bank.com/retail/wm/robot。

　　類型二，是除了運用自動化投資工具，仍保留理財或顧問人員提供客戶服務，即自動化投資工具係輔助性質。國內例如：瑞士銀行推出「瑞銀智慧財富管理服務[2]」（UBS Advice），宣稱利用大數據演算法及分析師團隊提供專屬的投資建議，可全天候自動追蹤投資組合。瑞士銀行有別於一般銀行推出之機器人理財服務，認為一般機器人理專僅以系統化流程簡化了投資決策，較無針對個別客戶需求提供客製化方案，瑞士銀行強調仍有專人服務，投資門檻達25萬美金。美國之Vanguard Group推出之投資顧問平台服務，目標仍在服務高資產客戶，亦採混合模式，投資人帳戶有最低門檻5萬美金限制。

　　類型三及類型四均是B2B商業模式，類型三是支援金融機構以極少的人力參與提供投資人服務，畢竟將AI及機器學習運用投資理財，需要數據及技術積累並投入大量資本研發及配置科技人員，金融科技公司更能專注發展。類型四，是在人機合作之前提下發展提供金融機構分析師或理專人員運用之理財輔助工具。[3][4]

　　前述不同類型各有特色，均有助金融科技發展，但類型三、四僅為後台系統，主要為技術開發及系統支援，除已涉及提供金融服務收取報酬，較無涉金融法規，前台使用之金融業須符合法規規定，類型三、四非本文討論之對象。就類型一、二而言，因類型一最具特色，與現行法律之扞格較大，為本文探討之重點。

三、財富管理？機器人投顧？信託與投顧法規架構及目的不同

　　如前述，在本國金融機構所運用之自動化投資工具提供投資人建議或服務，對銀行及證券商而言，係為辦理財富管理業務；對投信及投顧事業

---

[2]　瑞銀智慧財富管理服務，https://www.ubs.com/magazines/taiwaninvest/tc/learn-more.html。

[3]　類型三，例如：安本資產管理集團併購英國Fintech公司Parmenion Capital LLP，與獨立理財顧問（IFA）、銀行、保險公司等企業合作，為投資理財顧問提供機器人服務。

[4]　類型四，例如：寶碩財務科技股份有限公司推出之智慧投資機器人，號稱可根據客戶個人風險與財富資訊表單（KYC）資訊，給予投資工具合適度建議，亦可即時篩選每種策略所對應之股票，也可客製化選股條件，化繁為簡，智慧濾股。http://www.apex.com.tw/apex/product_9.asp?chsub_div=9&chsub_div2=0。

而言，係為辦理基金銷售或投資顧問業務。國外Robo-Advisor主要之投資標的為ETF商品，因ETF數量多及產品多元，交易成本低，且適合以演算法追蹤及分析，故納入Robo-Advisor的投資組合並可再平衡調整之。然我國ETF商品數量不足，且於證券商之次級市場交易仍有細節問題待克服，不易快速發展，目前自動化工具顧問服務之標的仍以投信基金及境外基金為主。因銀行同時擔任基金銷售機構，甚至為境外基金之最大通路，國人投資習慣也對基金商品最熟悉，故銀行及投信於發展機器人理財時，均偏好基金商品投資組合建議。

目前以自動化投資工具提供顧問或理財服務，法律架構上可大分為信託架構或投顧架構，分述如下：

1. **信託架構**：按銀行所提供之服務是屬於辦理財富管理業務，且基於銀行多數兼營信託業，可協助客戶交付之金錢信託進行理財及資產配置。信託架構下，銀行常見依據辦理特定金錢信託之方式，適用《信託業法》及信託業法第18條之1第2項規定授權訂定之《信託業營運範圍受益權轉讓限制風險揭露及行銷訂約管理辦法》等相關法令。此外，信託業尚可與客戶約定全權決定運用信託財產[5]。中國信託銀行推出「智動GO」[6]，即是屬於運用信託架構。

2. **投顧架構**：運用自動化工具提供證券投資顧問之分析建議服務，並收取報酬，係投顧業務之本質。國外Robo-Advisor均是登記投顧事業。目前投顧業者或是兼營投顧之金融業欲採用自動化投資工具取代傳統之人工分析，除遵循一般《證券投資信託及顧問法》（以下簡稱「投信投顧法」）之規範，需依《中華民國證券投資信託暨顧問商業同業公會證券投資顧問事業以自動化工具提供證券投資顧問服務（Robo-Advisor）作業要點》（下稱「作業要點」）規定辦理。目前如富蘭克林投顧所之推出「富蘭克林AI智能理財[7]」、王道銀行（銀行業者兼營投顧業）的王道理

---

[5] 依《信託業兼營全權委託投資業務操作辦法》，信託業者單獨管理運用或集合管理運用之信託財產涉及運用有價證券達新台幣1,000萬元以上者，應申請兼營全權委託投資業務，以信託方式兼營全權委託投資業務。

[6] 中信智動GO，提供智能理財服務，5,000元起即可參與。https://www.ctbcbank.com/html/ebank/ROBOGO/index.html#7。

[7] 真・懂你的AI智能理財機器人—富蘭克林投顧國民的基金，https://www.franklin.com.tw/AI_robo/index.html。

財機器人，皆是採取投顧架構，依投顧法令辦理。

3.其他：證券商亦得辦理財富管理業務，即證券商依《證券商辦理財富管理業務應注意事項》規定，證券商得針對高淨值客戶透過業務人員，依其需求提供資產配置或財務規劃等顧問諮詢或金融商品銷售服務，或以信託方式接受客戶執行資產配置之服務，例如：富邦證券推出以ETF為主要投資標的之「富邦理財機器人[8]」。證券商以信託方式辦理財富管理業務，係申請兼營信託業務，應遵守信託業法及其他相關規定。故證券商所從事者仍係類似上述信託架構。

由上可知，機器人顧問在我國實務發展上五花八門，讓人眼花撩亂，銀行之財富管理與投顧業之機器人投顧，二者除了法律架構不同外，發展特色也有不同。銀行因擔任國內外基金銷售機構，若干境外基金銷售甚至以銀行為主要通路，使銀行具有基金種類較投信投顧齊全之優勢，然而，銀行之獲利來源在於銷售通路費及信託手續費、保管費，銀行客戶之資產非僅投資有價證券，而係分散不同金融商品。故銀行發展之機器人理財較接近一種銷售基金之模式，或是協助客戶進行資產配置，選擇資產類別及投資組合，以進行風險管理，目的並非利用演算法分析追蹤各投資標的良窳，且容易有潛在利益衝突。反之，投資顧問為投顧事業之核心業務，即投顧事業目的仍為提供有價證券分析建議及全權委託交易以獲取報酬，自動化投資工具或演算法之運用在於市場分析，並挑選適合之標的及投資時機與價位並追求投資績效，協助客戶獲取投資收益，非僅在於資產配置。但現行投信投顧業者礙於產品線未必充足（倘無搭配適當之基金平台，即以銷售自家基金為主），發展較為受限。長期而言，投顧事業所發展之機器人投顧，應為我國日後發展之重點，亦為本文關注探討的對象。

目前作業要點有規範「自動化投資顧問服務」的定義及業者應遵守之事項。依該定義，自動化投資顧問服務是指完全經由網路互動，全無或極少人工服務，而提供客戶投資組合建議的顧問服務，人工服務為輔助性

---

[8] 富邦證券理財悍將，https://www.fubon.com/securities/advisor/index.html。富邦證券於2017年宣稱，其攜手工研院及麻省理工學院（MIT）的專家團隊，打造「富邦理財機器人」，透過智能工具與大數據精算，依據不同人生階段的目標，提供富邦證券定期定額買台股（ETF）投資標的之組合建議。客戶使用「富邦e點通」手機看盤下單系統，每月1,000元即可定期定額買台股ETF。

質，僅限於協助客戶完成系統「了解客戶」之作業，或針對客戶使用自動化投資顧問服務所獲得的投資組合建議內容提供解釋，但不得調整或擴張自動化投資顧問服務系統所提供的投資組合建議內容，也不得提供非由系統自動產生的其他投資組合建議。此外，就演算法之監管、了解客戶作業與建議投資組合、公平客觀之執行、投資組合再平衡、告知客戶使用服務前之注意事項，均有詳細之規範。該作業要點之規範是針對自動化投資顧問之運作，較信託相關法規更為詳盡。

	行業／業務	適用法令	特色
信託模式	銀行、證券商／財富管理	• 信託業法及其相關子法	• 上架基金種類較多，可作為機器人理財標的 • 可約定全權決定運用 • 協助資產配置、風險管理
投顧模式	投顧（含兼營投顧）／投資顧問	• 證券投資信託及顧問法及其相關子法 • 中華民國證券投資信託暨顧問商業同業公會證券投資顧問事業以自動化工具提供證券投資顧問服務（Robo-Advisor）作業要點	• 未設基金平台之業者，多以自家基金商品為標的 • 再平衡交易受限制 • 針對標的提供投資分析及建議，追求投資效益

四、檢討現行機器人投顧法規障礙，發展資產管理業務

基於投顧事業始為發展資產管理業務的核心，故如何健全投信投顧事業提供機器人投顧服務，始為日後全力發展重點。茲針對發展機器人投顧業務，目前法規上不足之處，分析可供檢討者如下：

1.規範位階

針對投顧提供自動化服務，目前僅有公會訂頒之作業要點作為依循，違反該作業要點之程序僅能視為違反公會自律規範辦理，該要點法律位階似有不足。

2.再平衡規定

　　機器人投顧除首次建議投資組合供投資人申購後，隨市場變化，必須能進行再平衡（rebalance）調整投資組合，始可能符合投人利益，國外Robo-Advisor多數均有提供再平衡服務。在信託架構下，尚可與客戶約定全權決定運用信託財產，發展多樣較不受限制。惟目前投顧模式下，再平衡的規範受限於投信投顧法對全權委託投資業務的規範，須經核准且有一定門檻之限制，包括委託資產需達500萬元，均與機器人投顧或再平衡之特性不符，日後機器人投顧要辦理再平衡交易的自動下單，法規仍有待突破，始可能使現行機器人投顧業者提供之「諮詢建議型」服務，一舉發展成「資產管理型」。

　　目前業者辦理再平衡之方式，係依金融監督管理委員會（下稱「金管會」）2017年8月10日以金管證投字第1060025252號函令「開放從事自動化投資顧問服務（Robo-Advisor）之投顧事業在一定條件下可由電腦系統自動為客戶執行再平衡交易」，亦即投顧事業以自動化工具提供投資顧問服務者，當投資偏離原約定之投資比例達約定之標準時或達到約定之停損停利標準時，在維持與客戶原約定之投資標的及投資比例前提下，得由電腦系統自動為客戶執行再平衡交易。依該函令，業者固可以替客戶提供再平衡交易服務，然而，參考國外Robo-Advisor之再平衡（rebalance）都是在客戶的全權委託帳戶（discretionary account）內進行，目前國內業者再平衡交易如有變更原投資組合標的，恐涉及全權委託規範，仍需待投資人確認與表示同意方得進行，故縱使客戶金額僅1,000元，仍需先由業者對投資人發出通知，待投資人線上確認該新建立之投資組合後，系統始得為投資人執行再平衡交易，遇市場變化迅速，待取得投資人之同意再進行投資組合變更，往往錯失適合投資良機，影響投資績效。目前全權委託投資業務之規範尚未針對再平衡交易之態樣加以調整，日後應調整全權委託投資之相關規定，使具有全權委託投資核准之業者，在一定法令規範下，可以開辦自動再平衡交易服務，無須客戶事先同意[9]。

---

[9]　詳參投信投顧公會報告，「再平衡交易適用法規分析及法規修正建議」，谷湘儀，2019年2月。

3. 線上辦理

依投信投顧法第83條第1項規定，證券投資顧問事業接受客戶委任，對證券投資或交易有關事項提估分析意見或推介建議時，應訂定書面證券投資顧問契約，載明雙方權利義務。同法第61條第1項對全權委託投資業務，亦明定應與客戶簽訂全權委託投資契約。即目前投資人與投顧訂定證券投資顧問契約及全權委託投資契約，依據現行規定應以「書面」為之，故簽署契約完成仍應符合電子簽章法之規範。對於如何增加網路作業之便利性，尤其機器人投顧強調可進行小額投資，對於開戶驗證程序及已開戶者須另訂立自動化投資顧問合約及告知事項，應考量增加使用者之便利性及效率，符合自動化服務之特質。

4. 基金投資組合適合度問題

目前投顧運用自動化工具所生之基金投資組合建議，涉及基金銷售或基金之推介建議，依金融消費者保護法應符合適合度原則，即依《金融服務業確保金融商品或服務適合金融消費者辦法》第4條，證券投資信託事業在推介其基金商品時，須確認該基金商品之風險是否合於該消費者之風險承受度。現行基金銷售係先將投資人區分為積極型、穩健型、保守型等不同類型，再配合投信投顧公會之《基金風險報酬等級分類標準》所決定之各基金風險等級，決定其風險適配。然而，現行基金風險核算標準係適用於業者推介或銷售單一基金之情況，銷售基金時之風險評估準則係依照《中華民國證券投資信託暨顧問商業同業公會證券投資信託及顧問事業辦理客戶基金適合度評估準則》，即對於基金投資組合之模式，主管機關函令[10]似仍從嚴要求每一檔基金均須符合風險承受度，由於投資組合依現代投資組合理論，可透過高風險及低風險商品之比例配置，分散投資人之風險，構成效率前緣，最大化投資人之投資報酬。故依投資組合理論所建立的投資組合是有利於投資人的資產配置方式，宜於符合一定條件及配套機

---

[10] 參考金管證投字第1050050143號函：「透過投資組合方式決定風險報酬等級再與投資人之風險屬性進行適配規劃，將可能使金融消費者購買超過本身所能承受之風險等級之基金商品，此透過所謂投資組合方式將部分基金降低風險報酬等級再銷售予金融消費者之作法，似已違反金融消費者保護法第9條、金融服務業確保金融商品或服務適合金融消費者辦法第4條確保金融商品或服務對金融消費者適合度之規定……」

制下，將之視爲單一商品，較符合機器人投顧之運作及投資人之利益。該配套機制包括不得允許投資人單獨申購投資組合內之非屬其風險承受等級之基金或變更建議之配置比例，故日後法規應再檢討調整。[11]

5.ETF投資標的可行性

參考國外Robo-Advisor的投資標的多以ETF爲主，我國業者亦關切將ETF組合爲自動化投資工具標的之可能性，ETF相較基金，損益變動透明度高，更適合作爲演算法之標的。然而我國目前基金種類、數量較齊全，且集保公司設有基金交易平台，完成系統建置，交易制度成熟，此均爲發展機器人投顧必要之基礎設施，國內ETF數量不足且涉及證券商開戶及次級市場交易問題。針對發展機器人投顧，日後可否發展出以ETF作爲投資標的或投資海外ETF，有待再行規劃。

五、對機器人投顧注意義務之省思

前述發展機器人投顧之法規障礙，有待檢討修正，以打造適合機器人投顧業者發展之環境，實爲當務之急；然而，隨著業務拓展，業者以演算法及自動化程式取代人的服務，機器人投顧如何遵守注意義務，對演算法及服務內容如何監理應爲下一步關注的問題。尤其我國業者競相推廣業務，宣傳文字不免美輪美奐，強調引用人工智慧、大數據分析、機器學習測試等等，然而，僅有簡單的風險偏好測試，事實上是否眞正有以演算法優化投資模型？民眾不得而知。當投資人都可以於線上簡易快速的方式完成交易，是否明瞭風險？如何確保業者之建議係符合專業上之注意義務，符合投資人之利益？目前作業要點已有基本規範框架，包括要求業者對系統所運用之演算法，應有效進行監督與管理，於公司內部設立期初審核及定期審核機制，並應組成專責委員會負責監督管理，以評估系統設計之允當，並確保已建構完善之網路安全設施，以及規範一定之告知事項及資訊揭露，供業者遵守，並使客戶得以認知投資工具有其內在限制，與現實情

---

[11] 詳參投信投顧公會研究報告，「修正現行基金適合度評估規範以符合投資組合銷售模式之探討」，主持人：谷湘儀，2019年2月。

況存有落差，可作爲業者是否履行善良管理人義務之基準。

　　2018年2月5日美國股市狂瀉近1,600點，一般認爲機器人投顧的服務模式加速了賣壓[12]，美國Betterment、Wealthfront等，出現伺服器全面當機現象，使得想要停損或逢低進場的客戶無從登入進場[13]，也暴露了ETF程式交易及網站平台管理問題。美國SEC除了注意上開問題，近期對機器人投顧業者展開調查及加強監理，甚至祭出裁罰，也反映出對市場的檢討及監理需求提高，值得我們關注。

　　隨著機器人投顧事業之發展與開放，業者是否有忠實履行義務，對於演算法之技術風險或羊群效應，應更細緻去了解，畢竟投資行爲涉及人類複雜的心理因素，設計邏輯是否有「垃圾進、垃圾出」問題？是否有足夠數據反覆測試及修正演算法，確實用科學化的方式驗證及找出影響價格最有效的因子，成爲對投資人最有利的建議，及注意使用上可能的風險問題。此均爲業者不可輕忽之專業責任及注意義務。

六、結論與展望

　　我國目前雖然業者相繼投入發展自動化投資工具顧問服務，並採行如國外Robo-Advisor的商業模式，但無論商品內容、服務功能及市場規模，都離國外Robo-Advisor有一段距離，對業者而言，還有長足發展的空間。我國主管機關近年來致力於提升我國資產管理人才與技術，擴大資產管理規模並朝向國際化發展，業已發布「鼓勵投信躍進計畫」及其他鼓勵措施[14]；並推動建置基富通基金網路銷售平台；迅速責由投信投顧公會建立機器人投顧規範之作業要點，並發布再平衡交易規範，使機器人投顧可先行上路，無待冗長修法程序，主管機關之用心甚值肯定。在全球發展金融科技的同時，自動化投資工具之運用已爲國際潮流及趨勢，機器人投顧具有小額、便利及費用低廉的優點，鼓勵業者針對客戶需求及喜好，深

---

[12] 參「美股2次暴殺千點股災！敗在『機器人』」，《工商時報》，2018年2月9日，https://m.ctee.com.tw/focus/vvgc/175390。

[13] Betterment and Wealthfront websites crash during market bloodbath, Markets Insider, Feb. 9, 2018, https://www.businessinsider.com/betterment-and-wealthfront-crash-during-market-bloodbath-2018-2.

[14] 詳參金管會網站，修正證券投資信託事業鼓勵措施。（「鼓勵投信躍進計畫」）（金管證投字第1060048641號）。

化機器人投顧服務，實現普惠金融，應為必要之目標。

　　我國發展機器人投顧面臨諸多挑戰，包括：市場規模及經濟效益衡量、商品多樣性及成熟度不足、法規障礙等問題。在法規面，盤點我國業者發展實務及資產管理法規，銀行、投顧各吹各的調，再加上金融科技業加入戰場後如何適用，法規凌亂問題複雜，有待梳理。目前雖有投信投顧公會的作業要點作為規範指標，銀行、投信投顧等機器人理財、機器人投顧均已上路，但業務仍有待發展，我國目前機器人投顧業者所提供之服務主要仍在於「諮詢建議」類型，而未能進入完整之「資產管理」服務。就長遠發展上，首應對有意發展機器人投顧的投信投顧事業，排除現行諸多法律障礙，現行公會的作業要點僅屬公會自律規範性質，有關自動執行再平衡交易、線上辦理流程、投資組合的適合度認定等，皆應優先檢討，以打造適合業者發展之法規環境，促進金融創新。而鼓勵產業發展的同時，亦應注意機器人投顧之監理問題，確保業者注意義務及忠實義務之履行，提醒投資人明瞭風險，以保障投資人權益。

美國機器人投顧之實務發展及管理措施

谷湘儀、賴冠妤

一、前言

　　美國自2008年開始發展機器人投資顧問（Robo-adviser）之產業，機器人投顧日益受到各國重視，拜資本市場及科技發達之賜，目前全球機器人理財管理規模仍以美國遙遙領先，新創事業、創投、金融業相繼投入開發機器人投顧，故機器人投資顧問無論在業者產品開發或市場規模成長方面，美國均在世界領導之地位。除了陸續新創之機器人投資顧問業者外，傳統的投資顧問業者也開始跨足機器人投資顧問產業。

　　美國機器人投資顧問產業所管理的資產逐年成長，依據Statista數據統計資料庫[1]顯示，在2019年年初，全世界機器人投資顧問產業所管理的資產為0.976兆美金，而使用者高達4,500萬人。至2022年，機器人所管理之資產可達到2.2兆美金，使用者可達到1.2億人。

　　根據2018年A.T. Kearney之研究報告顯示[2]，在2017年有79%之美國成年人願意將資產交由機器人投資顧問所管理。美國現為機器人投資顧問產業發展最蓬勃的國家，至2019年，美國機器人投資顧問所管理之資產已達到0.75億兆美金，約占全世界總量3/4之金額。本文將介紹美國機器人投顧的最新實務發展現況，及對機器人投顧的監管措施，以供我國借鏡。

---

[1] https://www.statista.com/outlook/337/100/robo-advisors/worldwide.

[2] https://www.atkearney.com/documents/20152/918588/The+Future+of+Advice.pdf/80d4b148-2d74-18fa-5ddc-33c91480f91b?fbclid=IwAR1eRV9dtxF0nzRDpE4_Sl879VmlU1Fkb-q0mUxyrivMDrpeVp8kQFXiJ6A.

二、美國機器人投資顧問實務發展現況

（一）機器人投顧業者之投資標的

　　現行美國機器人投顧業者之投資標的，主要係以ETF為主，尚未涉及個股，除因影響個股行情的變數太多，難以掌握與計算之外，ETF之類型及數量發展堪稱豐富成熟，且因ETF係將其報酬與特定證券指數連動，指數變動的損益直接反應在憑證價值的漲跌中，經由購買ETF便可獲得與變動損益相當之報酬率，充分分散非系統性風險，投資人不須親自挑選個股來分散風險，得以較低的成本達到分散非系統性風險的效果，此種被動式管理的特色十分符合機器人投資顧問之特性，透過電腦篩選不同風險特性的ETF，以較低的成本組合出符合各別投資人風險偏好之投資組合，因此投資ETF更具有風散風險的優點。而因美國係全球最大的ETF市場（占全球ETF市場之72%），投資標的之選擇較其他國家為多，可避免投資組合內的投資標的過於集中，此亦為美國機器人投資顧問蓬勃發展的原因之一。

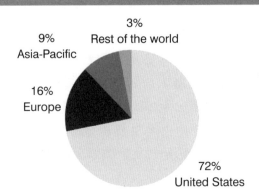

Percentage of total net assets, year-end 2017

3%
Rest of the world

9%
Asia-Pacific

16%
Europe

72%
United States

Worldwide ETF total net assets: $4.7 trillion

全球ETF資產比例[3]

---

[3]　2018 Investment Company Fact Book，參考https://www.ici.org/pdf/2018_factbook.pdf.

美國金融監管局（Financial Industry Regulatory Authority, Inc.，下稱FINRA）針對目前機器人投顧業者之經營現況進行調查，並指出「數位投資建議工具」（Digital Investment Advice Tools，即本文所稱之機器人投顧）具有七大核心業務活動：1.客戶類型描繪；2.資產配置；3.投資組合篩選；4.交易執行；5.投資組合再平衡；6.租稅虧賣，與7.投資組合分析[4]。

* Functionally typical in financial professional-and client-facing digital investment advice tools
** Functionally typical in financial professional-facing tools only

投資顧問價值鏈[5]

申言之，美國多數的機器人投顧業者會提供代客操作的服務，並定期檢視市場動態再平衡（Rebalancing）客戶的投資組合，部分業者同時會提供稅務優化的服務，由系統判定應出售的投資組合，以減少投資人的稅務支出。因美國之投資人得就其可遞延課稅的退休金計畫（401K）及個人退休帳戶（IRA）自行規劃，因此部分機器人投顧業者針對退休金帳戶之資產管理亦提供服務，此亦為投資人選擇機器人投顧的考量因素之一。

（二）美國主要機器人投資顧問業者

在2018年，美國資產管理規模前四大之機器人投顧業者，分別為領航投資（Vanguard Group）、嘉信理財（Charles Schwab）、Wealthfront及Betterment[6]。此四大機器人投顧業者營運之差異主要在於最低投資額的限制、年費、資產分配、是否搭配人工輔助提供理財建議、租稅優

---

[4]　https://www.finra.org/sites/default/files/digital-investment-advice-report.pdf.
[5]　同註6。
[6]　https://www.roboadvisorpros.com/robo-advisors-with-most-aum-assets-under-management/?fbclid=IwAR365P-kzh6OTzINBU5p1MZljwsYuto6YBb8R42DN7NLXAGBF_bG-5g6ArU.

化或是否代客操作等因素。以下用比較表簡述各該機器人投顧之差異：

表16.1　美國機器人投資顧問業者比較表

	WEALTHFRONT	Betterment	charles SCHWAB	Vanguard
所管理資產金額	114.5億美金	141億美金	688億美金	4.8兆美金
使用人數	281,405人	463,480人	353,927人	280人
最低投資金額	500美金	無最低限制	5,000美金	50,000美金
費用	第一筆0.5萬美金以下免費，超過部分每年0.25%服務費。	一般客戶每年0.25%服務費；高級客戶每年0.4%服務費。	無（但在投資組合中須配置一定比例之現金）	每年0.3%服務費
投資建議	僅有全自動投資顧問	全自動投資顧問及人工理財顧問服務皆有	全自動投資顧問及人工理財顧問服務皆有	全自動投資顧問及人工理財顧問服務皆有
自動稅務減免	有	有	有（僅在投資金額達50,000美金以上之客戶）	無
投資組合	股票、債券及ETF	股票、債券及ETF	ETF及現金	ETF（可個人化專業訂製）
總員工人數	165人	216人	108人	314人
從事投資顧問業務人數	8人	20人	67人	206人

本表為作者自行編製

　　而據統計資料顯示，美國前四大機器人投顧業者（包含傳統投資顧問業，但亦提供機器人投顧之服務者），所管理之資產總額至少有110億美金以上（Wealthfront），相當於新台幣3,000億元以上，相當於我國上市上櫃股票市場兩天之成交金額[7]；尤其，前四大機器人投顧業者所提供

---

[7]　依台灣證券交易所所公布之成交資訊，2019/2/11、2019/2/12之成交金額約新台幣1,600億元。http://www.twse.com.tw/zh/page/trading/exchange/MI_INDEX4.html.

者，極大多數爲全權委託交易管理帳戶（僅嘉信理財公司有4名投資者約1400萬美金非屬全權委託[8]），並未提供單純之投資建議服務。

另外，由相較於傳統業者所聘用專門從事投資顧問業務之員工可知。因機器人投顧業者具有「無實體服務」之特性，業者無須配置通路人員，亦無需負擔建置通路之成本，主要藉由線上提供服務，以程式挑選投資組合，極小化專人服務，以減少相關成本，降低消費者使用投資顧問服務之費用。

然而，不僅傳統實體投資顧問設置機器人投資顧問，在2017年年初，Betterment亦增加實體財務顧問的服務方案，顯示出相當比例之機器人投資顧問平台使用者亦有諮詢實體財務顧問之需求。由此觀之，越來越多的使用者同時使用無實體及實體的顧問服務，希望一般享受平台提供便利及低成本的顧問服務，同時並與實體財務顧問進行互動，由實體財務顧問提供分析，現階段之使用者比起程式所運算出的分析結果，更信賴實體顧問所提供的分析，並認爲實體顧問更能提供客製化之服務。是以，可以預期未來傳統實體財務顧問業者爲了吸引機器人投資顧問之使用者，將投入機器人投資顧問之市場。而原本爲機器人投資顧問之業者，爲了提供平台使用者更好的服務，將可能增加實體財務顧問之服務，美國實體財務顧問與機器人投資顧問平台的界線將會愈顯模糊。

三、美國機器人投資顧問相關法令及管理措施

（一）業者之註冊及現行規範之適用

美國法對於投資顧問之規範，主要爲《1940年投資顧問法》（Investment Advisers Act of 1940），並以投資顧問（Investment Adviser）作爲規範主體，因此投資顧問之定義及範圍，原則上便決定了投資顧問法之適用範圍，但並非所有符合投資顧問定義之事業，均應適用投資顧問法，因此投資顧問法就投資顧問之範圍另設有除外規定，將若干符合投

---

[8]　同註6。

資顧問定義之事業，排除投資顧問法之適用，例如證券商（broker-dealer），縱有提供投資建議並收取報酬之行為，並無投資顧問法之適用，仍應適用1934年證券交易法等相關法律之規定。

因平台係以自動化方式提供使用者投資建議，包括評估客戶可承受之風險、提供投資建議之時機點搭配客戶理財之目的，皆以程式運算結果評估合適之投資組合。而相較於傳統投資顧問已經成熟的法律規範及判例，機器人投資顧問業者應遵循之規範，原則係以傳統投資顧問應遵循之規範為基礎，惟就其中之投資顧問義務即應如何履行，其判斷之標準為何，雖然尚無定論，但美國實務上及主管機關所公布之指引及報告就此亦多有探討，並提供平台使用者建議，提醒使用者注意平台履行受託義務（Fiduciary Duties to Clients）之限制。

然而，機器人投顧之業務經營模式，與傳統投顧之經營模式畢竟仍有不同，故機器人投顧具體之受託義務內容，向有爭議。批評者有認為[9]因為機器人投顧無法細緻考量投資者之現金需求、財務目標……等，其過於籠統地協助客戶選擇其投資工具；有認為[10]機器人投顧缺乏人性之預測，即因僅有人類可以在談話中去探索並了解客戶真正之需求；亦有認為[11]機器人並不具備因應市場失靈的解決能力。

而機器人投顧之運作機制對於美國法制產生巨大之衝擊，除上述之受託義務外，即為適合性（Suitability）原則。美國證券交易委員會（Securities and Exchanges Commission, SEC）於1994年曾提出規則206之修正草案（Rule 206(4)-5），明定投資顧問負有提供適合性投資建議予客戶之義務，但因故SEC嗣後卻主動放棄此一修法提案。然而規則206有關投資顧問之適合性義務，雖未完成立法，但SEC仍藉由投資顧問法第206條之反詐欺條款之執法，而要求投資顧問應提出適合投資建議予客戶，故投資顧問對其客戶仍負有提供適合性投資建議之義務。

基於投資顧問與客戶間具有高度之信賴關係，投資顧問理應本於忠實

[9] Melanie L. Fein, FINRA's Report on Robo-Advisors: Fiduciary Implications. https://papers.ssrn.com/sol3/papers.cfm?abstract_id=2768295.

[10] Tara Siegel Bernard, The Pros and Cons of Using a Robot as an Investment Adviser, N.Y. Times, http://www.nytimes.com/2016/04/30/yourmoney/the-pros-and-cons-of-using-a-robot-as-an-investment-adviser.html.

[11] Melanie L. Fein, Robo-Advisors: A Closer Look . https://papers.ssrn.com/sol3/papers.cfm?abstract_id=2658701.

義務為客戶量身訂作專業化與客製化之服務，提出符合適合性原則之投資建議，以維護客戶之權益[12]。然而，機器人投顧並無自然人可從旁協助客戶操作，則機器人投顧應如何履行原本投資顧問之調查義務與認識客戶之義務，如何才能確保機器人投顧所提供之投資建議確實符合適合性原則，以確保客戶之權益[13]，值得進一步觀察美國監管規範及實務之發展。

（二）美國主管機關對機器人投資顧問平台之使用建議

　　而美國的主管機關亦對於投資人使用機器人投顧平台發布警告函[14]，提醒使用者使用平台的注意事項，同時在2016年對提供數位投資建議之業者，提出業務操作與執行之建議，並且SEC在2017年2月公布機器人投顧之指引：

1.金融監管局研究報告之建議

　　美國金融業監管局（Financial Industry Regulatory Authority, FINRA）經實地調查、挑選若干提供「數位投資建議工具」（digital investment advice tools）之業者，進行訪談並了解其作業實務之後，於2016年3月發表「數位投資建議」之研究報告（Report on Digital Investment Advice），針對當前市場上提供數位投資建議之業者，提出業務操作與執行之建議，並建議渠等調整作業慣行。

　　(1)建立演算法之監管（Governance and Supervision）機制與作業流程[15]：FINRA於實務運作中發現，多數機器人投顧業者係以內部之投資政

---

[12] SEC認為投資顧問之適合性原則，應有下列二項義務，分別為「調查義務」（Duty to Inquire）與「僅能提供具適合性建議之義務」（Duty to Give only Suitable Advice）。

[13] 亦有認為機器人投顧僅透過問卷調查的方式來理解投資人之財務狀態並不符合適合性原則者，見Melanie L. Fein, Are Robo-Advisors Fiduciaries? https://papers.ssrn.com/sol3/papers.cfm?abstract_id=3028268

[14] https://www.investor.gov/additional-resources/news-alerts/alerts-bulletins/investor-alert-automated-investment-tools，

[15] 演算法乃機器人投顧系統之核心元素，倘若演算法有設計不當或並未正確編碼（coding）之情形者，所運作計算之產出成果，及可能有所偏離，進而對投資人權益產生不利影響。因此，金融監管局認為機器人投顧業者對其系統所運用之演算法，應有效進行監督與管理，應於內部設立一監管機制，就系統使用之演算法進行「期初審核」（Initial reviews）與「定期審核」（Ongoing reviews），並列舉審核之要項。期初審核：評估系統之演算法所使用能否達成預期成效。換言之，機器人投顧業者應理解演算法所使用之方法論，系統之假設、偏誤與偏好等等。瞭解系統所輸入之資料。進行輸出測試，以確定符合業者所預期之成果。定期審核：評估系統使用之模型縱於市場情況或經濟條件變化時，依然得以適當使用。定期就系統產出之成果進行測試，以確保成果符合業者之預期。指派專責人員監管該數位投資工具。

策委員會（investment policy committee），負責監督演算法之開發與執行，並參與軟體開發供應商之審核與實地調查，並評估系統之情況設計是否妥當。

(2) 投資組合與利益衝突之監管機制：機器人投顧系統之運作，係先描繪、建立投資人之類型模組，並依據所描繪之類型，於投資組合模組中挑選、提供相應之投資組合，例如，面對保守型之投資人，即提供保守型之投資組合。FINRA於訪查中，發現大多數機器人投顧業者就投資人模組，僅劃分為5至8類。因此，就特定類型之投資人，如何篩選適合之投資組合，即至關重要。另外，因投資組合之建立與選擇，於機器人投顧業者與投資人之間，可能產生利益衝突之疑慮，因此機器人投顧業者亦應建立利益衝突之監管機制以避免利益衝突，而監管機制應具備下列功能：

①決定投資組合之參數，例如，報酬、分散程度、信用風險、流動性風險。

②建立有價證券納入投資組合之篩選標準，例如，手續費、流動性風險與信用風險。

③挑選適於納入投資組合之有價證券；倘若有價證券係由演算法所挑選者，應就演算法進行審核，一如上述。

④檢視系統預設投資組合模組（pre-packaged portfolio）是否適合於所配對之投資人類型模組。

⑤辨識與減少因特定有價證券納入投資組合而產生之利益衝突。

值得注意的是，FINRA認為上述監管機制應包括獨立於該項業務外之從業人員參與，且於專業上有能力就整體投資組合之策略與個別有價證券之挑選提出建議之人。

(3) 描繪投資人之輪廓（Investor Profiling）：所謂投資人輪廓之描繪，係指應認識特定投資人之投資目標，及該投資人所處之客觀環境與相關事實，即相當於認識客戶與適合性原則之要求。除此之外，FINRA建議機器人投顧業者應定期與客戶聯繫、接觸，以判斷客戶的資料與情況是否改變。

(4) 投資組合之再平衡（Rebalancing）：投資組合內各資產之投資報酬率可能不同，績效表現亦不同（可能獲利、可能虧損），因而原本資產

組合內資產比例可能因而有重新調整，以維持原本設定比例之需求，此即為資產組合之再平衡[16]。

對於機器人投顧系統內建之資產組合自動再平衡（automatic rebalancing）功能，FINRA認為應建立下列實行措施：

① 應明確建立客戶之認知自動再平衡應發生；

② 告知客戶再平衡可能產生之成本與稅捐；

③ 向客戶揭露再平衡如何運作，包括如果資產再平衡被設定為定期檢視與執行，則亦應向客戶揭露，是每月執行、每季執行或每年執行；

④ 建立機器人投顧系統因應市場發生重大變動時之政策與程序；

⑤ 開發將再平衡產生之租稅效果予以最小化之方法。

2. 2017年2月SEC發布之《機器人投資顧問指引》

而隨著機器人投顧於美國的發展，SEC於2017年2月時分別公布《機器人投顧指引》[17]及《投資人教育規範》[18]，除了包括SEC先前發布注意事項之內容外[19]，SEC就機器人投顧之指引亦與金融監管局研究報告提及之事項相似，強調資訊之揭露，商業模式及顧問服務範圍之說明，揭露資訊之表示方式，亦於指引中特別提及。且因機器人投顧係依賴問卷蒐集客戶資訊，是否提供合理適當之投資建議，亦為指引中之重點，機器人投顧應有義務根據客戶最大利益採取行動，係採客戶導向之投資策略。

最後，指引中強調經註冊之機器人投顧必須採取、實施，並每年審閱能合理避免違反投顧法令之書面政策及程序，並將公司營運之本質及因公司營運所造成之風險暴露情形列入考量，亦須指派對投顧法相關規定有充分理解並能負責監督政策及程序施行之法遵經理，SEC表示機器人投顧應注意他們受美國投資顧問法下對受託義務及其他許多要求的規範。SEC將

---

[16] 《Rebalancing Your Portfolio》，http://www.finra.org/investors/rebalancing-your-portfolio

[17] 參考https://www.sec.gov/investment/im-guidance-2017-02.pdf。

[18] 參考https://www.sec.gov/oiea/investor-alerts-bulletins/ib_robo-advisers.html。

[19] SEC與FINRA於2015年5月8日聯名發表一份對投資人之警告函，列舉下列事項並提醒投資人於運用「自動化投資工具」（automated investment tool）前，應行注意之事項，以保障自己之權益：
(1)投資人於使用前（或投資前）應詳閱服務契約或其他相關公開揭露資訊。
(2)投資人應認知投資工具有其內在限制，包括系統或程式之基本假設。
(3)投資人應理解機器人投顧之產出直接繫於投資人系統要求提供或投資人所提供之資訊。
(4)投資人應注意系統之產出未必符合投資人個人的財務需要或目標。
(5)保護自己的個人資料。

會繼續監督這些創新及執行相對應之防護措施，以促進該創新發展及保護投資人權益。

（三）SEC在近期對於機器人投顧公司之裁罰

依據SEC在2018年12月20日所發布之2019年優先審查事項，其中主要一點審查目標即為散戶投資人（包括年長者以及退休基金）之投資費用揭露、利益衝突、投資組合之管理……等相關事項[20]。是以，在隔日即12月21日SEC即對Wealthfront顧問公司與Hedgeable分別處以25萬美金與8萬美金之罰款。

因Wealthfront在其對外公開之資訊表示，其可以監控所有客戶之帳戶以避免被認定為沖洗買賣（Wash sale）。然而，根據SEC調查顯示，在2012年10月至2016年5月內，Wealthfront並無實際監控帳戶活動，導致客戶會在不知情的情況下進行沖洗買賣，喪失稅務抵免機會[21]。並且Wealthfront有選擇性的轉發某些對其提供正面評價的Twitter貼文並且未適時披露，有違反利益衝突原則。SEC依1940年投資顧問法Sec206(2)、Sec206(7)、Rule206(4)-1、Rule206(4)-3及Rule206(4)-7，認定Wealthfront有涉嫌詐欺客戶、以不實之重大事實陳述誤導以及在對SEC之報告有不實陳述等理由處以25萬美金之罰款。

而Hedgeable公司在其官方網站以及社群軟體中發布了一個「機器人指數」，以評價此公司與其他機器人投顧公司在2014年至2015年之績效。然而。在此指數中並未實際的評價所有績效數據以及其他各種風險因素，Hedgeable僅用績效較好的百分之四之客戶數據的報酬率來與其他機器人投顧公司為比較，進而誇大了Hedgeable公司的績效。SEC依1940年投資顧問法Sec206(4)、Rule206(4)-1(a)(5)、Sec204(a)、Rule204-2(a)(16)認定Hedgeable有涉嫌誤導客戶處以8萬美金之罰款。

---

[20] https://www.sec.gov/files/OCIE%202019%20Priorities.pdf?fbclid=IwAR15VjGVw5fseUF_I2mll9Hl807hCC-wxIli-ufQx7GyLTXERfsXbRC2hc9M.

[21] 美國買賣股票所損失之金額得用以抵減所得稅，然而為避免投資人在賣出股票後立即買回，規定若在賣出後30日買回者，其所失之金額不得用以抵減所得稅。

四、結論

隨著系統運作越來越精緻，系統納入之參數越來越多，在不久的將來，應可預見機器人投顧業者所預設之投資組合模組，將會越來越多，分類越來越細緻，應可達到個人化與客製化之功能。隨著更多機器人投資顧問市場越趨成熟，越多人將成為平台的使用者，身為機器人投資顧問市場最為競爭發達之國家，監理機關除了開放其他國家之業者加入美國的機器人投顧市場，更可預期將會配合市場之發展及業者之建議頒布更為細緻之監理規範，皆值得其他正在發展機器人投顧國家之業者及監理機關之關注。

而目前全球主流之機器人投資顧問業者，考量個股之風險及變數過於複雜，大多以ETF配置投資組合。惟於其他國家市場並未如同美國有許多不同類型之ETF可供為投資組合之標的選項，將可能以一般個股或其他金融商品作為投資組合之標的選項，將與美國現行機器人投資顧問業者所提供之服務產生顯著之差異，監理機關所規範亦無法完全借鏡於美國之發展經驗，需依個別國家之機器人投顧產業之發展因地制宜。

另道瓊工業平均指數於2018年2月5日一度狂瀉近1,600點，創下史上最大盤中跌點，終場仍跌1,100點。而美股大跌期間，Betterment及Wealthfront，出現伺服器全面當機現象，想要停損或逢低進場的客戶無從登入進場。如本文所述，美國機器人投顧之主要的投資標的為ETF，而ETF為被動型基金，過去3年大量資金追逐股票型ETF，於股市雪崩式反轉時，ETF程式交易停損賣壓機制出籠更加速跌勢。對業者而言，一旦符合設定買賣臨界點，即會替客戶自動下單賣出，除加速股價下跌壓力，也因大量交易造成當機。雖美國在過去就曾對避免高頻交易[22]失控做出種種規範[23]，然而此等規範仍係對傳統交易所設計，對於機器人投顧就市場發

---

[22] 是指從那些人們無法利用的、極為短暫的市場變化中尋求獲利的自動化程序交易，比如某種證券買入價和賣出價差價的微小變化，或者某隻股票在不同交易所之間的微小價差。

[23] 如斷路機制（Circuit Breakers）係指當某種指數或某種金融商品的成交價格波動幅度超過預設範圍時，證券或期貨交易所就以某種方式暫時停止交易。以及如紐約證交所設有取消錯誤交易（error trades）之機制，即指交易條件出現明顯的錯誤，如價格、股數、交易單位或證券名稱等時，交易商得在交易30分鐘內提出成交取消之申請。

生劇烈變化時之因應措施尚顯不足，我國之機器人投顧業者獲主管機關也需借鑑美國之經驗加強因應或監管之機制。

最後，機器人投資顧問雖然係以程式運作提供投資建議，惟建立演算機制的仍為個人，如何有效避免業者利用運算程式影響市場之穩定性，將是各地監理機關應思考之處。而美國機器人投資顧問業之發展將對其他國家之投資顧問業造成之影響及各地監理機關所因應制定之規範，亦值得我們持續關注。

社交投資平台發展之法律紅線

谷湘儀、賴冠妤

一、社群金融之興起

　　隨著社群網路平台之發展，一般民眾獲取金融及投資資訊之管道也日漸多元，社群金融服務的概念開始興起，包括社群銀行、社群保險及社群投資等類型，除了利用AI及智能理財之方式外，投資人亦開始利用新型態的社交投資平台（Social Trading and Investing Platforms）[1]。

　　而以社交投資平台為主打之投資平台也於國外開始蓬勃發展，投資人可藉由社交平台取得多元的資訊並獲取其他人所分享的投資策略，並且跟隨其他人所分享的投資策略。著名的社交投資平台包括eToro、Zulu-Trade、Naga Trader、Tradeo及Darwinex等平台。

國外知名社交投資平台[2]

---

[1]　此一經營模式係以社交、借鏡及複製交易及投資之模式，使跟隨者可以跟隨他們所選擇之指揮者（the leader），該指揮者可以為專業人士、具有執照之個人或一般人，此係依據平台之規定。

[2]　上圖分別摘錄自各公司eToro、ZuluTrade、Naga Trader、Tradeo及Darwinex等平台網站。

　　而其中於台灣較爲人知悉的社交投資平台，係於以色列設立的eToro線上社交投資交易平台，其分別取得英國，賽普勒斯、美國及澳洲的相關業務執照，全球並已有600萬的用戶使用此一平台[3]。投資人可以透過網站的社交交易平台選擇特定交易員進行跟單，網站並提供新聞推播服務，使投資人可獲取最新資訊。而平台上每一位交易員皆得於eToro的社區發佈相關資訊、解釋交易決定或分享各種知識。

　　根據eToro於英國金融行爲監理局（Financial Conduct Authority, FCA）的註冊登記資料，其取得FCA包括以本人身分或代理他人從事投資活動、安排投資交易及安排保管與管理財產等核准。eToro平台上交易商品包括股票、期貨、外匯、ETF及虛擬貨幣等，Popular Investor可以向平台申請，於平台分享自己的投資策略，投資人可以檢視Popular Investor的投資策略，並選擇是否進行跟隨。隨著跟隨人數及資產規模的不同，區分Popular Investor的級別，網站會按月給予不同級別的交易員不同的酬金，例如跟隨數10人以上的交易員，其跟隨操作資金達15萬美金以上時，eToro則給予每月1,000美金的酬金。

　　而其他著名的社交投資平台皆是以使用者分享投資經驗爲出發點，除了網站外，並搭配手機應用程式，使用者可以在網站建立的社群內分享經驗，網站會員並可跟隨特定使用者之交易策略進行投資，各平台所開放之投資商品亦有所不同，而平台並有連結經紀商或虛擬貨幣交易所的下單的功能，使用者透過跟隨特定交易者並於平台直接連結至開戶之經紀商或交易所下單。

二、我國社交投資平台之發展

　　隨著國外社交投資平台之發展，我國亦開始有業者陸續推出社交投資平台，甚或是由國外網站提供中文介面，吸引台灣使用者，加入社交投資平台。而由官方所主導的FinTechBase及FinTechSpace中的新創團隊，則有曠世智能股份有限公司於2017年推出的「微股力」產品，並於2018年

---

[3]　https://www.etoro.com/zh-tw/trading/social/（最後瀏覽日期：2019/04/30）。

推出「微股力ScanTrader理財達人」服務，及台灣佛羅米科技有限公司預計引進台灣的Follow me外匯保證金槓桿交易社交投資平台。

（一）微股力平台

1.金融社群對話機器人（Chatbot）

曠世智能股份有限公司推出的「微股力」產品一開始是以金融商品投資為主題的社交服務、透過LINE、Messaging API提供對話機器人服務給個人及群組用戶使用。用戶可以邀請微股力服務進入LINE群組和房間，或是直接將微股力加為好友來使用，並透過指令來呼叫出數據圖表，讓用戶不用離開LINE聊天室即可完成討論所需資訊呈現[4]。標榜提供即時走勢圖功能，並可以使用戶自行訂閱即時投資指標訊號推播，除了資訊提供外，微股力並建立股票社群生態圈，加強使用者的社交連結。使用者透過微股力的服務，可以更即時的在社群內分享投資資訊及分析意見。

2.理財達人資訊訂閱服務

微股力另於2018年後推出ScanTrader理財達人平台，使用者可以在平台上找到不同領域的達人，可選擇免費關注一般公開資訊，或選擇付費理財達人的內容，訂閱價格及內容則依平台上的理財達人需求而訂，而微股力自我定義為提供內容創作平台，創作者於平台上架內容，由平台負責銷售並與創作者進行分潤。使用者可藉由訂閱達人的服務，得到更為即時且深入的資訊分享。

（二）Follow me外匯保證金槓桿交易社交投資平台

Follow me平台是由英國Follow me公司於2015年正式推出的社交投資平台服務，現有業者有意將Follow me平台引進台灣，以台灣作為提供華人市場服務的據點，並與本土的期貨經紀商進行合作。

而根據國外的營運模式，網站提供註冊會員於網站之討論外匯保證金

---

[4] 數位時代（2018），「透過LINE輕鬆了解股票投資！「微股力」聊天機器人建立股市社交生態圈」，https://www.bnext.com.tw/article/49138/meet-startup-interview-quants-ai。

槓桿交易之功能，會員除了於社群討論交易策略外，有意成為交易員的會員則藉由同意平台自經紀商取得其交易資訊進行彙整及篩選。平台依照自經紀商取得的資訊，將交易員之績效進行排名，由一般會員選擇訂閱交易員之交易資訊進行跟單交易。

而一般會員得跟隨多位交易員，亦得自行選擇跟單模式，包括跟單數量、時間或是交易方向，跟單會員得藉由網站提供的跟單機制即時下單至網站合作的經紀商。而外匯保證金槓桿交易基於其交易特性，匯率相較於一般股票及期貨價位穩定，且不易因短時間內部分投資人之外匯操作而影響市場，投資人進行跟單交易亦容易取得交易員買進賣出的同等價位，相較於其他投資商品，投資人就外匯保證金槓桿交易之投資較容易以跟單交易的方式進行，也使得投資人利用此類社交投資平台取得投資策略的機率大幅增加。

三、於我國經營社交投資平台的相關法律及實務見解

（一）證券投資信託及顧問法及期貨交易法

參考國外發展，台灣業者對社交投資平台躍躍欲試，然而在我國法規架構下，業者仍應注意平台的基本設計精神及營運模式，是否涉及應經特許之金融業務，避免踩到法律紅線，而有刑事責任之風險。

按證券投資顧問事業及期貨顧問事業均屬特許事業，依《證券投資信託及顧問法》第4條規定，「本法所稱證券投資顧問，指直接或間接自委任人或第三人取得報酬，對有價證券、證券相關商品或其他經主管機關核准項目之投資或交易有關事項，提供分析意見或推介建議。」，而《期貨顧問事業設置》第2條則定義期貨顧問事業為「本為獲取報酬，經營或提供期貨交易、期貨信託基金、期貨相關現貨商品、或其他經主管機關公告或核准項目之交易或投資之研究分析意見或推介建議者。」，未經許可經營證券投資顧問事業及期貨顧問事業皆有刑事責任。

業者經營平台提供會員於平台交流投資資訊，或篩選明星會員的投資策略及心法供其他會員閱覽或進行跟單交易，如平台有就此收取報酬，因

為會員是在平台上提供分析意見或推介建議，對經營社交投資平台的業者即容易被認定屬經營證券投資顧問業務或期貨顧問事業。

除了平台容易被認定是否有未經許可經營證券投資顧問事業及期貨顧問事業之風險外，於平台上分享資訊的會員，甚或是自平台取得報酬或與平台進行分潤的明星會員或交易員，是否需要取得相關核准或執照？

釋字第634號解釋雖將「提供一般性之證券投資資訊，而非以直接或間接從事個別有價證券價值分析或推介建議為目的」排除在受證券投資顧問事業相關法令之監管外，以此衡平對人民言論自由之保護。然而，一般民眾於上開社交投資平台發表言論並收取訂閱費用，是否仍在上開言論自由的保護範圍，以及平台經營者是否會被認定係在經營證券投資顧問事業或期貨投資顧問事業，仍有疑義。

（二）主管機關就經營社交投資平台之法律見解

就「提供平台上使用者股市資訊及資訊交流，使用者可公開分享自己投資組合清單之資訊，其他人可參考或訂閱追蹤該使用者之即時投資情況之服務」是否涉及證券投資顧問事業特許業務？金管會回覆業者詢問表示：「有關經營社交投資平台提供投資組合資訊，由付費會員參考並自行決定是否跟單一節，對訂閱者而言，實具有推介個別有價證券建議之效果，且若提供於投資組合有買賣變動時主動通知訂閱者、平台同時提供心得交流或投資諮詢等功能，更可具體認定已涉及經營證券投資顧問業務。

就追蹤投資組合功能予以收費，訂閱者可查閱被追蹤者之投資組合資訊，於投資組合有買進賣出時亦會收到通知，並提供平台會員免費進行投資心得分享或會員間相互諮詢之服務，以全平台服務功能綜觀之，已涉經營證券投資顧問業務範圍。

而且投資組合清單之產出，係由被追蹤者主動輸入，平台並無法確認所輸入資料是否為實際交易資料，實可能衍生投資糾紛；且提供投資組合予他人跟單之行為，亦可能造成影響市場交易秩序之負面影響，應納入證

券投資顧問業務監管。」[5]

　　就金管會的回覆意見可以看出金管會對於對訂閱者具有推介個別有價證券建議效果、追蹤投資組合的功能，認為已經涉及證券投資顧問的業務範圍，而且跟單容易造成市場交易秩序的負面影響，所以主管機關認為需要納入監管。

（三）近期實務就非法經營期貨顧問事業或證券投資事業之見解

　　司法實務上對非法投顧或地下期貨案件認定十分廣泛，參考近期法院判決，就被告與網站平台簽約，並於網站成立期貨社團，招攬不特定人加入社團成為會員，使會員可閱覽被告撰寫的分析意見，或另行付費參加授課，並與網站協議拆分會費收取報酬的經營模式，認定被告犯期貨交易法第115條第5項第5款之非法經營期貨顧問事業罪[6]。

　　另有公司販售分析軟體，內建技術分析指數與參數，購買該軟體使用者無需自行設定條件為運算提示即能透過該軟體內建選項，提供個別股票未來趨勢研判及個別股票適宜之買賣價位、買賣轉折價位、停損停利價位之價值分析等功能，法院則認定屬未經許可擅自經營期貨顧問事業及證券投資顧問業務並處被告有期徒刑。[7]

---

[5]　參考經濟部中小企業處所設立創新法規沙盒案件申請平台。http://www.sandbox.org.tw/files/pdf/18070901/file2-no.61%E9%87%90%E6%B8%85%E5%85%AC%E5%91%8A.pdf（最後瀏覽日期：2019/04/30）。

[6]　本件被告設立之翊樂電商資訊社名義，與玩股網有限公司簽立社團成立合約書，而自104年9月間起至106年8月間止，化名「期貨當沖智將—虎爺」擔任社長，在該公司所架設「玩股網」（www.wantgoo.com）網站成立「台指智富期士團」社團，透過該網站之收費平台，以每年收取會費新台幣（下同）20,000餘元至40,000餘元不等之代價，向不特定人招攬加入社團，而加入該社團成為會員者，即可閱覽由被告撰寫提供台指期貨交易即時盤勢、預估盤勢等投資之研究分析意見，亦可另行付費參加被告親自授課之「多空線煉金術」、「K線當沖戰法」、「高階盤中籌碼監控」、「當沖企圖學」及「期士心智系統」等智富贏家系列課程，被告則與玩股網公司協議拆帳抽取會員交付會費之半數為其報酬。法院認定被告犯期貨交易法第一百十二條第五項第五款之非法經營期貨顧問事業罪（臺灣臺北地方法院107年度金訴字第34號刑事判決）。

[7]　本件案件的被告為和澤公司的負責人、員工或代理商，而和澤公司所販售「四方力道」分析軟體，除提供期貨與各類股票即時交易資訊外，該軟體已事先內建技術分析指數與參數，購買該軟體使用者無需自行設定　條件為運算提示即能透過該軟體內建選項，提供個別股票未來趨勢研判及個別股票適宜之買賣價位、買賣轉折價位、停損停利價位之價值分析等功能，而被告約定每套前開軟體代理商可抽成作為報酬，其中一名被告並架設軟體網站，介紹該軟體功能，並提供該軟體盤後解說影片。另有被告架設部落格不定期發表個人運用前開軟體掌握期貨買賣價位、停損、停利價位及未來趨勢訊息等文章，以吸引消費者。被告於每日開盤前及盤中時段，透過通訊軟體SKYPE向購買前述軟體使用之消費者，利用語音或文字廣播方式，提供臺指期貨作多、作空、停損、停利等訊息予該等客戶之分析服務，認定係未經許可

（四）於我國經營社交投資平台法律紅線

前述社交投資平台所推出的服務型態，由上開的金管會法律見解及實務見解就未經許可經營證券投資顧問事業及期貨投資顧問事業的認定，就經營社群讓使用者討論投資策略分享投資經驗，開放讓使用者訂閱其他投資人所分享的投資策略，或是提供跟單交易的功能，無論是平台本身甚或是收取訂閱費的「明星會員」或「理財達人」，皆有被認定是未經許可經營證券投資顧問業務或是期貨投資顧問業務的風險。

平台提供此類服務功能，依金管會之見解已經構成經營證券或期貨投資顧問業務，平台提供服務則必須取得核准經營證券投資顧問業務或期貨投資顧問業務，始得合法經營。

然而，現行主管機關針對一般非從業人員於社群平台分享投資經驗或預測，如果分享者有收取訂閱費用或是平台提供的稿費，是否仍在言論自由之範圍內，不屬於經營證券投資顧問或期貨投資顧問業務之見解，尚且不明。縱平台業者取得核准得經營業務，平台可以提供的服務內容，仍應留意對於平台上分享資訊供其他會員訂閱或進行跟單的「明星會員」或「理財達人」所發表言論或分享投資組合的行為的法律問題及風險。

另，舉業者有意經營的外匯保證金槓桿交易社交投資平台為例，外匯保證金槓桿交易屬於期貨交易法規範的範圍，提供期貨顧問服務需申請核准經營期貨顧問業務。但依照期貨顧問事業設置標準第3條，期貨顧問事業僅得由期貨經紀商、期貨經理事業、期貨經紀商及證券投資顧問事業兼營，無法單獨申請核准經營期貨顧問事業。況且，如是由證券投資顧問事業申請兼營者，事業設立必須達兩年，亦即業者亦無法藉由先取得證券投資顧問事業的資格於短時間內取得經營期貨投資顧問事業的核准，上開法規規定有待突破。

擅自經營期貨顧問事業及證券投資顧問業務並處有期徒刑（臺灣高等法院臺中分院107年度金上訴字第149號刑事判決）。

四、結語

　　目前資訊傳播之種類及途徑繁多，各類專家經常透過報章雜誌、電視、網際網路以及行動裝置等散布證券投資相關資訊，隨著民眾已逐漸習慣資訊爆炸時代的生活，個人於社群網站或部落格分享日常投資及證券分析之意見充斥，而社交投資平台服務亦應運而生，藉由網站提供社群交流服務，部分使用者可以分享投資經驗，而部分使用者可以藉由跟隨較為有經驗的投資人進行交易，並藉由其他使用者經驗分享，累積個人判斷投資標的實力。

　　然而，在目前有意提供平台服務的業者，常見的經營模式容易踩到證券投資顧問業務及期貨顧問業務的紅線外，如果平台發展服務內容擬比照國外社交投資平台上提供的服務內容，縱使取得證券投資顧問業務及期貨顧問業務的執照，亦存有違反其他金融法規的問題。

　　如透過平台介接證券商或期貨商的API進行下單，以便利會員的平台功能亦有可能涉及證券或期貨交易輔助人的業務範圍。社交投資平台每增加一項功能，即可能需要取得不同的核准，在我國分業管理的法律架構下，不同於英國是採取取得受監管行為核准的管理方式。現行法律及許可類型似難以滿足如同國外知名社交投資平台所提供的多元服務，如前面所提到的eToro平台，平台上交易商品包括股票、期貨、外匯、ETF及虛擬貨幣等，投資人可以自由選擇投資商品及跟單對象。而於我國，倘規劃在平台上提供不同的商品，或允許不同的「明星會員」在平台分享不同商品的投資策略，都可能需要取得不同金融業務的核准或兼營，法規設有不同的業務門檻，將使得業務發展受限，如國內平台效用及功能不如國外社交投資平台提供的服務，台灣的投資人可能選擇直接使用國外平台，而限縮了我國社交投資平台的發展。有意引進社交投資平台的業者，除了依法申請相關金融業務的核准外，亦可藉著申請核准創新實驗進入沙盒開始營運。然而，業者所考量的是平台功能的完整性及使用者體驗的最大化，考量社群生態已為國際趨勢，社交投資平台的發展將更蔚為風潮，主管機關應及早因應該類型平台的發展，針對新型態商業模式，檢討現行法規限制並調整相關規範，以使業者發展平台業務能符合業務需求並有明確的法規

遵循，更能保障投資人，使投資人享有更好的服務體驗，同時避免業者誤觸法律紅線。

再者，國外社群金融下除了社交投資平台之發展外，更有社群銀行之發展，例如德國Fidor Bank提供的社群服務項目，包含儲蓄、信貸、社群借貸、社群應用與群眾財務等服務，最爲著名的爲將儲蓄與信貸的年利率結合Fidor Bank的Facebook粉絲團按讚數，當按讚數每增加2,000個時，用戶的儲蓄年利率就會提高0.1%，而信貸年利率則會減少0.1%，兩者的利率會持續連動直到分別達上限和下限爲止。

Fidor Bank並利用自建的設群平台提供社群應用服務，以提供用戶與其他用戶或是金融專家討論互動，並搭配遊戲化的設計，使用戶可以在過程中獲取獎金，例如回覆提問獎金或提供消息之獎金[8]。並且與英國著名之機器人投資顧問平台Nutmeg公司合作，利用API之介接實現跨平台的合作[9]。

而無獨有偶，遠東商業銀行在台灣也推出了社群銀行服務「Ban-kee」，由用戶邀請親友加入，以此構成社群圈，用戶可以透過社群銀行經營社群，依社群圈擴大之等級，銀行並給予不同的回饋，藉此鼓勵用戶建立社群。

綜觀國內外在社群金融的發展，透過線上之社群發展，以及資訊分享，用戶可以透過和其他用戶的連結獲取資訊，跟隨交易，甚或是獲得回饋，可預見在將來開放銀行的發展浪潮下，社群金融及社交投資平台將可能成爲不可或缺的一環。

---

[8] https://www.moea.gov.tw/MNS/doit/industrytech/IndustryTech.aspx?menu_id=13545&it_id=11（最後瀏覽日期：2019/04/30）。

[9] https://www.fidorbank.uk/personal-banking/investments（最後瀏覽日期：2019/04/30）。

第六篇

純網路銀行

- 從歐洲經驗前瞻我國發展「純網路銀行」的機會與挑戰

從歐洲經驗前瞻我國發展「純網路銀行」的機會與挑戰

陳奕甫、谷湘儀

一、前言：純網路銀行時代來臨

　　微軟公司創辦人比爾・蓋茲早於1994年即提出「銀行服務雖然是必須的，但銀行本身不是（"Banking Is Necessary, Banks Are Not"）」。如今，金融科技（FinTech）所帶來的破壞式創新，終於有感顛覆了我們所認知的「傳統金融服務模式」。

　　過去十年，人們歷經了2008年的全球性金融海嘯與隨之而來的歐洲區債務危機，大型金融機構被質疑是否過於聚焦於業務發展或高階管理者的薪酬，而忽略了對社會的長期影響。在各種檢討聲浪下，新一代數位銀行的種子也逐漸萌芽。早在前一個世代，銀行的電子化通路已可提供客戶於網路上完成銀行業務，或透過自動櫃員機（ATM）取得現金，而隨著智慧型手機的普及，客戶更能隨時、隨地取得銀行服務。銀行不再是一個地方，而是一種行為[1]。

　　然而，新一代的數位銀行不該只是把實體通路搬上數位通路。現代人的生活從一早鬧鐘響起，到用購物、搭車、聽歌等幾乎無論何時何地手機都隨伺在側，行動優先的純網路銀行應有能力充分瞭解及預測用戶的金融需求，結合「數位經濟生活圈」、「開放式創新」與「個人化服務」，以「金融常在，銀行不再」的方式[2]，透過數位足跡（Digital Footprints）的豐富數據為基礎，靈敏回應市場未被滿足的客戶需求。

---

* 本文承劉心翰先生、沈芳盆小姐、王兆武先生與王小惠小姐，從商業銀行業務策略、客群經營、資訊架構等面向提供諸多實務觀點，使本文在法令遵循與政策檢視外能有更多元的觀察，謹致謝忱。

[1] Brett King (2012), "Bank 3.0: Why Banking Is No Longer Somewhere You Go But Something You Do".
[2] Brett King (2018), "Bank 4.0: Banking everywhere, never at a bank".

　　「純網路銀行」濫觴於1995年的美國Security First Network Bank，但受到2008年全球金融海嘯重創，美國直到2018年9月才迎來新的生力軍「Varo Bank」[3]。而歐洲從1999年First-e在英國設立以來，近期在金融科技的生力軍「參賽」取得銀行執照後，他們被稱為「新銀行」（Neo-Bank）或「挑戰者銀行」（Challenger Bank），以不同於傳統商業銀行的科技創新與客戶體驗為訴求進入市場。而隨純網路銀行熱潮在亞洲興起，我國金融監督管理委員會（下稱「金管會」）於考察日本與南韓等鄰近國家發展純網路銀行之制度後，於2018年修正《商業銀行設立標準》與《商業銀行轉投資標準》等規定，並開放申請純網路銀行執照，預計今（2019）年將核發二張純網路銀行執照。從目前三組角逐人馬背景觀察，除了傳統金融機構參與合作外，亦有結合在日本與電子商務經驗進入市場的日本樂天銀行，乃至於國內三大電信業者、科技業的Line、零售業的全聯實業等，三組團隊發起人背景、實力及經驗各具特色，未來國內的純網路銀行似乎將會運用這些異業結盟擴大生態圈。觀察近年歐洲純網路銀行的發展，其各具特色，實可說是星光熠熠、各自星亮。因此，在國內即將迎來兩家新進純網路銀行的當下，歐洲純網路銀行的經驗殊值我們檢視，並回頭檢視這群歐洲新銀行各自不同的經營模式是否能套用在我國現行的監理法制下。

二、各自星亮的歐洲純網路銀行

（一）銀行與FinTech專業分工模式：N26與Revolut

　　德國的純網路銀行N26，於2019年初獲得新一輪的投資，成為歐洲估值最高的金融科技獨角獸，並將進軍美國市場[4]。N26實際上早於取得德國聯邦金融監理局BaFin核發的銀行執照前，於2015年10月前，N26即與Wirecard Bank合作在德國與奧地利提供服務。

---

[3]　Office of the Comptroller of the Currency - OCC (2018), "Preliminary Conditional Approval of the De Novo Charter Application for the Proposed Varo Bank".

[4]　數位時代（2019），「2019新獨角獸！歐洲身價最高FinTech新創，N26估值達27億美元」。

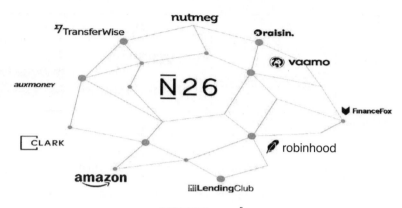

資料來源：N26[5]

　　N26的主要創始股東多有金融業背景，也讓N26的發展初期強調經營效率而與諸多業者合作，除與金融業、FinTech業者合作提供了保險、理財或匯款服務外，也與德國信貸平台業者AuxMoney合作，擴大了既有信貸業務可及的客戶範疇。除了N26本身的業務拓展外，也可以說是既有金融業股東伺機尋找新的客群或新的商業方法。而N26本身亦積極與第三方進行業務合作，先是以購物即金融（"Turns Shopping into Banking"）的概念設計出Cash 26，讓客戶可以在德國境內的連鎖超市及超商存提現金，解決了無實體分行的現金供需求問題。透過串聯第三方夥伴，N26把自己定位成金融服務平台，以專業分工的方式更快地在市場提供金融服務，也解決了不同國家金融服務特許幅度不一的現實。

　　值得一提的是，N26與德國資產管理公司Vaamo與基金顧問公司Dimensional Fund Advisors Ltd.推出的投資理財服務「N26 Invest」，客戶只需要從「Invest 40」（股票占40%的穩健投資）、「Invest 60」與「Invest 80」（股票占80%的積極投資）的組合中選擇符合自己風險偏好即可，大幅降低了投資人可能因過多繁複的資訊而裹足不前的狀況。N26這些投資方案將由Vaamo進行投資管理，被投資標的實際上則是Dimensional Fund Advisors Ltd.所提供的被動式管理指數基金。

5　N26 (2016), "The Future of Banking".

第三方夥伴	TransferWise	vaamo / Dimensional	CLARK / Allianz ⑪
N26金融服務	跨境匯款	投資理財	保險商品

　　而在N26竄升成為估值排行榜首位之前，英國的Revolut盤據排行榜大位一段時間，這家純網路銀行實際上是從電子錢包（e-Money）轉型而來，其發展核心來自於經常出差或旅遊海外的客群。這群客戶長期面對一般銀行境外刷卡或提現所收取的手續費或是加計銀行轉換成本的較高匯率，一旦遇上了Revolut所主打的優惠轉換匯率、乃至於提現及轉帳手續費，自是深有感觸。Revolut提供客戶在行動裝置上進行多達26種幣別的轉帳，甚至支援比特幣（BitCoin）、以太幣（Ether）、萊特幣（Litecoin）等加密貨幣，野心十足。

　　這樣看似價格競爭的經營模式，實際上並未減緩Revolut獲利的腳步。透過專注於轉帳匯款這樣的核心業務，Revolut很快地累積了一定的客戶基礎。2018年，Revolut進軍亞洲，獲新加坡金融管理局（Monetary Authority of Singapore，MAS）核准辦理匯款（Remittance）業務，也獲日本金融廳（J-FSA）核准成為「資金移動業者」，同時與日本興亞保險（Sompo Japan Nipponkoa Insurance）進行合作，提供日本客戶長達90天期間的「旅遊平安險」。可以說Revolut與N26的發展模式有其同質性，從聚焦於核心業務外，並透過與第三方夥伴合作來補足傳統商業銀行全產品線中所需的金融服務。

第三方夥伴	Lending Works / Trussle	Thomas Cook / Allianz ⑪
Revolut金融服務	信用與房屋貸款	手機保險與旅平險

（二）「社群金融」與「輸出資訊系統」模式：Fidor與Monzo

英國純網路銀行Fidor Bank著重於「社群金融」，透過無須開立銀行帳戶就能參與社群討論的模式，吸引了30萬人加入社群會員，其中有超過10萬人開戶成為Fidor Bank的存款戶。社群會員可以討論發問、回答或倡議各種金融議題並獲得會員分數，Fidor Bank也可以從中汲取適合提供金融服務的新靈感。此外，Fidor Bank的存款利率可與其Facebook粉絲專頁的點「讚」數量連動，越多人點讚Fidor Bank的粉絲專業，存款利率就越高，充分落實社群金融。更透過開放的API介面，串聯了不同合作夥伴，在Fidor Bank提供了「社群投資」（Social Trading）、「群眾募資」（Crowdfunding）及「P2P融資」。

第三方夥伴	 ayondo eToro Trading Starts Here	nutmeg how investing should be ginmon
Fidor金融服務	社群投資	投資理財

資料來源：Monzo

資料來源：Fidor Bank

　　Fidor Bank也提供「白牌銀行服務」（White-Labeling），讓德國的Telefónica電信借道設立O2 Online Banking。除了金融服務之外，Fidor更具特色的是獨特的銀行核心系統與資訊架構，Fidor因而還成立了Fidor Solution這家資訊公司將資訊架構能「輸出轉售」給其他銀行與非銀行使用。

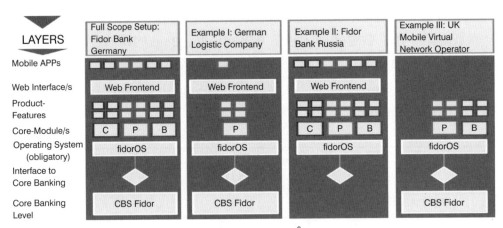

資料來源：Celent[6]

　　社群的經營為歐洲純網路銀行的重要一環，英國Monzo強調他們是「由客戶建立的一家銀行」，設立銀行的資金甚至是透過群眾募資而來。過去，要在Monzo開戶還須線上排隊，但如果有已經開戶的朋友，可以透過黃金門票（Golden Ticket）轉介其他朋友搶先開戶。有論者分析Monzo的模式雖然帶起一波年輕人開戶的風潮，但是否能帶來獲利仍是未定之天[7]。不過，Monzo面對高速成長的用戶數，如何活用這群年輕客群的數位行為精準定價，提供房貸等各種「獲利較豐」的金融業務，將是Monzo接下來的挑戰也是觀察英國新一代數位銀行的指標。

6　Celent (2018), "APIs in Banking: Unlocking Business Value with Banking as a Platform (baaP)".
7　實際測試N26、Revolut與Monzo均允外國人申請開戶，惟Revolut於身分驗證時要求上傳有效居留證或駕駛執照，亦即僅有居住民（Resident）得申請。至於Monzo僅需驗證有英國地址可收取實體金融卡即可，帳戶需俟實體卡片寄達並啟用後方得生效，一併說明。

（三）電信結合銀行模式：Orange Bank與O2 Online Banking

國外電信事業面臨與內容服務業者（Over-the-Top, OTT）的競爭，傳統核心業務又陷入「網路中立性（Network Neutrality）」的管制，有淪為「笨水管」（Dumb Pipe）[8]的經營風險時。他們開始注意到手中所握有的豐富電信紀錄（例如：客戶的通話或簡訊時間、連線基地台所在地點、甚至繳費紀錄等），加上申辦電信門號倘經一定的註冊程序，還可做為各種「客戶身分驗證（Authentication）」用途，讓不少電信業者趁勢轉進金融戰場。

在德國，Telefónica電信則結合英國Fidor Bank提供了首個純行動銀行服務「O2 Online Banking」，除了常見的NFC行動支付之外，客戶倘使綁定O2作為慣用的薪資轉帳戶，則可以獲得ATM提領現金免手續費的優惠。且O2的「存款帳戶」並不是提供傳統的「利息」，而是提供Orange電信200MB到1G不等的「行動上網流量」，用戶使用不完的流量甚至可以轉讓給其他朋友。

不同於德國Telefónica電信的O2以英國Fidor Bank的銀行執照達成服務，2014年在波蘭成立的mBank是由正在探索數位機會的Commerzbank與Orange電信所共同合資設立的，這也接近我國目前發展純網路銀行的狀況。

在mBank的業務發展中，Orange電信發揮了科技專長，主導面對客戶的行動應用程式（App）設計，並在金融業務上，藉由電信網路技術，讓客戶只需憑藉著「受款人的手機號碼」就簡單完成轉帳支付。此外，mBank除了本身的人力之外，還能透過Orange電信龐大的140個據點做為客服管道。透過補貼電信商衛星電視服務的部分費用，mBank成功獲取了近5百萬的Orange電信用戶轉換成mBank銀行存款戶，大略占原先電信客戶的三分之一，這樣的經驗也讓Orange電信有信心後續於2017年在法

---

[8] 「笨水管」或「笨網路」（Dumb Network）是指電信網路只用於用戶裝置與網際網路之間傳輸資料，指業者只能提供頻寬與連線速率，無法限制當中所流經的服務及應用。而「網路中立性」則要求服務供應商應「平等處理」，不差別對待或依不同用戶、內容、網站、平臺、應用、接取裝置類型或通訊模式而差別收費，這代表通訊業者倘使未能提供加值服務，未來將僅能扮演「笨水管」的基礎底層服務，無法對加值服務收費，或無法留住用戶。

國獨資設立Orange Bank，並規劃往西班牙等其他歐盟會員國開業。後續Orange如何在發揮「電信」與「銀行」發展出獲利雙火車頭，將是觀察重點。

資料來源：Burnmark[9]

三、歐洲純網路銀行對我國的啟示

　　歐洲「新銀行」不只前面所提到的區區幾家，市場上至少尚有Atom、Tandem、Sterling Bank跟Virgin Money UK等不同特色銀行各顯神通，也因而可看出歐洲純網路銀行的多元成功要素。過去銀行想方設法讓客戶將資金留在自己的機構內，但隨趨勢改變，已有銀行改變心態不再追求擔任所有服務的最終提供者，亦不乏藏身在其他金融或非金融服務背後。這些歐陸新銀行挑戰既有商業銀行的方式是透過開放API串聯第三方夥伴打群架，其原因不單純只是受制銀行特許執照的合規問題，更有經營成本與展業速度等多元考量，並在各自都讓客戶體驗完善的服務下，也才能取得客戶更為豐富多元的生態資料。縱使銀行不應僅扮演純然的代銷

9　Burnmark (2016), "Challenger Bank"

通路角色，但也不見得要自己挺身而出，獨自提供全方位的金融服務。再者，銀行所提供的金流或投資服務，外觀上乍看或許不是有趣的，倘要耕耘數位通路，也不應僅是耕耘銀行本身的App或社群媒體而已。其他第三方的軟體服務或許有獨特而吸引用戶的功能，而銀行可透過API藏身其後，最終看似無關金融的資訊服務背後，實際可以說所有 App都變成是銀行的App。畢竟，過去又有誰預想到會出現共享經濟（Sharing Economy）、零工經濟（Gig Economy）、「斜槓人生」（Slash）等新的流行生活方式，加上邊緣運算（Edge Computing）跟人工智慧（Artificial Intelligence），如今已然是萬物連網的年代，人人是商店已是現實。從歐洲經驗可以發現，數位經營與數據分析都是好生意，但要發揮金融資料的價值，仍然須找出正確可用的內容，進而精準運用數據，適時適所地推介個人化的金融商品與服務。同時，銀行基於對客戶數位習性的瞭解，仍舊能用新方法兼顧傳統的風險控管要求。

　　台灣目前已有2,900餘萬個行動電話門號，當中有2,500多萬個門號使用4G數據傳輸服務，可說是「人手一機、機機上網」的狀態，因而吸引了中華、遠傳與台灣大哥大三家電信事業加入國內這波純網路銀行的發起籌備，期待未來或可針對經常使用漫遊服務的客戶，加入風險判斷模型或提供境外金融服務相關的金融服務。然而，仔細探究歐美電信事業發展金融業務的過程，日後是否可將龐大既有的電信客戶群轉換為銀行客戶，恐為一大挑戰。金融與電信業雖然同屬特許產業，但箇中監理邏輯與途徑差異不少，所造成法令遵循的成本可能遠大於預期。國外有不少電信大腕在金融戰場慘遭滑鐵盧，舉例而言，塞爾維亞的Telenor Serbia經過兩年努力，只將7%的電信客戶轉為銀行存款戶；瑞典四家電信商3、Tele2、Telenor Sweden與Telia組隊成立的WyWallet更虧損連連、認賠售出。美國AT&T、T-Mobile與Verizon所合資的Softcard，最終結局也是賣給Google。我國純網路銀行在發展上如何結合電信業的資源仍有待努力。

　　再者，歐洲純網路銀行之發展，乃建立在法令強制開放銀行之基礎下，金融科技業與銀行得在共通API標準下相輔相成，相較我國目前環境顯有落差。金管會亦有意推動「開放銀行」，但由於封閉與開放之間容有不同程度的討論，金管會曾邀集銀行業者、聯徵中心與財金公司交換意

見，考量國內金融普及度持續提升、尚無大型金融機構過於壟斷情形，政策上未擬採取歐洲「強制」開放模式，而是推動銀行自願自律方式參與。主管機關也分別責由銀行公會及財金公司從三個面向著手[10]：1.列示開放業務種類；2.闡明利害關係人合作架構；3.定義資料交換格式與資訊安全標準等三大原則。然而，觀察行政院近期所核定的「智慧政府」方案[11]，已訂定我國未來將「擴大開放政府資料，鼓勵加值應用」。誠如國發會所描述的，無論是政府或金融機構，從早年開始推動「電子化」以來就已累積大量的數位資料——基於新一代的數位身分為鑰，安全的「資料交換機制」將是公、私部門協作共同挖掘資料價值的新利器。因此，既然未來國人在政府機關的戶政、地政及醫療資料，都將能自主攜帶並決定應用方式，在金融領域，亦應重視金融業資料價值的真正展現，將有賴於「擴大開放資料」（Open Data），將資料回歸個人自主意願的法規調適，方能達成如同歐洲新銀行之多元發展。

四、我國發展純網路銀行的法律挑戰

我國金管會早在2016年就發布了《金融科技發展策略白皮書》，以2020年為期提出「創新數位科技、打造智慧金融」之願景，借鏡歐洲純網路銀行多元發展的經驗，臺灣如何運用創新科技突破傳統服務方式，仍舊存有諸多法律挑戰尚待克服。

（一）挑戰1：銀行作業委外規範之檢討

基於銀行業是運用大眾所託付的「存款」，同時處理了大量金流交易面隱私等機敏性資料，因此在監理規範中採用正面表列方式明訂銀行業「得委外」的作業範疇。在《金融科技發展策略白皮書》當中，金管會支持金融機構去運用「金融科技」及「外部資訊服務」提升服務品質的，其主要的理由在於消費者習慣與需求改變，銀行業者利用外部服務，更能專

---

[10] 金融監督管理委員會銀行局（2019），「金管會對『開放銀行』（Open Banking）」目前規劃」。
[11] 國家發展委員會（2019），「智慧政府推動策略計畫（行政院108年1月10日核定本）」，已將個人資料保護法的主政機關與跨部會協調工作移轉至國發會，以接軌歐盟GDPR。

注發展其核心業務，使金融服務邁向優質化、專業化及創新化。然而，白皮書當中也提到了「金融業係高度監理之特許行業，核心業務高度專業知識及技術性質。爲確保作業安全及降低經營風險，非屬法令明訂可委外辦理者，應以『自行辦理』爲原則。」而純網銀時代來臨，究竟何種屬於金融機構應自行辦理的核心業務？何種屬於可與外部「策略合作」的範圍有待思考？

在高度仰賴資訊科技的時代，金融服務自然是透過各種資訊系統來處理的。依《金融機構作業委託他人處理內部作業制度及程序辦法》（以下稱「金融機構委外辦法」）第3條，金融機構僅能將「涉及營業執照所載業務項目或客戶資訊」之相關作業委託予他人，且以辦法列舉之20款範圍爲限。可委外事項再區分爲應事先報經主管機關核准，以及依委外內部作業規範辦理二種。以實例來看，舉凡電子通路的客戶服務、信用卡行銷、客戶信用資料分析、資訊系統開發或儲存、運算與分析，都被認爲是須符合該辦法之「作業委外」。[12]

從Bank 1.0到Bank 4.0，金融機構隨著時代變化，概念上屬於「銀行核心專業」的事務也不停改變，金融機構委外辦法之規範方式及委外範圍，即有重行檢討之必要。如果說銀行的核心關鍵在於「客戶的信任」，而處理的核心業務是「長、短期信用的調節」，那麼專業分工下的比較利益，FinTech業者協助金融機構運用新興科技，自然更顯合理。金融監理所關注的倘是客戶資料與權益安全，將有許多安全技術可以協助做到客戶資料去識別化、權限控管、稽核軌跡留存等細緻的保護措施。倘金融機構與第三方應用程式是在「客戶同意」的前提下傳輸歷史帳記錄，資料如果沒有經手第三方來處理而僅是「被動流至（Pass-through）」最終客戶端的手機時，自然無需用委外管理規範進行高密度監理[13]。然而，實務上恐有許多適用疑義，基於開放銀行、資料價值的概念，第三方業者可能在客

---

[12] 依金融機構委外辦法第4、18條，信用卡發卡業務及車輛貸款以外之消費性貸款之行銷作業、應收債權催作業之委外，應報經主管機關核准。作業項目委外至境外處理，亦須先申請核准。本國銀行符合資格條件者，得申請核准將消費金融業務相關資訊系統之資料登錄、處理輸出等事項委託至境外辦理。另委外議題詳參本書「金融科技時代下的資安風險─金融服務雲端化的挑戰」一文。

[13] 參酌金融監督管理委員會所發布《金融機構內部控制及稽核制度規範適用疑義問答集》（Q3-7）及《金融機構作業委託他人處理內部作業制度及程序辦法常見問題問答集》。

戶知情的同意前提下將資料進行多元加值處理，縱使銀行與第三方業者間並不一定有著「業務委任」的關係，未來在開放銀行的架構下，縱使API僅是一種串接與資料交換的方式，是否均屬於「作業委託他人辦理」，而以既有的委外作業規範相繩，有待釐清。

目前實務上雖有銀行已依金融機構委外辦法獲准使用境外雲端平臺上的客戶關係管理服務，然而有更多的業者認為法規並未明確指明雲端運算，而僅願應用於不涉及業務與客戶資料的專案上，例如透過雲端服務進行銀行官網的客戶點擊行為分析等。主管機關日前已公布對未來金融機構使用雲端運算服務的監理方向草案，未來將針對採取較為嚴格的事前申請制[14]。法令遵循雖是金融業的行事準則，然而萬事盡歸於作業委外來進行監理，將過度增加金融機構的法令遵循成本，最終可能只會阻遏金融機構運用新興科技、乃至於自願投入「開放銀行」發展的腳步。「讓資料自由」並非撒手不管，金管會與國發會如何發揮智慧，透過「資料降敏」的方法、規格與格式訂定，於銀行委外同時達到資料隱私及客戶權益間的平衡點，將會是不小的挑戰。

（二）挑戰2：「數位經濟生態圈」下之個人資料保護

現代人已身處高度數位化的環境，日常生活將產生大量金融與非金融相關活動軌跡，客戶金融或非金融活動資料經累計到一定規模，銀行即能透過數據分析產生有效的客戶偏好與分群模型，進而協助銀行在數位通路下發現客戶展現某種行為模式時，即能預測、掌握其潛在的金融服務需要。傳統上的信用貸款高度仰賴聯合徵信中心的歷史資料，加上不易掌握用戶真正信貸資金用途與還款資金來源，造成傳統商業銀行難以真正辨識客戶風險，進而使得真正需要的族群，只能用高利率取得資金，甚至有時無法透過正規金融體系獲得貸款。

---

[14] 金融監督管理委員會新聞稿（2019），《金管會召開委外辦法修正草案公聽會》。

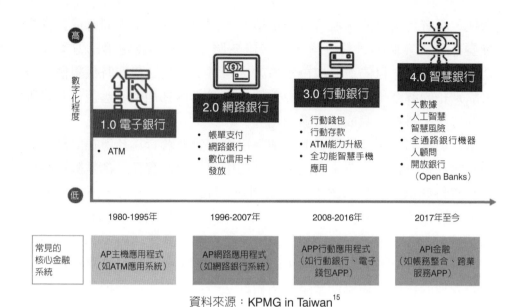

資料來源：KPMG in Taiwan[15]

　　我國發展純網路銀行之契機，在於結合電信、即時通訊及電商平台基礎，以短期內取得龐大客戶數及擴大業務量，整合物流、金流、資訊流形成生態圈，並利用大數據資料進行金融商品設計、行銷及信用評估；即數位時代下完整的數位經濟生態圈，將能協助銀行能夠掌握到社交類、行為類、乃至於客戶在電信公司的繳款是否正常、於網路商城是否消費正常，進而建立新的分析模型，多元運用不同資料構成「新種信用評等模型」，換言之縱使客戶外觀上可能缺乏穩定的還款收入來源證明，也能透過多元模型建構出這類客戶的可能違約機率與風險特徵。

　　銀行依《銀行法》第48條固應對客戶資料保密，但在客戶本人或者同意資訊被使用的前提下，銀行的資訊傳輸分享應尚不至於違反保密義務。然而，依《個人資料保護法》第2條第4款規定，個人資料的「處理」涵蓋了「記錄、輸入、儲存、編輯、更正、複製、檢索、輸出、連結或內部傳送」，第三方業者接收銀行客戶的存款帳戶餘額或交易往來紀錄，即構成個人「財務資訊」的處理行為。非公務機關對個人資料之蒐集

15　KPMG (2019)，「2019台灣銀行業報告—金融科技帶動新興數位風險管理需求」。

或處理，應有特定目的，並符合一定情形，例如：經當事人同意或對當事人權益無侵害（個人資料保護法第19條參照）。如何認定第三方業者已符合蒐集或處理之目的並已取得當事人之同意？過去法務部時代對個人資料去識別化的解釋十分嚴格，單純對個人資料所為之加密或遮蓋仍有識別轉換的方法，將無法構成「去識別化」[16]。

　　結合裝置獨特的「識別碼」，加上用戶瀏覽軌跡行為及所在的地理資訊等資訊綜合分析出一筆來自於茫茫網海中交易的真實性，都是數位時代下巨量資料於風險管理的應用。例如網飛（Netflix）、如新（Nu Skin）與VISA卡都對客戶裝置、行為、地點等進行動態貼標，並深入分析所運用代理伺服器或虛擬私有網路（VPN）、無痕瀏覽（Private Browsing）、甚至是洋蔥瀏覽器（TOR），辨識出詐騙與攻擊的異常行為。這些風險管理的應用能夠協助金融機構做好法令遵循與風險管理，本身卻也卻同時也面臨了個人資料保護法第19、20條對個人資料的蒐集、處理及利用問題。「如何真正合規」、讓客戶知情甚至同意的挑戰。縱使客戶一度因為申貸需求而同意，也可能隨時依法撤回過去所同意對「非金融活動」的蒐集、處理與利用行為。金管會作為金融業的主管機關，應思考純網路銀行整合資訊流對個人資料處理及利用之必要性，同時兼顧個人隱私權的保障，基於個人資料保護法第27條的授權[17]，可考量建立「個人資料的安全維護標準」，以為因應。

（三）挑戰3：線上開戶與契約書面簽署限制

　　我國針對純網路銀行之設立，目前《商業銀行設立標準》、《商業銀行轉投資規範》僅定義純網路銀行「主要利用網路或其他形式之電子傳送管道，向其客戶提供金融商品與服務」，並就發起人資格另行規範，修正後規定仍維持與一般商業銀行相同100億元之資本額，要求金融業發起人

---

[16] 法務部2012年12月18日法律字第10100100770號函說明二（一），「原卡號雖用加密程式後產生之亂數碼不能直接識別特定當事人，但該『唯一』亂數碼若可使用解密程式原卡號，即可對照、組合、連結識別該特定之個人，仍屬個資法所稱之個人資料。」

[17] 《個人資料保護法》第27條第2、3項：中央目的事業主管機關得指定非公務機關訂定個人資料檔案安全維護計畫或業務終止後個人資料處理方法。前項計畫及處理方法之標準等關事項之辦法，由中央目的事業主管機關定之。

股份合計應達實收資本額40%以上，主管機關並強調「純網路銀行業務範圍與一般商業銀行一致，其性質仍爲商業銀行」，可資理解純網路銀行爲一完全執照，日後所受資本適足率、流動性要求將與傳統銀行相同標準。在國內未有差異化銀行分級執照的情況下，或許國內不易效法Revolut或N26先聚焦核心業務再逐步擴大[18]。此外，純網銀的現行法規修正止於發起人得爲金融科技、電子商務或電信事業專業者等非金融業擔任發起人及董事，至於爾後業務執行，由於業務項目尚未核定，純網路銀行未來於業務面或營運面如何在無實體據點的情況下發展，主管機關似乎仍在逐步尋找合適的規範方向當中。

　　純網路銀行開戶首先即涉及身分認證程序，我國目前數位存款帳戶依身分認證機制的強弱及使用範圍分爲三類帳戶，其交易限額及交易功能各有不同[19]。銀行可受理線上開戶，僅限於自然人的新台幣及外匯活期存款帳戶以網路方式開戶，法人機構或未成年人並不在內，限縮了純網路銀行的客戶族群。又針對線上開戶，如何因應洗錢風險高低的不同，對不同風險等級的帳戶實施身分證認程序要求，均涉及純網路銀行業務之拓展。縱使主管機關前已同意國際金融業務分行（OBU）得透過中介機構確認客戶身分[20]，純網路銀行既未設實體分行，似僅得採取科技手段驗證客戶數

---

[18] 倘使我國純網銀執照申請並無受理時間，或不僅核發兩張牌照時，市場進入者實可先以支付儲值作爲第一階段業務爲首發業務。然而，現行發行電子票證與電子支付機構業務尚未整合完畢，以Revolut跨境匯款業務爲例，除了中央銀行核發的外匯指定銀行許可（DBU）外，其他類別業態均與日本或新加坡所核准的匯兌支付業務有一段距離。考量主管機關近期方核准香港商易安聯EMQ與我國統振企業辦理涉及外國移工匯出匯款之沙盒實驗。未來實驗結束後，似可期待主管機關後續修法，增加跨境匯款的限制性業務執照，未來發展值得期待。

[19] 請參本書《數位環境信任機制重中之重─數位身分》一文。

[20] 《國際金融業務分行管理辦法》第11條規定：「國際金融業務分行得透過中介機構依本辦法及洗錢防制法等規定，或不低於前開規定之標準，協助對境外客戶辦理確認客戶身分程序，除應符合下列規定外，其執行方案及中介機構名單應報金管會備查：
一、中介機構協助國際金融業務分行辦理確認客戶身分程序之行爲，符合或不違反中介機構所在地之法令規定。
二、中介機構最近一次獲所在地主管機關或外部機構查核之防制洗錢與打擊資恐評等爲滿意、無降等或無重大缺失；或相關缺失已改善並經認可或降等已調升。嗣後中介機構如發生遭所在地主管機關或外部機構降等或有重大缺失遭所在地主管機關處分，於其改善情形經認可前，國際金融業務分行應暫停透過該中介機構協助執行確認客戶身分程序。
三、國際金融業務分行應與中介機構簽署合作協議，明定協助確認客戶身分程序之範圍及客戶資料保密及資料保存之適當措施，並確立雙方權責歸屬。中介機構協助執行之流程應留存紀錄，並應國際金融業務分行之要求，能及時提供協助確認客戶身分程序中取得之任何文件或資訊。
四、國際金融業務分行應依風險基礎方法，定期及不定期對中介機構協助確認客戶身分程序之執行情形，及對客戶資訊之使用、處理及控管情形進行查核及監督；相關查核得委由外部機構辦理。」

位身分，主管機關是否允許再透過第三方進行身分辨識及驗證[21]？未來又如何得進一步整合大股東於既有通路面或作業面優勢，又是否合於《金融機構防制洗錢辦法》第7條規定[22]，有待進一步釐清。

　　其次，我國金融服務相關契約法規經常明文需書面簽署，若法規明定書面要式且未規定可採電子化方式時，需符合《電子簽章法》第10條規定、採用數位簽章簽署始生效力[23]。此外，於提供金融商品或服務前，金融機構亦應充分瞭解客戶、充分說明商品或服務之重要內容並告知交易風險[24]，金融機構是否能善加運用新興科技「繪聲繪影」地傳遞關鍵資訊，或仍然以傳統的文字傳遞而已，也同時考驗著金融服務業的智慧。

（四）挑戰4：金融業務兼營之法規調適

　　歐洲所經歷的「銀行與FinTech」專業分工模式，倘置於我國複雜的分業監理金融法制下，衍生銀行之業務項目與兼營業務許可等疑義。按我國銀行得經營之業務，已列於銀行法第3條各項，於發起設立商業銀行時，即需載明擬辦理之業務範圍、業務原則、方針與具體執行方法[25]。純網路銀行推動平臺金融、數位生活圈乃至「開放銀行」時，自然已非價格

---

[21] 依據金管會107年7月25日金管銀控字第10702728120號函「開放設立純網路銀行公聽會會議紀錄」，外界針對純網銀不得設立實體據點生問題，提出可否透過他人（如：便利商店、物流業者）辦理代收件、現鈔提領。金管會表示開放純網銀設立目的係為提供消費者更便利之服務，而非增加市場競爭，故純網銀經營模式應與實體銀行有區隔，否則將不符開放純網銀設立之本旨。其次，外界另有提出是否得允許以設立自動化設備（ATM、VTM、身分驗證系統等）提供服務，本節金管會認為自動化設備功能日新月異，若金融機構配置人員常駐在場，提供設備使用上之諮詢及管理，則未涉於實體分行提供相當於臨櫃之業務，原則應屬可行。

[22] 《金融機構防制洗錢辦法》第7條規定：「金融機構確認客戶身分作業應自行辦理，如法令或本會另有規定金融機構得依賴第三方執行辨識及驗證客戶本人身分、代理人身分、實質受益人身分或業務關係之目的及性質時，該依賴第三方之金融機構仍應負確認客戶身分之最終責任，並應符合下列規定：
一、應能立即取得確認客戶身分所需資訊。
二、應採取符合金融機構本身需求之措施，確保所依賴之第三方將依金融機構之要求，毫不延遲提供確認客戶身分所需之客戶身分資料或其他相關文件影本。
三、確認所依賴之第三方受到規範、監督或監控，並有適當措施遵循確認客戶身分及紀錄保存之相關規範。
四、確認所依賴之第三方之所在地，其防制洗錢及打擊資恐規範與防制洗錢金融行動工作組織所定之標準一致。

[23] 主管機關近期亦不乏直接透過修正命令或同意同業公會修正相關自律規範或安全基準方式，進一步開放電子化簽署，以推動數位金融業務。

[24] 金融消費者保護法第9條與第10條。

[25] 依商業銀行設立標準第8條規定，尚包括場所設施、內部組織分工、人員招募培訓、業務發展計畫及未來三年財務預測。

競爭，而是以創新提升客戶體驗，這些「合作」或「整合」是屬於既有業務項目下的服務方式，或可能被認為是一種新種金融業務[26]？箇中容有不小的詮釋空間，值得思考。又業者縱使取得許可設立商業銀行，如所規劃之業務涉及信託、信用卡、保險經紀人（代理人）、證投信（投顧）或電子支付等業務時，仍然需依其他法規申請兼營許可。舉例言之，銀行銷售基金商品予客戶之財富管理服務，一般採特定金錢運用之信託模式，自需申請兼營信託業，並符合信託業法規定及相關法令及自律規範。目前金管會對於純網路銀行申請設立時擬規畫辦理之金錢信託業務、信用卡業務，及電子支付機構管理條例第3條第1項所列各款業務，乃同意申請業者俟取得核准設立後，再依各業務規定檢附具體營業計畫及相關書件提出申請[27]。然而，前述信託業務或不同兼營業務所涉及之規範，多涉及各種業務行銷推廣、業務規範及專業人力配置問題，未必均與純網路銀行之營業模式相符，甚至涉及跨業種至保險或證券時，其差異更為明顯。例如現行銀行兼營證券業務仍須適用相關場地設備與連線規範[28]，有待純網銀偕同主管機關一一檢視法規、適當調和。

五、結論：負責任的創新，讓新興科技帶來真正的全民金融普及

數位化時代同時存在新的業務機會、風險與挑戰，金融機構在這波商機下仍應審慎檢視新興科技應用及創新業務模式，秉持「負責任的創新」原則，尋求風險可控的管理機制。未來我國的純網路銀行將完全以數位化方式提供服務，自應做好資訊安全與業務連續性的危機管理及應變規劃，取得消費者信賴。同時，「開放金融」時代將面對客戶在網路世界所留下的龐大數據，唯有從安全防護做起，實施身分驗證、存取權限管理、流量

---

[26] 可參考金管會銀行局94年3月23日所發布「銀行辦理金融相關業務負面表列規定」及102年12月27日金管銀外字第10200293011號令「銀行國際金融業務分行辦理金融相關外匯業務負面表列規定」，分別使用了「其他金融相關外匯業務」。

[27] 詳參金管會108年1月4日公告申請設立純網路銀行補充問答集。

[28] 《臺灣證券交易所股份有限公司證券商及證券交易輔助人營業處所場地及設備標準》第4條：他業兼營證券相關業務，其場地及設備應就業務所需依照本標準壹、貳之規定辦理。

管控並留下稽核軌跡，才能因應「純網路銀行時代」的資訊科技風險，同時兼顧隱私保護。

而主管機關勇於啟動這波數位轉型，甚值肯定，應進一步積極就「作業委外監理」、「個人資料保護」、「線上開戶及契約告知」，乃至於「跨業經營與新型態服務模式」等事項廣泛進行討論及法規調適，並協助純網銀就未來可能的業務項目排除法規障礙，始能讓純網銀發揮鯰魚效應，金融服務始可煥然一新，並透過良性競爭達到產業的轉型升級。期待未來能真正前瞻性的採取以風險為基礎的監理方法，我國金融機構與FinTech業者更靈活地發展出多元商業模式，過去未能被傳統金融體系處理的服務需求因而被發掘及滿足，真正落實全民皆能享受到的金融普及。

第七篇

開放銀行

- 開放銀行（Open Banking）法制之發展
- 開放銀行下的隱私權保障
- 數據與創新——開放銀行下的智慧財產權議題

FinTech

開放銀行（Open Banking）法制之發展

廖婉君、黃彥倫[1]

一、前言

「未來的金融服務，是無所不在的，人們能隨時隨地取得金融服務。（Banking Everywhere, Never at a Bank）」

-Brett King

　　《Bank 4.0》的作者，市場上稱之為「金融創新教父」的Brett King一語道破，未來產業是以消費者體驗為核心的新時代。Bank 4.0的金融變革浪潮已全面滲透所有人的金融消費生活，也促使所有金融機構必須立即且全面性透過數位科技能力以求轉型，而在「資訊為王」的時代浪潮下，掌握資訊者就能透過數據分析掌握市場先機，但過往擁有消費者金融資訊的金融機構，與現今擁有科技創新能力的科技公司間如何搭起合作橋樑，結合雙方的強項及優勢，打造全新數位金融的生態圈，並成功融入每一位消費者的日常生活體驗，讓消費者真正能落實及享有金融服務無所不在的便利性，這也是呼應到Fintech發展的原點，即普惠金融目標的達成。

　　舉例言之，每個人多少都與金融機構有所接觸，包含銀行帳戶、電子支付、證券投資、保險等等面向，縱使各大金融機構目前都有提供網路銀行或各家金融機構的APP服務，減少消費者奔波金融機構之苦，然而各家銀行的網路銀行受限於合作關係、保密義務或其他商業考量，原則上其應用程式都只能查詢客戶留存在自家公司的相關資訊。作為消費者或許都有想過，個人所有的金融資訊，能否只要使用一個應用程式就可以整合，

---

[1]　本文感謝陳奕甫提供諮詢意見，協助完成本文。

並得以利用該應用程式作分析以及理財規劃[2]？若要實現這樣的願景需打破所有金融機構的藩籬，並創造資訊整合平台，此將涉及金融資訊的分享，然而在現今的法令架構底下，消費者能否要求金融機構分享自身相關之金融資訊予第三方平台，第三方平台能否援引金融機構過往已經建立的KYC/AML驗證資料而減少重複的身分驗證等等，都是要達成全面性的金融服務需正視並解決的問題，這也是近期在國際間與台灣金融市場興起旋風且廣為討論的開放銀行（Open Banking）的出發點。

開放銀行概念，即是金融與科技結合最重要的關鍵，如何透過分享過往大量累積的金融資訊，加以數位科技的分析及運用能力，結合並催生出最貼近消費者需求的金融數位生態圈，並擴大過往金融機構或新創科技產業難以觸及或延伸的消費者客群，在實現消費者的金融服務便利性的同時，創造金融業者與科技公司間更大的發展動能。

然而要實現以上所描述的願景，首先必須處理消費者、金融機構與第三方業者間如何完成身分驗證（KYC/AML）、如何分享金融資訊以及如何管理金融資訊的使用等等，除現行法規的障礙及不足外，還涉及隱私權、資訊安全、消費者保護等諸多法律議題。此外，為促進競爭以激勵出更優質更全面的金融服務，是否需立法強制開放或由金融市場自由發展，均值得討論。又。對於第三方業者的納管，首先是否由主管機關明訂資格限制（例如設定資本額門檻、負責人的消極資格）、取得登記或授權資格；相關的管理方式，是否應該差異化監理，透過劃分不同的金融科技業務而明訂不同的監管密度；再來是營運過程中，是否由主管機關規定金融科技業者應遵守的各項義務，例如資訊安全系統的維護與更新等等，都是需要加以釐清的重要議題。

由於開放銀行的潮流已在其他國家間多有發展與累積，以下即以國際間就Open Banking法制發展的兩大分類，即法令強制開放資訊（代表為歐盟以及英國），及自願締結契約關係（代表為美國以及香港、新加坡）之各自發展現況做一簡單介紹，以供台灣發展開放銀行政策的借鏡。

---

[2]　台灣目前已有睿元國際股份有限公司之「Moneybook」應用程式提供此種服務。

二、國際間發展進程

（一）歐盟

歐盟以《歐盟支付服務指令修正案》（Revised Payment Service Directive，以下簡稱為PSD2）作為規範開放銀行的法律依據，PSD2是歐盟理事會於2015年11月所發布之支付服務指令修正案，藉以取代2007年之《支付服務指令》（Payment Service Directive，簡稱PSD）[3]。

1. 頒布PSD2的背景及發展開放銀行的目的——促進競爭

在PSD2的前言[4]已經開宗明義提到，有關開放銀行體系建立的背景，是為因應電子支付的交易量及安全風險等大量增加，換言之，在電子數位化的時代，消費者採取線上完成交易的數量及需求大幅增加，而消費者為了能更即時完成線上支付或查詢帳戶資訊等，則需要仰賴第三方機構與金融機構的合作打造更便捷及安全的交易模式，此外，電子交易的複雜度隨著科技演進日益複雜化，亦可能衍生更多的交易風險需受到控管及保障，也是因為如此，使得提供此類服務的第三方業者透過數位科技能力的發展，日益增加其影響力，甚至成為大型跨國企業，亦使得主管機關對於第三方業者的監管需要相對應的制訂應有的標準及規範，保障使用該等電子交易的交易安全。至於發展開放銀行的主要目的，即在於開放支付市場予更多新進科技業者，進而回應市場需求並促進市場競爭，以提供更好的選擇及更低廉的價格給消費者[5]，此也是回到普惠金融的本質。

2. PSD2下所規範的開放銀行架構

而PSD2所規範開放銀行的法律架構，是以「使用帳戶之權利」（Access to account）為中心，規定持有帳戶之支付服務提供者（Account Servicing Payment Service Provider, ASPSP）在支付服務使用者（Payment Service User, PSU）明確表示同意的前提下，「經授權或經登

---

[3]　Directive 2007/64/EC。
[4]　PSD2 Recitals (7), (27)-(29).
[5]　https://eur-lex.europa.eu/legal-content/EN/TXT/HTML/?uri=LEGISSUM:2404020302_1&from=EN （最後瀏覽日期：2019/02/22）。

記」的第三方支付服務提供者（Third Party Payment Service Provider，下稱「第三方業者」）即得利用帳戶資料，對支付服務使用者（即消費者）提供更多樣化的金融服務，以達成開放銀行得有效使用消費者金融資訊的目的。

3. PSD2對於第三方業者的監管

在PSD2所規範的開放銀行體系中，重要的關鍵在於(1)定義第三方業者的型態，及(2)規定第三方業者必須經過所屬國家的授權（authorization）或登記（registration），以達成監管的目的。

(1)第三方業者的態樣：經PSD2所定義並納入監管範圍的第三方業者，主要分為兩類，一類是「支付發動服務」（Payment Initiation Service Provider，簡稱PIS或PISP）的提供者，另一類則是「帳戶資訊服務」（Account Information Service Provider，簡稱AIS或AISP）的提供者。原則上設立帳戶的支付服務提供者（即金融機構），亦得經營下列所述之支付發動服務或是帳戶資訊服務[6]。

A. 支付發動服務提供者：所謂支付發動服務係指依照支付服務使用者（即消費者）的指示與授權，以使用者本身在支付服務提供者（即金融機構）所開立的帳戶為支付的服務[7]，由於涉及到金額的控管與支付，因而PSD2要求此類型的業者必須始終維持其資本額不低於50,000歐元[8]。

B. 帳戶資訊服務提供者：帳戶資訊服務係指提供支付服務使用者（即消費者）於一個或多個支付服務提供者（即金融機構）所開設支付帳戶整合資訊之服務[9]，由於此類型僅涉及資訊的整合但未經手金流，故未有最低資本額的要求，且若僅限於從事帳戶資訊服務時，亦得不適用PSD2的部分規定[10]。

---

[6]　例如英國匯豐銀行（HSBC）即有推出帳戶資訊服務，參照https://webforms.hsbc.co.uk/ConnectedMoney/（最後瀏覽日期：2019/02/22）。

[7]　PSD2 Article 4(15). 'Payment initiation service' means a service to initiate a payment order at the request of the payment service user with respect to a payment account held at another payment service provider.

[8]　PSD2 Article 7(b).

[9]　PSD2 Article 4(16). 'Account information service' means an online service to provide consolidated information on one or more payment accounts held by the payment service user with either another payment service provider or with more than one payment service provider.

[10]　PSD2 Article 33.

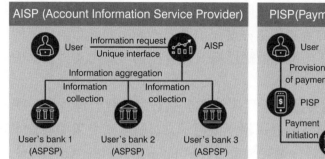
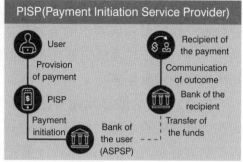

資料來源：https://www.atkearney.com/financial-services/the-open-banking-series/open-banking

(2) 第三方業者需取得授權或登記

由於在PSD2體系下的開放銀行核心內容在於「使用帳戶的權利」（Access to account），而掌握帳戶的支付服務提供者（即金融機構）必須平等對待不同的第三方業者[11]，以達成促進金融服務競爭之目的，並且透過主管機關的授權或登記制度作為第三方業者資質的把關，透過法律規定使符合該等條件與資格的第三方業者可參與開放銀行體系，取得進入市場參與競爭的資格門票。

4. 銀行與第三方業者間的法律關係

在PSD2所規範的開放銀行體系中，第三方業者與金融機構間不一定存在契約關係，而是透過PSD2等相關法令規定來取得金融資訊及規範彼此間的權利義務關係，其主要內容包含：(1)重申雙方間之關係不以建立契約關係為必要[12]；(2)對於支付發動服務所發出的付款請求，應與消費者

---

[11] PSD2 Article 35.

1. Member States shall ensure that the rules on access of authorised or registered payment service providers that are legal persons to payment systems are **objective, non-discriminatory and proportionate** and that they do not inhibit access more than is necessary to safeguard against specific risks such as settlement risk, operational risk and business risk and to protect the financial and operational stability of the payment system.

Payment systems shall not impose on payment service providers, on payment service users or on other payment systems any of the following requirements:

(a) restrictive rule on effective participation in other payment systems;

(b) rule which discriminates between authorised payment service providers or between registered payment service providers in relation to the rights, obligations and entitlements of participants;

(c) restriction on the basis of institutional status.

[12] PSD2 Article 66(5) & 67(4).

The provision of payment initiation services/account information services shall not be dependent on the existence

所發出的付款請求等同視之，尤其是時間、順位以及所收取的費用等，且對於帳戶資訊服務所發出的資訊請求亦應與消費者所發出的資訊請求等同視之[13]；(3)除有其他規定外，不得拒絕已經消費者授權，而由支付發動服務所發出的付款請求。

　　PSD2對於金融機構在資訊安全性的要求上亦必須強化管理程序，例如在消費者要查看帳戶資訊以及透過帳戶做電子支付時，均必須採取強化客戶驗證等程序[14]，且歐洲銀行業管理局（European Banking Authority, EBA）依照PSD2必須制定與驗證與通訊相關的監理技術標準（Regulatory Technical Standard）[15]，而該技術標準已於2018年3月通過，並定於2019年9月開始適用（其詳細內容與使用者體驗的範例，可參「開放銀行下的隱私權保障」一文）。

5.取得使用者個人資料應有明示同意

　　此外，與支付服務使用者權益至關重要，且與歐盟一般資料保護規範（General Data Protection Regulation, GDPR）最爲密切的部分（關於PSD2及GDPR間之關係，詳參《開放銀行下的隱私權保障》一文之論述），即在於消費者對於開放及使用資訊的同意。依照PSD2的規範，所謂消費者同意均應爲「明示」的同意（explicit consent），且金融機構僅

---

of a contractual relationship between the payment initiation services/account information service providers and the account servicing payment service providers for that purpose.

[13] PSD2 Article 66(4c) & 67(3b).

PSD2 Article 66(4c): treat payment orders transmitted through the services of a payment initiation service provider without any discrimination other than for objective reasons, in particular in terms of timing, priority or charges vis-à-vis payment orders transmitted directly by the payer.

PSD2 Article 67(3b): treat data requests transmitted through the services of an account information service provider without any discrimination for other than objective reasons.

[14] PSD2 Article 4(30):'strong customer authentication' means an authentication based on the use of two or more elements categorised as knowledge (something only the user knows), possession (something only the user possesses) and inherence (something the user is) that are independent, in that the breach of one does not compromise the reliability of the others, and is designed in such a way as to protect the confidentiality of the authentication data.

PSD2 Article 97 (1)

Member States shall ensure that a payment service provider applies strong customer authentication where the payer:

(a) accesses its payment account online;

(b) initiates an electronic payment transaction;

(c) carries out any action through a remote channel which may imply a risk of payment fraud or other abuses.

[15] PSD2 Article 98.

得在提供支付服務的必要範圍內，取得、處理及保存支付服務使用者之個人資料[16]。

（二）英國

於歐盟的PSD2正式通過前，英國即已開始推動開放銀行的政策。且英國財政部（HM Treasury）在2015年間已提出開放應用程式介面（Application Programming Interface, API）的標準，其目的除為能有效增加消費金融的競爭力，使消費者更加掌控自己的資料使用權之外，也是為了激勵及維持英國於金融科技的領先地位。

1. OBWG「開放銀行標準」報告

因此，英國當時已成立開放銀行工作小組（Open Banking Working Group, OBWG），其成員包含銀行、開放資料、消費者等方面的專家共同參與討論與研擬[17]，並於2016年由OBWG正式提出《開放銀行標準》（The Open Banking Standard）報告，根據開放銀行標準報告所揭露的規劃，應成立Open Banking Implementation Entity（簡稱OBIE）的專責組織，並由該組織首先建立較小範圍的開放銀行API，並由該組織依序先完成讀取資料的API標準，使第三方服務提供者得以透過開放銀行API讀取相關資料，再進而規劃在2019年第一季左右完成開放銀行標準報告的所有建議，包含讀取及寫入資料的技術基準等規範。

2. CMA要求英國九大銀行共組開放銀行實施機構（OBIE）

此外，英國競爭及市場管理局（Competition and Markets Authority, CMA）則是以強制手段推行開放銀行，在2016年8月提出的消費金融市場調查最終報告（Retail Banking market investigation: Final report）[18]，認為以消費金融為業的大型銀行，長期以來無法回應消費者的期待，且消費金融業目前環境難以使其他新加入的業者成長茁壯，且市占率過於集中，

---

[16] PSD2 Article 94(2).
[17] 參見Open Banking Working Group, "The Open Banking Standard", p. 3.
[18] Competition & Markets Authority, "Retail Banking market investigation: Final report", p. ii.

對消費者不利。[19]因此，在報告中CMA提出的解決方案之一就是開放銀行[20]。CMA以行政命令（Order）[21]要求英國九家最大的銀行（以現金帳戶（Current account）之數量為基準，包括愛爾蘭聯合銀行（Allied Irish Bank）、愛爾蘭銀行（Bank of Ireland (UK) plc）、巴克萊銀行（Barclays Bank plc）、匯豐銀行（HSBC Group）、駿懋銀行集團（Lloyds Banking Group plc）、全英房屋抵押貸款協會（Nationwide Building Society）、丹斯克銀行（Danske Bank）、蘇格蘭皇家銀行（The Royal Bank of Scotland Group plc）、英國桑坦德銀行（Santander UK plc (in Great Britain and Northern Ireland)，以下合稱CMA9）應成立開放銀行實施機構（Open Banking Implementation Entity, OBIE），負責實施及維持開放API基準，並依照CMA所同意之時程執行開放銀行[22]的規劃，目前成效包括開放金融商品資訊、建立與開放資訊提供者及使用者之契約範本，使消費者資訊得以安全地被使用、建置開放銀行成員清單等[23]。除此九家銀行外，其餘銀行在開放銀行體系下亦可自願選擇參與，惟不具強制性。

　　此外，為了配合PSD2轉化為本地法律的要求，英國在2017年修正《支付服務法》（Payment Services Regulations 2017），將PSD2之內容融入英國法體系，與開放銀行相關之主要內容包含使用帳戶之權利、第三方服務提供者及其監理，以及政府對PSD2之彈性處理等[24]。

19　同前註，p. iii。
20　同前註，p. 441。
　　We have decided to make an Order:
　　requiring that RBSG, LBG, Barclays, HSBCG, Nationwide, Santander, Danske, BoI and AIBG (the largest banks in GB and NI) adopt and maintain common API standards through which they will share data with other providers and with third party service providers including PCWs, account information service providers (AISPs) and payment initiation service providers (PISPs).
21　Retail Banking Market Investigation Order.
22　同前註，p. 441。
　　We have decided to make an Order:
　　requiring that RBSG, LBG, Barclays, HSBCG, Nationwide, Santander, Danske, BoI and AIBG (the largest banks in GB and NI) adopt and maintain common API standards through which they will share data with other providers and with third party service providers including PCWs, account information service providers (AISPs) and payment initiation service providers (PISPs).
23　https://www.openbanking.org.uk/about-us/（最後瀏覽日期：2019/2/22）。
24　"Explanatory Memorandum to The Payment Services Regulations 2017" https://www.legislation.gov.uk/uksi/2017/752/pdfs/uksiem_20170752_en.pdf（最後瀏覽日期：2019/2/22）。

（三）美國

1.消費者資訊存取權的指導原則

與前述歐盟與英國的開放銀行政策不同，美國並未強制要求銀行開放API。針對消費者同意與第三方或資料蒐集業者分享自身的金融資訊的情況，美國消費者金融保護局（United States Consumer Financial Protection Bureau，下稱「CFPB」）曾於2017年就以屏幕抓取（screen scraping）方式分享資訊的「消費者授權的資料存取權」發布九項指導原則[25]，該等原則包括：

(1) 存取權：消費者有權要求其金融產品或服務的提供者（主要為金融機構）提供其金融資訊；

(2) 資訊之範圍與使用：消費者或其授權的第三方可使用之資訊應包含各種交易資訊，且應以消費者及其授權的第三方可閱讀使用之形式提供；

(3) 控制與知情同意：消費者授權第三方使用金融資訊的前提為「知情同意」，且消費者有權隨時撤銷授權。關於資訊存取（例如存取頻率、資訊範圍及保存期間）、儲存、使用及處分之授權條款皆應明確告知消費者，並使消費者充分理解，亦不應強制要求消費者同意分享金融資訊；

(4) 支付的授權：授權存取資訊非指授權進行支付服務，支付服務前須經消費者另外授權；

(5) 安全性：應確保存取、保存、使用及移轉的安全性；

(6) 存取的透明性：消費者應被告知或有權知悉其所授權之第三方存取及使用其金融資訊之情形；

(7) 準確性：消費者應可期待其授權存取資訊的準確性及即時性，且消費者有權更正錯誤資訊；

(8) 未授權存取的異議與解決：消費者應有權以合理及可行方式就未授權資訊存取、分享及未授權的支付提出異議，且消費者無須明確辨識進行未授權存取者或造成未授權存取者的身分，即可獲得救濟；

---

[25] United States Consumer Financial Protection Bureau, Consumer Protection Principles: Consumer-Authorized Financial Data Sharing and Aggregation, dated October 18, 2017.

(9)有效率及成效的責任機制：應賦予提供存取、存取、使用、保存、散布、及處分消費者資訊之人確保消費者資訊存取之安全性及防止資訊濫用之目標與動機，且商業活動之參與者應為其對消費者所帶來之風險、損害及成本負責；並應賦予商業活動之參與者防免及處理未授權之資訊存取或分享、未授權之支付、錯誤資訊、資訊安全性之危害及違反消費者授權之情事之權限。

雖然以屏幕抓取方式分享金融資訊與以開放API之方式分享金融資訊並不相同，但從前述美國消費者金融保護局提出之原則，已可看出美國政府肯認金融服務消費者有將其金融資訊授權予第三方存取及利用的權限，也注意到該等金融資訊分享相關之消費者保護的重要性。

2. 銀行自願決定分享資料的合作對象

同年，美國的自動票據交換所協會（National Automated Clearing House Association，下稱「NACHA」）設立API產業工作小組，該產業工作小組由100多家銀行、相關組織及諮詢公司所組成，旨在擬定與帳戶資料分享、支付及詐欺防範等議題相關之API標準，然而NACHA的API標準不具有強制性，且仍是由銀行（而非銀行的客戶）有權決定資訊分享的對象。

2018年7月美國財政部（United States Department of the Treasury）在針對借貸、支付及資產管理創新的財政部報告（A Financial System That Creates Economic Opportunities-Nonbank Financial, Fintech and Innovation）中，對政府就金融資訊的分享提供與開放銀行有關的建議。美國財政部建議市場將資訊方享的方式從屏幕抓取改為使用較具安全性之API，並在報告中敦促政府消除法規的不確定性，並與民間機構合作就金融帳戶及交易資訊之揭露與使用制訂適當之實務操作規則。

3. 未強制開放銀行

目前美國針對消費者獲取自身之帳戶及交易資料之唯一明文法規為《Dodd-Frank Wall Street Reform and Consumer Protection Act》（下稱

「Dodd-Frank法案」）的1033條之規定[26]。依該規定，於符合CFPB規定的前提下，受CFPB管轄的金融服務公司屬於受規範人員（covered person），其在受到消費者要求時，應將其提供予消費者的金融服務相關的資訊提供予消費者。然而，除此之外，美國並未有相關開放銀行API之法規，造成銀行與相關金融業者因法規的不確定性，對於開放銀行持有保留之態度。在各界要求政府正視開放銀行發展趨勢之呼聲下，美國是否及如何針對開放銀行進一步制定規範，值得持續關注。

（四）香港

1. 分階段逐步開放金融資料

香港金融管理局在2017年9月先針對制定API框架作為目標，希望藉由開放API提升銀行業的競爭力，鼓勵其提供多方且創新的服務，提升客戶的體驗。2018年7月18日，香港金融管理局正式發布《銀行業開放應用程式介面框架》（下稱「API框架」）[27]，同時在2018年7月23日開放50組民眾最常查詢的金融資訊及數據，並計畫在2019年中旬再分批開放80組金融資料供民眾查詢。

2. API框架不具有強制性，得視情況逐步分階段開放

香港金融管理局提出之API框架並不具有強制性，依API框架，2019年開始逐步按資訊的風險及敏感度分四階段開放API，個別金融機構可依其實際運作狀況提前進行下一階段：

(1) 第一階段：於2019年1月起提供客戶閱覽的「產品與服務資料」，此階段提供的資料與目前金融機構已開始進行的開放API範圍類似。

(2) 第二階段：於發布API框架後的12到15個月，開始提供申請新的產品與服務。

(3) 第三階段：賦予客戶修正或變更資料的權利，預計於發布API框架後12個月內確定實施期間。

---

[26] A Financial System That Creates Economic Opportunities-Nonbank Financial, Fintech and Innovation, p. 29.

[27] 香港金融管理局，Open API Framework for the Hong Kong Banking Sector, dated July 18, 2018.

(4) 第四階段：接受客戶授權的銀行交易及支付服務，預計於發布API框架後12個月內確定實施期間。

3. 由銀行對第三方業者的監管及成立契約關係

在API框架中特別指出，開放API需注意第三方服務提供者（third party service provider, TSP，下稱「第三方業者」）之管理（TSP Governance）。

在第一階段，因僅提供可讀資訊，銀行僅需建立簡易的第三方業者登錄流程（但不能因登錄流程，而造成增加取得資料的門檻），並採取基本的客戶保護措施，包括：第三方業者應通知銀行其提供的產品與服務、第三方業者收集資料時不得誤導客戶其代表銀行或資料之收集者為銀行、第三方業者對客戶說明產品與服務的風險等；

到了第二階段以後，銀行應進行第三方業者的引入評估（onboarding assessment），應包括(1)第三方業者的業務評估，例如財務健全性、聲譽、管理品質及業務運作的適當性，以及(2)風險管控，包括第三方業者的風險管控能力、業務及技術能力、客戶及資料保護措施、網路安全及IT控制）、引入監測（onboarding monitoring）及與第三方業者就業務、安全性、客戶保護等簽訂相關契約，惟銀行不得以簽署契約之方式提高第三方業者取得資料的門檻。[28]

4. 金融市場已有自願開放API的前例

早在API框架發布前，香港的銀行（例如花旗銀行）就開始與其他企業合作，以開放API的方式提供金融服務，因此香港金融管理局提出的API架構可說是順應香港銀行業的趨勢而生。因此，雖API架構不具有強制性，但銀行依API架構逐步開放API的意願不低。此外，香港金融管理局亦表示，金融管理局會持續觀察市場執行API框架的狀況，不排除未來修法強制規定金融機構開放API。

---

[28] Open API Framework for the Hong Kong Banking Sector, pp. 10-16.

（五）新加坡

1. API指南提供標準化架構

　　新加坡向來支持金融創新，其從2016年起即開始發展開放銀行，新加坡並未採取強制要求銀行開放API的措施，而是引導業者使用API技術以因應金融科技潮流。新加坡金融管理局（Monetary Authority of Singapore, MAS）與新加坡銀行公會（The Association of Banks in Singapore, ABS）在2016年11月發布了《API指南》（Finance-as-a-Service: API Playbook），該指南就API的選擇、設計、使用等面向提供了全面性架構，指南亦建議不同面向之標準化，包括：

　　(1) 數據標準：依資料類型、涉及產業及區域的不同，統一銀行業API傳輸數據的語法、語義。

　　(2) API標準：建立銀行業統一的API架構、開發與部署、授權、版本，以利開發人員進行開發。

　　(3) 安全標準：涉及身分認證、授權、加密三個面向，以保護客戶資訊。

　　在政府的提倡下，目前新加坡已有多家銀行開放API以拓展其業務，例如星展銀行即設立了API平台提供第三方開發商存取其API以提供支付服務。

三、開放銀行法制發展的兩大體系

　　總結上述各國的法制發展及政策推行方向而言，大致可區分為兩種形式：

（一）法令強制開放資訊

　　在此種架構底下，係透過立法規範的方式，強制要求所有符合特定參與資格的銀行（通常是金融市場上市占率前幾大的指標性銀行）應強行揭露一定範圍的金融資訊，使得傳統上被金融機構獨占的消費者金融資訊得加以釋放，使第三方業者得透過與資訊中心的連接取得金融資訊，並透過

其數位科技技術發展API開發及提供更為便利的電子支付或帳務查詢等服務。

在此模式下，係透過立法的強制效力取得法源依據，始能強制規範及要求金融機構開放及分享特定的金融資訊，再透過成立新組織或利用現有的中立組織接收及儲存相關資訊，並由符合資格的第三方業者透過跟資訊中心的連結取得相關金融資訊，三者間的權利義務關係均是透過法律規範定之，此時是否成立契約關係則非必要條件，以達成開放市場及促進競爭的目的。然而必須強調，所謂「法規強制效力」只有及於銀行，亦即強制銀行要開放API與第三方服務提供者對接，而不及於消費者。消費者並不會因為所持有的帳戶係開立在受法規強制開放的銀行，就自動納入開放銀行體系，在個別資訊的傳遞時仍然需要取得消費者的個別明示同意，以兼顧消費者的隱私權保障。

（二）自願締結契約關係

回歸市場機制，由金融機構自己找第三方業者合作，透過雙方間的契約關係規範彼此的權利義務，與目前金融機構的委外情況較為相近，但回到委外的本質，金融機構除就第三方業者的選任及監督負責外，仍必須為第三方業者承擔履約風險，如有任何資訊安全的漏洞、個人資料不當外洩或錯誤交易時，依據委外等相關法令規定仍將要求金融機構負擔對第三方業者的監督管理責任及對消費者的賠償責任，因此金融機構必須自行慎選合作的第三方業者。另依據《金融機構作業委託他人處理內部作業制度及程序辦法》第7條規定，在涉及客戶資訊的移轉及使用時，仍必須在消費者契約中明訂告知客戶的條款或以書面通知客戶相關委外事項等，以取得消費者的同意。

四、台灣目前的實務與政策發展

（一）已有金融機構主動與第三方業者締結契約開放金融資訊

目前在金管會對於開放銀行政策尚未頒布具體架構前，據媒體報導指

出，台灣的金融業已有自發性的採行第二種締結契約模式，包括凱基銀行的KGI Inside提供生活繳費及銀行帳號帳務查詢等金融服務API（應用程式介面）、台新Open API等等，透過與第三方業者的合作也使參與的金融機構成功開發更多新客戶，並更佳完善金融服務的生態圈，而參與合作的第三方業者也透過契約關係取得消費者的金融資訊，並進一步運用在開發金融服務API上，像是與凱基銀行合作的CW Money及Pi行動錢包等。

（二）金管會政策方向傾向由金融機構自願締結契約關係

透過實務上已實際推動及開發的案例，金管會在發布2019年的政策方向[29]上，亦明確表示在2019年會研議出開放銀行的推動架構，針對是否會立法要求強制開放金融資訊的關鍵點上，可以看出目前金管會似乎較為傾向由金融業以自願自律的方式推動，亦即由金融業自行決定是否開放資訊及自行選擇合作機構，而非立法強制開放。

此種方式雖可加快推動開放銀行的時程，而毋須受限於漫長的立法進程，但由於開放資訊無可避免必須面對消費者個人資料的使用及保護、資訊傳輸技術及管理安全、對第三方業者的監督管理等種種問題，在金融業屬於高度監理的產業特性下，亦難以全權交由金融業自行調控，故金管會是否會針對金融機構與第三方業者間的合作標準、第三方業者的資格與登記制度、開放資料的範疇及使用限制等提供框架式的規範，以確保符合一定程度的法規保障及一定程度的自主彈性，供金融機構與第三方業者間的合作有跡可尋，並於開放資料鼓勵金融科技發展及消費者資訊安全保障之間尋求妥適的平衡點，且透過分階段的開放策略，甚至可以在未來作為由主管機關主導的金融資訊全面開放架構作為其評估基礎。據媒體報導指出，目前金管會已交由銀行公會研擬金融業與第三方業者合作的自律規範，並由財金資訊公司負責研擬開放API的技術標準與資安標準。

---

29 金管會108年新春記者會「108年工作重點」https://www.fsc.gov.tw/ch/home.jsp?id=97&parentpath=0,2&mcustomize=multimessage_view.jsp&dataserno=201901280001&aplistdn=ou=bulletin,ou=multisite,ou=chinese,ou=ap_root,o=fsc,c=tw&dtable=Bulletin（最後瀏覽日期：2019/04/16）。

（三）無立法強制開放難以達成開放銀行的政策目的

　　然而，沒有如同以上各國的開放銀行政策或法規，能否有效創造出「金融數位生態圈」？在「資訊為王」的時代下，如何促使傳統金融機構自願分享資訊並與第三方業者締結契約關係？甚至金融機構還需就其選擇的第三方業者負擔監督管理責任？試問會有幾家金融機構真的願意推動？

　　開放的意義在於讓第三方業者在符合一定的資格條件下可以降低其進入金融市場的門檻，顯然會對過往由金融機構獨占的市場造成競爭，並期望透過競爭以創造更全面性數位化的金融服務平台，在此情況下，如果未立法強制開放，則如何能期待金融機構願意自行開放資訊讓新進者加入競爭？甚至，可以推論者是，由金融機構自行訂立的自律規範亦將會傾向保護傳統金融機構的立場，反而不利於第三方業者的發展，如此又何以能達到鼓勵競爭提升服務品質的目標？而在此情況下所創造的金融數位生態圈亦僅能限於單一金控體系下的金融機構資訊及服務整合，則大者恆大，僅有機構體制內的創新，而無法發揮全體整合的加乘效益，如此又何以能發展培育出與大型跨國企業競爭的國內企業？

　　此外，由於未立法強制開放，實際會選擇與第三方業者合作的金融機構勢必有限，甚至大型金融機構亦可能傾向自行投入資本發展數位科技，而非與第三方業者合作，則資訊開放的範圍相當可能會受到觀望氣氛的影響，而造成實際成效不彰或運用不廣，恐難達到開放銀行的初衷。

　　且在各家銀行各自與不同第三方業者結盟的發展，亦可能造成銀行會限制第三方業者可以與其他銀行合作，以避免競爭，進而演化成彼此間的對抗關係，無法發揮累積大量消費數據的資料庫及數據分析等效果；如再搭配由銀行公會制訂的自律規範，則可想而知，對於第三方業者的資格、資安要求、損害賠償責任歸屬等亦很可能會較為傾向銀行（實際案例可參考日本全國銀行協會於2018年底，公布由銀行所主導，學者、金融科技協會、律師等所組成的研討會訂定的銀行與第三方服務提供者間之API利用契約條文範本），變成由「銀行」而非「第三方業者」所主導的開放銀行市場，則銀行是否有動機及動力執行開放銀行，顯然需要畫上問號。

　　由於台灣銀行家數眾多，或許結果會是難以形成一家與多間銀行均有

合作的第三方業者，因而無法達成開放銀行促進金融服務創新以及消費金融業競爭的初衷。因此，即使在銀行與金融科技業者合作的過程中，銀行公會有訂定自律規範篩選以及維持與金融科技業者關係之需要，就政策實行的框架而言，政府機構至少應如香港、新加坡一般制訂及提供開放銀行政策框架、推行時程（例如分階段開放資料）以及API標準化架構等，在政策方向及法規明確的前提下，再由業者就實際執行情形訂定細部規定，才能夠相輔相成。

（四）短期法規調整方向

除了開放銀行整體政策方向的討論外，部分法規為迎接金融科技的發展，已有調整的必要。舉例言之，金管會擬定《金融科技創新實驗防制洗錢及打擊資恐辦法》，已完成法規預告，近期將與法務部會同正式發布施行，強化進入監理沙盒業者的身分驗證及反洗錢義務，雖符合世界潮流，然而對於金融科技業者而言，如何取得及建置消費者的身分及信用資料，將是一大難題，且勢必會增加第三方業者發展的障礙，亦成為消費者使用新科技的阻擾，雖然根據金管會新聞稿[30]表示，未來經金管會核准之創新實驗如有需要，可以向集保結算所申請使用「防制洗錢及打擊資恐查詢系統」辦理客戶盡職調查作業，然而在其他層面，第三方業者取得資料仍有困難，例如為取得消費者的徵信資料，目前財團法人金融聯合徵信中心的信用資料依法僅有銀行可以調取使用，如果無法透過金融機構調取信用資料，則金融科技業者即難以達成身分驗證及反洗錢的要求，再者，縱使消費者自行調取信用資料並提供予第三方業者，但該等資料是否具備機器可讀的規格而可以直接匯入第三方業者的資料庫系統，此點亦是第三方業者的進入障礙，在如此多重的阻礙情況下，將墊高第三方業者的投入成本，在沒有富爸爸的金援下，又能有幾家業者順利撐過新創初期而發展成金融獨角獸。而在發展金融科技最具規模及聲望的英國及新加坡中，我們可以

---

30 金管會，108年5月9日，《金融科技創新實驗防制洗錢及打擊資恐辦法》將發布施行新聞稿，https://www.fsc.gov.tw/ch/home.jsp?id=96&parentpath=0,2&mcustomize=news_view.jsp&dataserno=201905090002&aplistdn=ou=news,ou=multisite,ou=chinese,ou=ap_root,o=fsc,c=tw&dtable=News（最後瀏覽日期：2019/05/13）。

觀察出政府機關的鼓勵與推動確實扮演重要的角色，透過立法強制的方式才能有效確實讓金融科技業者能夠創新與發展，而開放銀行即扮演關鍵的一環。

　　雖然考量到要一次透過立法強制達成開放銀行的進程並不容易，但短期內可逐步排除部分法律障礙，例如就前述聯徵中心的信用資料而言，金管會可使符合特定要求的金融科技業者，成為銀行間徵信資料處理交換服務事業許可及管理辦法之「經主管機關核准者查詢運用之事業」，即可使金融科技業者得依法調取信用資料。進一步言之，經法律強制開放之後，未來第三方業者持續經營其業務所蒐集之金融資訊，即有更多的運用資料之方式以及商機。

五、結語

　　短期言之，以締結契約關係的方式由銀行自律為之，或許是快速作法，但成效勢必有限，且反而有限制競爭之可能，若是想要達到創造金融數位生態圈、鼓勵金融科技創新、促進消費金融業發展、提升消費者利用金融服務之方便性及服務品質等開放銀行目的，參考歐盟或是英國的模式而言，以法規強制推動開放銀行，其優勢在於銀行依法必須參與開放銀行體系，可以一次形成開放銀行生態系，在法規具體頒布施行後可一次開放金融資訊，且第三方業者只要符合法規的基本要求或取得授權／登記等資格後，就可以與已受法規強制效力而開放的銀行API，提供支付服務並參與競爭，有助於資力或是既有優勢尚屬不足，但或許擁有技術或創新能力的第三方服務提供者成長茁壯，這也與目前鼓勵創新的市場方向相符，因而修法強制開放銀行仍然是未來必須考慮的政策方向，甚至政府機關亦應檢視短期內可快速修法的部分子法規定，以及是否可以透過分階段開放資料等方式逐步推動，在國際間集合市場力量推動金融科技發展的趨勢上，台灣亦無法缺席或繼續守舊。

開放銀行下的隱私權保障

廖婉君、郭彥彤

一、前言

在銀行4.0的時代，金融服務的提供場域已不再限制於傳統金融機構的實體分行，甚至也不再限制於傳統金融機構，而擴大到第三方的新創科技業者，但第三方業者要能進入金融體系創造金融服務生態圈的第一步，仍必須仰賴於過往金融機構長年累積下來的大量客戶金融資訊。在開放銀行體系下，除在政策方面是要立法強制金融機構開放資訊，或是由金融機構自願締結契約關係而與第三方業者合作是位處戰略層級的最大討論重心外，當第三方業者在取得客戶金融資訊時，立即就會面臨下列幾項議題，第一，第三方業者如何驗證客戶身分（KYC）及辦理洗錢防制（AML）；再者，縱使可以透過其他機構分享取得客戶身分資料或過往徵信記錄等，但這些資訊能否立即可用，是否機器可讀，或者還需要人力手工一一鍵入該等資訊；第三，客戶資訊在第三方業者及不同機構間的傳遞及使用，如何確保客戶的個人資訊及隱私權未被不當使用及外洩。

在第一個層次，如何快速且正確驗證客戶身分資訊，尤其是處於全數位的電子化時代，傳統金融機構對保程序已不再符合電子交易的快速、即時且不限地理位置的需求，但同時仍然需要一個公正且經過驗證的電子身分，而毋須由個別第三方業者分別投入龐大資本建置KYC及AML系統，並且可以免去重複驗證的繁瑣及時間耗費，因此數位身分的建置即有迫切需求（請參考本書第一篇《數位環境信任機制重中之重——數位身分》）。

再者，資訊是否能統一規格且機器可讀，並真正落實資訊開放的政策，已在前一篇《開放銀行（Open Banking）法制之發展》有所論述。

本篇的重點則在針對開放資料與客戶隱私權保障間如何平衡，以及客

戶在要求金融機構分享金融資訊予客戶同意的第三方業者時，金融機構是否有義務執行，或者金融機構得拒絕提供（如未立法強制開放金融資訊時）？

二、台灣現有法令規範及窒礙難行之處

（一）個人資料保護法──必須取得消費者的明示同意

在一般法令規範的層級，第三方業者取得客戶資訊均必須遵守《個人資料保護法》（下稱「個資法」），依據個資法規定，第三方業者在蒐集、處理或利用個人資料時，必須明確告知使用的目的範圍及取得客戶的同意，且客戶事後得查詢或請求閱覽、請求提供複製本、請求補充或更正、請求停止蒐集、處理或利用及請求刪除等。在取得客戶同意時，亦可以採取電子方式，只要能夠證明確實是客戶的意思，且電子內容清楚完整，日後如有爭議時亦可調閱當時電子資訊檢閱（《電子簽章法》第4條第2項規定參照），此時亦可具有個資法「書面同意」的效力。

此外，在取得資料後，第三方業者如果有衍生其他服務行為且需求運用先前已蒐集的客戶資訊時，由於可能已超過原先取得資訊的使用目的範圍，則必須符合下列條件：

個別通知：為達到「明確告知」的目的，蒐集者必須個別通知當事人，不能單純以擺設公告或上網公告等概括方式辦理。而個別通知的形式亦可使用電子形式，只要第三方業者能證明已個別發送至客戶的聯絡資訊。

推定同意：如果第三方業者為求簡便，或不容易取得客戶的明確回覆表示同意時，在符合「當事人未表示拒絕」及「當事人已提供其個人資料」兩項要件下，可以透過取得「推定同意」的方式滿足此項要件。

從上述規定可知，第三方業者如要求客戶提供個人資料進行身分建置及驗證時，均得透過電子方式處理，但取得資訊的項目及使用目的範圍等

均必須清楚表明，以供客戶表達是否同意提供個資，但每次的身分驗證所需提供的資料繁瑣且耗時，且容易造成對客戶使用新服務的進入障礙，可否直接援引客戶過往在金融機構所建立的身分驗證資料？如客戶要求金融機構分享客戶個人在金融機構過往的KYC資料、徵信資料、存款帳戶或理財商品等資料至第三方業者時，客戶是否有此權限可以要求金融機構辦理？自個資法所賦予客戶的權限而言，客戶雖有權要求查詢、閱覽及取得複本等，但不包括能要求金融機構直接提供予客戶同意的第三方業者，仍須客戶自行取得後再轉交第三方業者，而若該等資料規格不統一、機器不可讀，第三方業者又需要自行鍵入相關資訊，則無法達到電子交易時代所需求的快速即時且正確的目標。前述困境也正是「顧客資料可攜權」要解決的問題。

（二）銀行法──銀行對客戶資料的保密義務

以另一個角度而言，如果銀行依據客戶要求願意提供予第三方業者，是否依法有據？

依據銀行法規定，銀行對於客戶存款、放款或匯款等有關資料，除法律另有規定外，原則上均有保密義務。如果是客戶主動要求揭露予指定第三方業者，則銀行係依據客戶指示所為，是否就沒有違反保密義務的規範？但銀行又如何驗證客戶的同意是否有效？揭露的資料範圍是否特定？第三方業者如何與銀行的系統對接？第三方業者的資訊安全系統是否符合應有的水準？過程中如有資料洩漏又如何釐清責任歸屬，細節的部分仍然有待進一步研議，此也與開放銀行政策是要採行立法強制開放，或由金融機構透過契約關係與第三方業者合作的架構息息相關。

然而在不需要經過消費者「書面同意」的情況下，消費者是否能具體明白支付或是查看帳戶資訊過程中，所處之網頁或應用程式介面是屬於銀行或是第三方業者，以及提供多少個人資料予第三方業者，亦有待研究。

為就前述困境思考可行的解決方案，以下即以歐盟與香港相關規範為參考依據，探討開放銀行在台灣可能適用的隱私權保護政策，也可以作為日後修法的參考方向。

三、歐盟與香港的規範發展

(一)歐盟

由於網路活動日漸發達，歐盟會員國間之網路交流也逐漸增加，各會員國境內對於個人資料保護權利的落差可能阻止了個人資料在歐盟內的自由流動[1]，因此歐盟於2016年4月27日通過歐盟規則第2016/679號「個人資料保護規則」（General Data Protection Regulation，簡稱GDPR），取代原來的95/46/EC號歐盟指令，並自2018年5月25日起施行。

1.資料最少蒐集原則，僅能就必要的範圍內蒐集、處理及保存個人資料

首先GDPR的一大重要原則即為資料最少蒐集原則（data minimisation）[2]。對於開放銀行而言，技術上的挑戰在於必須確保每次使用個人資料均必須是明確的目的，且應用程式介面（Application Programming Interface, API）的框架必須在每一步驟確認分享所必須的資料。在歐盟支付服務指令修正案（Revised Payment Service Directive，簡稱PSD2）中，其實也有落實資料最少蒐集原則，規定支付服務提供者，只能在「必要」時接觸、處理及留存個人資料[3]。

2.消費者的明示同意

其次是有關同意的規定。GDPR對於同意的條件，有相當明確的規範[4]，其中重點包含：(1)同意必須清晰易懂，並與其他事件清楚區分；(2)

---

[1]　GDPR Recital (9).

[2]　GDPR Article 5(c).
　　adequate, relevant and limited to what is necessary in relation to the purposes for which they are processed ('data minimisation')

[3]　PSD2 Article 94(2).

[4]　GDPR Article 7.
　　Conditions for consent
　　1.Where processing is based on consent, the controller shall be able to demonstrate that the data subject has consented to processing of his or her personal data.
　　2.If the data subject's consent is given in the context of a written declaration which also concerns other matters, the request for consent shall be presented in a manner which is clearly distinguishable from the other matters, in an intelligible and easily accessible form, using clear and plain language. Any part of such a declaration which constitutes an infringement of this Regulation shall not be binding.
　　3.The data subject shall have the right to withdraw his or her consent at any time. The withdrawal of consent shall not affect the lawfulness of processing based on consent before its withdrawal. Prior to giving consent, the data subject shall be informed thereof. It shall be as easy to withdraw as to give consent.

資料主體（data subject）有權隨時撤回同意，但不影響撤回以前所爲處理行爲的合法性，同意的撤回應和給予同意同等容易；(3)同意是否具自主性，應考慮契約的履行是否仰賴於同意提供的個人資料。

　　由於開放銀行涉及將帳戶或是交易資料等個人資料交由第三方業者使用，因此綜合參照PSD2以及GDPR的要求，持有帳戶的支付服務提供者（即金融機構），其開放銀行系統設計必須採用「明示同意」，且必須允許客戶得隨時撤回同意。根據PSD2規定，當消費者欲線上登入其帳戶、啓動電子交易支付時，支付服務提供者有義務提供強化客戶認證（Strong Customer Authentication），所謂強化客戶認證係指至少包含知識（Knowledge）、所有（Possession）及繼承（Inherence）要素之兩項，且須互爲獨立[5]。且歐洲銀行業管理局（European Banking Authority, EBA）依照PSD2必須制定有關於驗證與通訊的監理技術標準（Regulatory Technical Standard）[6]，該標準已於2018年3月通過，並預計於2019年9月開始適用。

3. 開放銀行消費者使用體驗指導原則

　　以下藉由英國開放銀行實施機構（Open Banking Implementation Entity, OBIE）所發布之《開放銀行消費者使用體驗指導原則》（Open Banking Customer Experience Guidelines）中，對於第三方業者使用介面所提出的要求與建議，該指導原則已合於英國《支付服務法》

---

4. When assessing whether consent is freely given, utmost account shall be taken of whether, inter alia, the performance of a contract, including the provision of a service, is conditional on consent to the processing of personal data that is not necessary for the performance of that contract.

5　PSD2 Article 4(30)
　另詳細說明參照https://blogs.technet.microsoft.com/twsecurity/2015/09/07/multi-factor-authenticationmfa/（最後瀏覽日期：2019/02/13）
　Knowledge factors知識要素
　使用者利用所知道的資訊作爲憑證。包含使用者名稱、PIN和密碼等字母數字組合、安全提問設計等等。
　Possession factors所有要素
　任何使用者所持有，實體或虛擬，能用來獲得權限的憑證。好比隨身攜帶的員工ID、臨時發放的入場識別證、電話的SIM卡、認證碼產生器和單次密碼，或甚至裝置本身也能是限制存取的工具。
　Inherence factors繼承要素
　利用使用者的生物特徵作爲憑證，這是在虛擬環境下未經紀錄無法獲得的資訊。生物驗證的例子包含虹膜掃描、語音辨識、臉部識別，和指紋等等日漸進步的便捷應用。

6　PSD2 Article 98.

（PSR2017，其內容已融入PSD2之規範）及監理技術標準（Regulatory Technical Standard），可以更明確得知應如何向消費者取得同意應遵循的實行流程。整體流程大致可分為三個部分[7]：

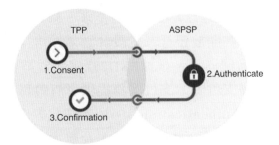

參考Open Banking Limited, "Open Banking Customer Experience Guidelines ver. 1.0" (P.6)

(1)支付發動服務（Payment Initiation Services Provider, PISP）取得對消費者的明示同意：依據PSD2及GDPR之要求，第三方業者必須取得消費者的明示同意，於取得明示同意之畫面上，依據指導原則應該至少有以下內容：付款金額與幣別、帳戶名義、所欲作為支付使用之帳戶資料。

(2)強制客戶認證：在持有帳戶的支付服務提供者（Account Servicing Payment Service Provider, ASPSP）的系統／介面作交易驗證，依照PSD2所要求者，驗證強度應為強制客戶認證，且驗證之畫面必須同時明示消費者其所消費的金額，否則必須使消費者得以返回畫面取消。

平等對待原則：然而還必須注意，為了達成開放銀行的目的，指導原則規定，ASPSP不得對於來自PISP的使用者，比直接使用ASPSP的使用者要求更多的授權步驟。

(3)於交易完成後，PISP必須透過自ASPSP取得之資訊，向消費者顯示交易確認畫面，其主要資訊可能包含交易代碼、交易完成時點、交易所生之手續費等。

(4)此外，於(1)、(2)或是(2)、(3)之間，有在PISP或是ASPSP之間移

---

[7]　Open Banking Limited, "Open Banking Customer Experience Guidelines ver. 1.0" pp. 6, 64-67.

轉時，必須明確提示消費者，將從何者的使用介面移轉至何者，使消費者清楚知悉資訊的傳遞過程。

4.消費者的資料可攜權，實現資訊自主權

開放銀行所要求資訊移轉需符合的技術標準，亦在體現資料可攜權的具體可行，以下參考Open Banking Limited, "Open Banking Customer Experience Guidelines ver. 1.0"，以最基本透過PISP做境內支付的使用介面介紹。

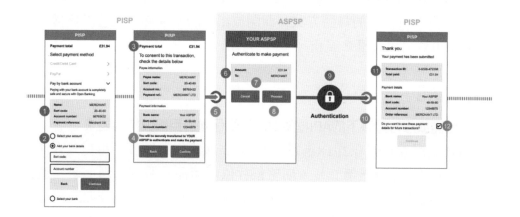

GDPR本次新增的重要權利，且與開放銀行最息息相關者，即為資料可攜權（Right to data portability）[8]。根據GDPR說明[9]，資料可攜權的增訂，是為了進一步使資料主體（即客戶）掌控自己資料，故規定資料主體應有權以有結構的、通常使用的、機器可讀的形式，接收其提供予控管者的資料，並有權將該等資料傳輸給其他使用者。

就資料可攜權的權利內涵，可發現開放銀行其實是資料可攜權的具體實踐，資料可攜權規定「行使其資料可攜性之權利者，如技術許可時，資

---

[8]　GDPR Article 20(1)(2).

　　1.The data subject shall have the right to receive the personal data concerning him or her, which he or she has provided to a controller, in a structured, commonly used and machine-readable format and have the right to transmit those data to another controller without hindrance from the controller to which the personal data have been provided.

　　2.In exercising his or her right to data portability pursuant to paragraph 1, the data subject shall have the right to have the personal data transmitted directly from one controller to another, where technically feasible.

[9]　GDPR Recital (68).

料主體應有權使該個人資料由一控管者直接傳輸予其他控管者。」由於過去消費者與特定銀行開戶或從事交易，資料均留存於銀行，然而PSD2的開放銀行體系，配合立法要求參與的金融機構強制開放資料，即有規定開放資料的格式要求，使銀行得以辨識指令係由第三方業者所提出、消費者在轉換不同銀行或第三方業者間得以順暢移轉[10]，甚至該等資訊均為機器可讀，技術上可直接銜接及轉化，以達到GDPR對於資料可攜權所設的重要前提，亦即「技術許可」。甚至根據英國資訊專員辦公室（Information Commissioner's Office）之看法[11]，其進一步認為開放銀行係協助當事人實現資料可攜權的具體方式，而開放銀行的架構亦幫助金融機構得以遵循GDPR資料可攜權之義務。

（二）香港

1. 香港開放銀行體系下的API框架對於資訊保護的目標與技術要求

香港金融管理局在2018年7月18日發布《銀行業開放應用程式介面框架》[12]（下稱「API框架」），期望銀行依「商品及服務資料」、「產品及服務之申請」、「帳戶資訊」及「交易」四種資料類型分四階段逐步開放API。考量到客戶資料保護之重要性，API框架認為銀行必須依據業界最新實務、法規及銀行內部需求，按風險性調整所使用之技術、對資料及網路安全進行全面管控，API框架附件B中就使用之技術提出建議如表20.1[13]：

表20.1　強調對第三方業者的管理流程中包括對客戶隱私權的保障

資料保護目標	技術
銀行與第三方業者之身分驗證（例如：確認資料來自銀行證券之網站）	X.509

[10] PSD2 Recital (93).
[11] The Information Commissioner's response to the HM Treasury consultation on the implementation of the revised EU Payment Services Directive II.
[12] 香港金融管理局，Open API Framework for the Hong Kong Banking Sector, dated July 18, 2018.
[13] 表格統整資料為Open API Framework for the Hong Kong Banking Sector, pp. 25-26.

資料保護目標	技術
資料機密性及完整性（例如：確認資料完整性、加密）	TLS
客戶身分驗證（例如：採用使用者名稱、密碼，且僅於客戶要求時提供資訊予第三方業者）	銀行自行規範（OAuth 2.0為目前業界之技術標準）

　　此外，為了在創新服務及客戶資料保護間取得平衡，在開放銀行體系下的API框架特別強調「第三方業者管理」的重要性，認為銀行應建立第三方業者的管理流程，該流程應包括客戶資料隱私權的保護。例如：藉由與第三方業者的約定條款，銀行應要求第三方業者在為自己需求蒐集客戶資料時，將實際資料蒐集者告知客戶，而不應使客戶誤認為是將資料提供予銀行，並應要求第三方業者遵循相關個人資料保護法規，且銀行僅得於第三方業者接受約定條款之情形下提供資料。

　　依據香港金融管理局與銀行業者的討論，香港金融管理局期待銀行業者共同就第三方業者管理建立一套基本流程（例如：由香港銀行公會在API框架建議之第二階段開放API前擬定基本流程），API框架中建議該基本流程應包含客戶資料保護之風險管理，例如：避免過度蒐集個人資料、網路安全管控及與資料機密性、完整性及可使用性的監控、保護措施及事故處理相關的IT管控。

2.香港銀行業界妥善處理客戶個人資料指引，明訂同意不應為綑綁式同意

　　除了API框架所建議之客戶資料保護措施外，銀行亦須依據《香港法例》第486章《個人資料（私隱）條例》（下稱「私隱條例」）蒐集、使用及處理客戶的個人資料。根據私隱條例規定，香港個人私隱專員公署於2014年10月發布之《銀行業界妥善處理客戶個人資料指引》[14]，明確指出「除事前經資料當事人明訂同意，不得將客戶個人資料用於與該資料蒐集之直接目的無關之新目的」應為銀行之客戶個人資料保護原則之一。而依私隱條例第2(3)條規定，明訂同意是指資料當事人自願且未以書面撤回的明示同意，且明訂同意不應為綑綁式同意（例如：若銀行透過服務申請表

---

[14] https://www.pcpd.org.hk/tc_chi/resources_centre/publications/files/GN_banking_c.pdf.

蒐集客戶資訊，該服務申請表之設計不得使客戶無法拒絕將資料用於與服務無關之目的）。

有鑑於此，若銀行向第三方業者開放API，提供客戶個人資料供其他金融服務使用，則該等使用目的應已超過原先蒐集資料的目的範圍，銀行必須取得客戶明示同意後方得為之。

將香港現有的隱私權保護相關法規與API框架所要求之客戶資料保護建議相比對，可發現API框架並未改變香港原本已規範之隱私權保護原則。雖然API框架鼓勵銀行與第三方業者建立合作關係，並不表示銀行與第三方業者可毫無限制地分享客戶資訊，客戶的明示同意及所同意的使用目的範圍仍應為開放銀行之最優先前提。

四、結論

回到前述台灣在執行開放銀行與消費者個人資料保護間的衝突與窒礙難行之處，特別是在個資法的體制下，能否透過法規解釋亦有「消費者資料可攜權」的運用，以及在現行法規中，縱使透過消費者、銀行與第三方業者間三方同意分享及傳輸該等消費者個人資料，但在技術層面如何做到資料的統一規格且機器可讀，則必須回到開放銀行政策能否制訂出一致的標準以供各方遵循之探討，始能落實消費者的資料可攜權，也就是說此兩者間是相輔相成的。

1.調適現有法規，符合開放銀行政策的需求——資料最少蒐集原則、明示同意及資料可攜權

開放銀行的目的在於實現以消費者體驗為中心的全新金融生態圈，並且把消費者的資訊自主權回歸到消費者手中，使消費者能自主透過同意權的行使決定資訊的分享與串連，且此資訊的分享能夠更即時及正確，以打造整合消費者金融服務需求的平台。

參考國外開放銀行的經驗，資料最少蒐集原則、明示同意及資料可攜權是重要關鍵。為達成前述目的，法律上可能的作法包含修改個資法，或修訂《個人資料保護法施行細則》，或是由主管機關頒布函釋等形式均包含在內。

「資料最少蒐集原則」，係指資料蒐集及使用機構僅能就必要的範圍內蒐集、處理及保存消費者的個人資料，避免資料的取得範圍無限上綱。依據個資法第20條規定，「個人資料之利用應在蒐集之特定目的必要範圍內為之」，已具有相同意旨，此外，法務部曾經有函釋指出[15]，契約關係蒐集個人資料，原則上僅能於契約事務特定目的必要範圍內為之。如所蒐集者包括其他與契約履行無關的個人資料，或並非為履行契約所必須的資料，則應於契約之外另行取得當事人的明示同意，使消費者明確清楚同意提供的資料範圍及使用目的，而非透過締約的機會迫使消費者提供所有個人資料；此外，若是蒐集個人資料之目的包含行銷，則該行銷行為亦應符合當事人一般對於隱私權保障的合理期待，也就是「行銷行為的內容」與原來所約定「契約或類似契約」二者之間，應有正當合理的關聯，該行銷是契約關係的延伸，並非當事人同意的目的範圍包含行銷就可以對當事人從事任何行銷行為，否則就是超出必要合理的範圍，而違反「資料最少蒐集原則」。

至於明示同意的規定，個資法第7條等規範雖已明訂必須取得當事人的明示同意，但未如歐盟所強調不區分資料類型，均必須以明示為之，且同意的內容要讓消費者感到清晰易懂，而且要和其他事件清楚區分，然而根據個資法第7條立法理由所述，為「避免該特定目的外利用個人資料之同意與其他事項作不當聯結，或被列入定型化契約的約定條款中被概括同意，而不利於當事人，特規定關於特定目的外利用其個人資料之書面同意，應獨立作書面意思表示，以保護當事人之權益」。此外，以金融業為例，金管會曾經在個資法於101年修正不久後，頒布函釋[16]指出：(1)銀行在個人資料保護告知書的內容過於概括；(2)因客戶拒絕簽署告知書，而拒絕其業務之申請；(3)告知書與同意書列於同一書面，造成客戶混淆等問題，銀行公會亦有發布告知義務之範本規範告知不夠明確的問題[17]。由此可見，根據目前個資法的規範及立法意旨而言，已規範必須使當事人對於個人資料告知事項的確實理解、清楚知悉，而非包裹式的統整在契約關

---

[15]　法務部法律字第10603509640號書函。
[16]　金管銀合字第10130002690號函。
[17]　銀行公會會員履行個人資料保護法第8條第1項告知義務注意事項暨告知義務內容參考範本。

係中取得概括式的同意。

　　最後關於「資料可攜權」的要求，亦即消費者有權同意授權第三方取得資料，並得要求金融機構分享該等資料予第三方對接，此項消費者資訊自主權的展現，在現行的個資法規範下，依照國家發展委員會對於GDPR與我國個資法所做的比較研究指出[18]，目前個資法仍然缺少資料可攜權的規定，亦難透過現行條文去解釋或衍生，因此確實需要有所調整。蓋確認資訊可攜權的存在，勢必須針對「個人資料的所有權者究竟是誰」以及「經整理、分析過的個人資料，其歸屬是否有所不同」等兩個問題作詳細討論，但在欠缺具體法令規定的情況下，亦可能演變成各說各話的局面，而最終阻礙此項資料自主權的執行可能性。

　　此外，就前述所提銀行法第48條的保密義務，如何在認可消費者具有資訊自主權的情況下而未違反銀行本身所負擔的保密義務，依據第48條所訂的例外情況，當(1)法律另有規定，或(2)其他經主管機關規定的情形時，仍可以例外認定並未違反保密義務，也就是在個資法尚未能直接修改的情況下，仍可透過主管機關頒布函釋規定的方式確認此時屬於保密義務的例外情況，亦即當消費者明示同意且該同意揭露資訊的範圍清楚明確時，此時金融機構分享消費者資訊即無違反保密義務的疑慮。

2.國發會個人資料保護辦公室成為個資法的跨部會整合平台

　　除了個資法條文以及行政函釋的內容外，從政策面也可以看出，政府對於開放資料的世界趨勢十分重視。行政院日前有鑑於個資法未設單一主管機關而採分散管理的制度，不易推行個資法的落實與改革，因此責成國發會儘速成立「個人資料保護辦公室」，作為跨部會整合之平台；並於2018年7月25日，正式將個資法的法律主管機關移交國發會[19]。在過去電子化政府的基礎上，國發會參考他國政府數位化的發展後，以具體擬定我國智慧政府的規劃；其中，便包括以「開放資料透明，極大化加值應用」之目標。未來，政府彙整各類資料（又區分為自由取用資料及依申請提供

---

[18] 李世德，〈GDPR與我國個人資料保護法之比較分析〉，《台灣經濟論衡》第16卷第3期，頁88。台灣經濟論衡為目前個資法主政機關國發會所出版之刊物。

[19] 行政院第3601次決議，https://www.ey.gov.tw/Page/4EC2394BE4EE9DD0/cdbb1839-0f26-4cba-9062-ec92eb19c373（最後瀏覽日期：2019/04/17）。

資料）彙整並加以去識別化後，將成為公私領域資訊交流之平台。

3. 雙向傳輸消費者個人資料的執行準則

　　而針對第三方業者取得及使用消費者個人資料的規範，甚至第三方業者還能就消費者履約狀況回傳予金融機構以擴充消費者信用資料等執行準則，亦應由主管機關統一頒布，以日本全國銀行協會於2018年底，公布由銀行所主導，學者、金融科技協會、律師等參與之研討會所訂定之銀行與第三方業者間之API利用契約條文範本第一版[20]為例，就明白規定第三方業者，除了遵守日本《個人資料保護法》、主管機關所發布之指導原則，此外僅能在提供第三方服務之範圍，及透過開放API傳達指令給銀行的過程中使用消費者的個人資料。

　　最後在近期新聞媒體中有提到，財金資訊股份有限公司（下稱「財金公司」）或有可能成為API管理中心[21]。作為API管理中心，所涉及的個人資料問題亦需要討論。若是財金公司單純制定開放API之技術及資安標準，自然與個資法無涉。然而作為API管理中心，可能對於開放銀行中所涉及的個人資料，進行資料儲存以及身分驗證等流程，就會涉及蒐集、處理或利用個人資料，除非屆時「開放銀行API管理中心」，被認定為銀行間帳務清算管理辦法所列「其他經主管機關指定或核准辦理之有關業務」，否則除銀行或第三方業者外，財金公司亦有需要另行取得消費者個資法上的同意，或是盡個資法上的告知義務，才能蒐集、處理、利用資料。

---

[20]　https://www.zenginkyo.or.jp/fileadmin/res/news/news301227_1.pdf（最後瀏覽日期：2019/2/22）。

[21]　https://udn.com/news/story/7239/3588855（最後瀏覽日期：2019/02/22）。

數據與創新——
開放銀行下的智慧財產權議題

任書沁、呂柔慧

一、前言

　　開放銀行（Open Bank）係指於取得消費者同意後，透過開放應用程式介面（Application Programming Interface, API）與其他銀行或第三方金融科技業者合作，藉由共享消費者資料以提供更加個人化之金融服務，世界各國諸如香港、新加坡、澳洲、英國、以色列、墨西哥等國政府，近年都陸續開始推廣開放銀行[1]。開放銀行對消費者而言，是將個人金融數據之使用權交回自己手上，由銀行帳戶開戶人決定是否對其他業者開放，也使消費者得以更便宜快速之方式串聯大數據分析和人工智慧等先進技術，以獲得更多元的金融服務[2]；對金融業者而言，則可為其帶來長尾經濟，亦即藉由提供更加新穎、細緻化及差異化的金融服務，觸及到更多消費者，以帶來更多收入[3]。

　　開放銀行的浪潮除了改變傳統銀行、第三方金融科技業者以及消費者間之關係外，更促進了更多新形態金融服務科技之產生。而對該金融科技業者而言，為保障其公司價值及競爭力，如何利用智慧財產權保護其所開發之應用程式、消費者資料分析背後獨特之演算法及就龐雜之消費者資料加以剖析所產生之分析建議或數據資料等等，以及如何與其合作之銀行釐清其間智慧財產權歸屬與設計相對應之智慧財產權契約條款以保障雙方權

---

[1]　高敬原，「把資料權還給人民，開放銀行將如何改變你我生活」，數位時代，2018年12月3日，https://www.bnext.com.tw/article/51493/fintech-open-banking。關於歐盟、美國等各國開放銀行之發展潮流詳參本書「開放銀行（Open Banking）法制之發展」一文。

[2]　王儷玲，「Open Banking讓銀行更懂消費者」，遠見雜誌，2018年6月29日，https://www.gvm.com.tw/article.html?id=44912。

[3]　張庭瑜，「FinTech不一定要流血競爭，凱基銀開放API，攜手新創串接金融服務」，數位時代，2017年11月22日，https://www.bnext.com.tw/article/47154/kgi-inside-open-api-fintech。

益，皆爲開放銀行下無法迴避之重要議題。以下即針對各國目前於開放銀行下之智慧財產權政策及銀行與第三方金融科技業者未來可能遇到之智慧財產權議題進行討論。

二、各國開放銀行下之智慧財產權政策

（一）英國

英國係採取政府強制公開模式，亦即依英國競爭及市場管理局於2017年10月所發布之《個人金融服務市場調查命令》（Retail Banking Market Investigation Order 2017），要求愛爾蘭聯合銀行等共九大銀行爲義務性之API提供者，統一將消費者資料提供至於英國競爭及市場管理局監管下由上開九大義務銀行與提供房地產金融服務的金融機構（Building Societies Association, BSA）共同出資成立之開放銀行實施實體（Open Banking Implementation Entity, OBIE）[4]，再由OBIE統一將取得之資訊透過單一API提供予API使用者[5]。此外，OBIE亦須負責爲部分開放銀行之參與者設計可適用之條款與條件[6]。

其中，於OBIE所公布之針對API提供者之條款與條件（Open Banking Terms and Conditions for API Providers），其第8條即對API提供者與OBIE間之智慧財產權爲相關約定，其中OBIE同意以可撤回、非專屬、不可移轉且免費之條件授權API提供者於實踐其參與義務、實施其權利與公布其參與開放銀行之目的下使用及重製OBIE品牌，而各API提供者亦以可撤回、非專屬、不可再授權、不可移轉及免費之條件下授權OBIE於公布該API提供者參與開放銀行之目的下使用及重製該API提供者之品牌[7]。此外，API提供者亦同意於永久、非專屬、不可移轉且免費之條件下將其所擁有之審計資料、透過API公布之數據及其他資料授權予OBIE

[4] Open Banking Implementation Entity OBIE, About Us, https://www.openbanking.org.uk/about-us/ (last visited Jan. 11, 2019).
[5] Open Banking Ltd., Open Banking Guidelines for Open Data Participants, p. 8 (2018).
[6] Id. at 5.
[7] Open Banking Ltd., Terms and Conditions for API Providers, pp. 6-7 (2018).

以供OBIE實施其權利與義務[8]。而OBIE亦授權API提供者於參與期間內使用、散布及重製OBIE所提供之文件資料[9]。

而對於API使用者，於OBIE所公布之針對API使用者之條款與條件（Open Banking Terms and Conditions for API Users），亦是於第8條對API使用者與OBIE間之智慧財產權為相關約定，除以相似條件授權API使用者使用與重製OBIE品牌外，API使用者亦同意OBIE於實施其權利與義務下得接觸、使用、重製、儲存與散布其所提供予OBIE之資訊，而OBIE亦授權API使用者於參與期間內使用、散布及重製OBIE所提供之文件資料[10]。此外，API使用者於透過API取得API提供者之數據時，即代表同意與API提供者間之開放授權（Open Licence）[11]，其中第2條約定，API提供者以可撤回、全球性、非專屬、免費、不可移轉、不可再授權之條件下授權API使用者透過授權人之API讀取及接觸開放數據為以下使用[12]：1.重製、再使用、公布及散布該開放數據；2.利用開放數據進行商業和非商業目的，例如將其與其他資訊結合，或將其包含在自身產品或服務中，及；3.使開放數據適應不同格式以用於資料映射（或用於顯示或演示之目的）。此外，API提供者亦授權API使用者使用提供者之商標以標示公開數據之來源[13]。

由上述可知，OBIE係以免費授權之方式使API提供者、API使用者及OBIE自身使用彼此之智慧財產權，然相關權利之所有權仍保留在原開發者／創作者手中。其交互關係請見下圖。

---

[8]　*Id.* at 7.
[9]　*Id.*
[10]　Open Banking Ltd., Terms and Conditions for API Users, p. 5 (2018).
[11]　Open Banking Ltd., Open Licence, p. 2 (2018).
[12]　*Id.*
[13]　*Id.* at 3.

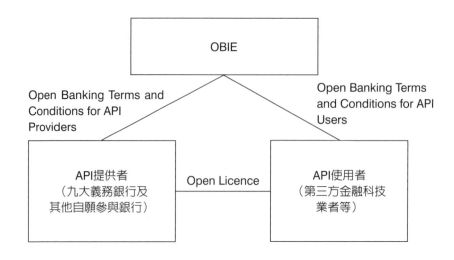

（二）香港[14]

相較於英國採取之強制公開模式，香港金融管理局（下稱「香港金管局」）係採取鼓勵銀行自願參與、分階段逐步施行之方式[15]，香港金管局並發布關於接達、使用及連結香港金管局網站或API之使用條款及條件，其中關於智慧財產權之約定，除明言香港金管局為有關資料及API的版權及任何其他知識產權的擁有人外，若有關資料可透過API接達，亦即透過API可取得所有該等有關資料，API使用者可基於商業或非商業用途，使用API開發軟件、應用程式、網站、系統或服務，於受有關條款規限、不得為任何修改且註明該資料為香港金管局所有等情形下以搜尋、展示、分析、檢索、檢視及以其他方式取得該等有關資料[16]。

此外，於2019年1月14日，由銀聯通寶有限公司成立之JETCO APIX開放API交換平台正式開始運行，由東亞銀行、交銀（香港）、花旗銀行、中國建設銀行（亞洲）、創興銀行、中信銀行（國際）、招商永隆銀行、大新銀行、富邦銀行（香港）、工銀亞洲、華僑永亨銀行、大眾銀行

14　香港開放銀行法制之相關介紹詳參本書「開放銀行（Open Banking）法制之發展」一文。
15　Hong Kong Monetary Authority, Open API Framework for the Hong Kong Banking Sector, p. 3 (2018).
16　香港金融管理局，使用條款及條件，2018年7月20日，https://www.hkma.gov.hk/chi/other-information/terms-and-conditions.shtml。

（香港）和上海商業銀行等共13家銀行於該平台上提供約200多個API，使第三方金融科技業者等得於該平台上連結各該API並於沙盒中測試新產品[17]。而依其所公布之交換使用條款，其中僅約定使用者授權該平台於新聞或推銷資料中使用其名稱或商業名稱以推廣該平台，而使用者未經JETCO事前書面同意則不得使用JETCO或平台上任何API提供者之商標，亦不得註冊任何相類似之商標[18]。使用者知悉且同意JETCO與API提供者可能獨立研發與API使用者相類似之應用程式，本條款不構成對上述研發之限制以及對API使用者之任何義務[19]。而當於JETCO APIX平台沙盒中試驗之產品欲進入市場為商業化使用時，該平台會將相關資訊提供予各該API提供者，由各該API使用者與提供者分別締約[20]。

（三）新加坡

　　與香港相似，新加坡亦採取鼓勵銀行自願參與開放銀行之模式，該政策最早可追溯至新加坡政府於2014年開始推動之智慧國家（Smart Nation Singapore），而於2016年11月，新加坡金融管理局與新加坡銀行公會共同出版《金融產業API手冊》（Finance-as-a-Service: API Playbook），更為該國推動開放銀行之重要里程碑[21]。新加坡金融管理局首席數據長表示，相較於英國與歐盟等採取強制公開模式，新加坡政府更傾向以鼓勵模式推動，且新加坡銀行早已看到開放銀行的優勢而開始分享其數據[22]。以新加坡最大銀行星展銀行（DBS Group Holdings Ltd.）為例，其已於其平台發布達155筆API供第三方開發者使用[23]。而根據星展銀行於其網站上發布之開發者條款，星展銀行係以免費、有限制、非專屬、不可轉讓、

---

[17] JETCO，「銀通JETCO APIX投入運作全港首個API交換平台提供13家銀行200多個API」，https://www.jetco.com.hk/tc/news/press-releases/apix-launch（最後瀏覽日期：2019/01/17）。

[18] APIX, Terms of Use of the Exchange, Jan. 1, 2019, https://sandboxportal.apix.com.hk/jetco/sb/terms-of-use.

[19] Id.

[20] Id.

[21] Graham Rothwell, The brave new world of Open Banking in APAC: Singapore, Accenture, Sep. 27, 2018, https://bankingblog.accenture.com/brave-new-world-open-banking-apac-singapore?lang=en_US.

[22] Chanyaporn Chanjaroen & Haslinda Amin, Singapore Favors 'Organic' Policy in Move Toward Open Banking, Bloomberg, April 12, 2018, https://www.bloomberg.com/news/articles/2018-04-12/singapore-favors-organic-policy-in-move-toward-open-banking.

[23] Id.

不可再授權、可撤回的條件下授權開發者接觸、重製及使用星展銀行透過API及沙盒所提供之資料為其研發網頁或行動裝置應用程式使用，且星展銀行僅於標示其資料來源之用途下授權開發者使用其商標[24]。又開發者僅得於內部研發目的使用星展銀行所提供關於研發資訊之元數據與輔助訊息[25]。由上述可知，若第三方金融科技業者已於該星展銀行之沙盒中實際運行所設計之應用程式且欲對外為商業上使用，應須再另行與星展銀行締約。

此外，新加坡政府為鼓勵各方新興金融科技業者至新加坡發展，於2018年4月26日針對金融科技專利發布專利申請之加速審查（FinTech Fast Track），只要符合以下要件，金融科技業者最快可於6個月內取得專利權[26]：1.該專利內容與金融科技有關；2.須於新加坡為首次申請；3.同一日提出專利核准申請與實體審查申請；4.申請案中之請求項須等於或少於20項；5.申請人需於收到不利之形式審查報告（formalities examination adverse report）後20日內回覆；6.申請人需於收到書面意見（written opinion）後2個月內答辯；7.於提出申請時同時提出聲明該申請案與金融科技相關且標記為加速審查之文件。

（四）小結

由上述可知，英國由於採取強制開放之政策，於OBIE所發布之相關授權條款中原則係採取API提供者、API使用者及OBIE間免費授權三方使用彼此之智慧財產權，使第三方金融科技業者得直接利用開放API所提供之消費者資料研發新型態金融服務產品；而香港及新加坡因採取較為緩和之鼓勵開放模式，現階段第三方金融科技業者得以免費使用銀行所開放之API研發、設計以及於沙盒中嘗試運行新型態融服務產品，惟其後欲於市場上推出為商業化運用時，各第三方金融科技業者仍須與個別API提供銀

---

[24] DBS Developers, Developer Terms, https://www.dbs.com/dbsdevelopers/devterms.html (last visited Jan. 17, 2019).

[25] *Id.*

[26] Intellectual Property Office of Singapore, Launch of FinTech Fast Track Initiative: An Accelerated File-to-Grant Service for Financial Technology Patent Applications, p. 1 (2018).

行洽談合作及授權事宜，可以想見其間就該應用程式獲利之利潤分配、銀行客戶資料之授權對價及雙方之智慧財產權歸屬等應會再行協商約定。

三、我國開放銀行下之智慧財產權保護

我國對於開放銀行相關政策目前尚在研擬階段，然金融監督管理委員會表示目前傾向採類似香港、新加坡之模式，以自願自律方式推動開放銀行[27]。於採取市場自律推動之情形下，金融科技業者欲與傳統銀行搭上此波開放銀行浪潮，開創新一波商機，如何以智慧財產權保障其研發即為開放銀行下不可迴避之重要議題。以下即對我國開放銀行下可能涉及之智慧財產權相關議題為介紹。

（一）著作權—電腦程式著作及編輯著作

1. 電腦程式著作

按著作權法第10條前段規定：「著作人於著作完成時享有著作權。」同法第5條第1項第10款規定：「本法所稱著作，例示如下：十、電腦程式著作。」而就何謂電腦程式著作，經濟部智慧財產局（下稱「智財局」）於其2018年3月8日電子郵件字第1070308號函中表示：「具有『原創性』（為著作人自行獨立創作，非抄襲他人者）及『創作性』（作品須符合一定之「創作高度」）等二項要件，即屬受著作權法保護之著作。……程式碼應屬著作權法上所稱之『電腦程式著作』，即指『直接或間接使電腦產生一定結果為目的所組成指令組合之著作』。」然用來撰寫電腦程式所用的程式語言（如COBOL、BASIC、FORTRAN、C++、JAVA）、程式語言用法上的規則和程式演算法（program algorithm）等，由於皆非「直接或間接使電腦產生一定結果為目的所組成指令」，所以並非電腦程式著作[28]。

---

[27] 黃郁芸，「金管會揭露開放銀行進展，將定API標準，傾向採用自律，由銀行自願參加」，iThome，2019年1月11日，https://ithome.com.tw/news/128204；葉憶如、邱金蘭，「開放銀行有譜兩方式研議」，經濟日報，2018年10月26日，https://money.udn.com/money/story/5613/3443213。

[28] 智財局2008年5月9日電子郵件字第970509a號函。

　　因此，如金融科技業者研發出新型態之軟體或應用程式以處理、運算透過開放API所取得之消費者資料，只要其所撰寫之程式碼爲其所獨立創作且具有一定之創作性，則該程式碼於完成創作時即可受到著作權法保護。該著作若爲自然人之著作，則其著作財產權可存續於著作人之生存期間及其死亡後五十年；若爲法人之著作，則可存續至其著作公開發表後五十年[29]。

　　然須注意者係，電腦程式係創作者以程式碼撰寫，再轉換爲機器硬體可以讀取之數位格式，前者稱爲原始碼，後者稱爲目的碼，而因原始碼與目的碼係軟體程式之一體兩面，爲同一電腦程式著作之表達，兩者應視爲同一著作[30]。此外，亦應注意到電腦程式以著作權法保護，有其侷限。蓋依著作權法第10條之1規定：「依本法取得之著作權，其保護僅及於該著作之表達，而不及於其所表達之思想、程序、製程、系統、操作方法、概念、原理、發現。」亦即著作權法僅保護「表達」，而不保護「表達」所隱含之「觀念」、「方法」或「功能」等。故著作權法僅賦予著作財產權人禁止他人以相同程式碼重製其電腦程式，不能禁止他人以全然不同文字或數碼之「表達」，撰寫「功能」相同之電腦程式[31]，或於未爲抄襲下獨立創作出相同功能之電腦程式。

　　此外，金融科技業者亦得於其軟體或應用程式中加入防盜拷措施以事前防止他人盜用其心血。按著作權法第3條第1項第18款說明，所謂「防盜拷措施」係指著作權人所採取有效禁止或限制他人擅自進入或利用著作之設備、器材、零件、技術或其他科技方法。復依著作權法第80條之2第1項，該著作權人所採取禁止或限制他人擅自進入著作之防盜拷措施，未經合法授權不得予以破解、破壞或以其他方法規避之，違反者依著作權法第90條之3應對著作權人負賠償責任。

---

[29] 著作權法第30條第1項及第33條前段。

[30] 智慧財產法院103年度民著上字第12號民事判決；亦可見章忠信，電腦程式之保護，著作權筆記，2010年1月14日，http://www.copyrightnote.org/ArticleContent.aspx?ID=54&aid=2219。

[31] 章忠信，同前註；亦可見智財局2018年3月8日電子郵件字第1070308號函：「乙遊戲與甲遊戲所呈現之英雄角色的技能、道具功能相同，惟係以不同的程式語言或同一語言不同之程式碼撰寫的電腦程式，仍屬以不同『表達方式』表達相同的觀念或構想，尚不生侵害著作權的問題。」

2. 編輯著作

　　按著作權法第7條第1項規定：「就資料之選擇及編排具有創作性者為編輯著作，以獨立之著作保護之。」亦即就增刪、組合、整理或編排資料而成之編著，如其就資料之選擇及編排，符合「原創性」及「創作性」兩要件，即屬受著作權法保護之「編輯著作」[32]。故金融科技業者除就其所創作之軟體或應用程式之程式碼得受著作權法保護外，若其將透過API取得之消費者資料另以獨特方式加以選擇與編排，該編製而成之著作亦得受著作權法保護。然須注意者係，若其僅就大量資料重新登打、整理，但其選擇或編排不具創作性者，則不屬於編輯著作，而無法受到著作權法保護[33]；易言之，著作權法係保護著作之創作性而不保護辛勤原則（sweat of brow），若無最起碼之人類精神智慧投入，縱使花費龐大之勞力、物力與時間，仍無法受著作權保護[34]。又編輯著作其受著作權保護標的，為著作人對資料之選擇及編排而具有創作性之部分，並未及於著作人所選擇或編排之資料本身[35]，故縱使該金融科技業者已取得編輯著作權，於契約內無另有約定之情形下，亦無礙銀行將其所有資料再行提供予他人加以編輯利用。

　　此外，著作權法將「編輯著作」所「選擇及編排」之對象定為「資料」，是因被收編之對象不限於「著作」，也包括非屬「著作」的「資料」[36]，故縱使銀行透過開放API所提供之資料非屬著作權法之著作，亦無礙金融科技業者取得其編輯著作權。然而，若銀行透過開放API所提供之資料已經其以具原創性之方式加以選擇與編排而取得編輯著作權，則依著作權法第28條前段，著作人專有將其著作改作成衍生著作或編輯成編輯著作之權利，故金融科技業者若欲對銀行所有之編輯著作再加以編製，因可能已涉及對銀行所屬著作加以「改作」，金融科技業者應與API提供銀行就此部分之授權或權利歸屬等為相關約定，以免日後引發爭議。然若

---

[32] 智財局智著字第10200034430號函。
[33] 智財局電子郵件字第1020110b號函。
[34] 章忠信，編輯著作之侵害？，著作權筆記，http://www.copyrightnote.org/ArticleContent. aspx?ID=3&aid=658（最後瀏覽日期：2019/01/11）；亦可見最高法院91年度台上字第940號民事判決。
[35] 最高法院104年度台上字第1654號民事判決。
[36] 章忠信，「編輯著作」之保護，著作權筆記，2013年9月12日，http://www.copyrightnote.org/ArticleContent.aspx?ID=9&aid=2605。

銀行係將其編輯著作與據以編輯之資料一同提供予金融科技業者，而金融科技業者僅就銀行所提供資料自行編輯，則自無涉對銀行所屬編輯著作之「改作」問題，惟金融科技業者應就其創作過程加以留存，以免未來發生爭議時，無法就其為自行創作之事實加以舉證。

（二）專利權－電腦軟體專利

　　金融科技業者研發出新型態之軟體或應用程式以處理、運算透過開放API所取得之消費者資料，其所撰寫之程式碼除得以著作權加以保護外，亦可能得以專利法加以保護。按專利法第21條明言，所謂發明係指利用自然法則之技術思想之創作，其揭示發明必須具有技術性（technical character）[37]，而凡申請專利之發明中電腦軟體為必要者，為電腦軟體相關發明[38]。當電腦程式在執行時，若產生超出程式和電腦間正常物理現象的技術功效，則解決問題之手段的整體可被認為具有技術性；而所謂技術功效，則係指超越程式執行時電腦內部電流電壓改變等物理效果，而使申請專利之發明產生技術領域相關功效[39]。又電腦軟體相關發明之請求項可區分為物之請求項及方法請求項，其中物之請求項包括以裝置、系統、電腦可讀取記錄媒體、電腦程式產品或其他類似標的名稱為申請標的之請求項[40]；而所謂方法請求項，即按照方法的流程記載電腦軟體所執行的步驟或程序[41]。然須注意者係，申請專利之發明僅為程式語言者，因屬人為的計畫安排（artificial arrangement），非利用自然法則，不符合發明之定義[42]，即使在請求項中簡單附加電腦軟體或硬體，亦無法使原本不符合發明之定義的申請標的（如數學公式、商業方法等）被認定符合發明之定義[43]。

　　電腦軟體相關發明與保護程式碼之電腦程式著作不同，蓋著作權僅保

---

[37] 李京叡、謝進忠、顏俊仁、李清祺，電腦軟體相關發明之可專利標的及明確且充分揭露之記載原則，智慧財產權月刊，第172期，頁7（2013）。
[38] 經濟部智慧財產局，專利審查基準彙編，2014年版，頁2-12-1（2019）。
[39] 同前註。
[40] 同前註。
[41] 同前註，頁2-12-6。
[42] 同前註，頁第2-12-2。
[43] 同前註，頁2-12-3。

護理念之外在表現形式，而不及於理念之具體實施步驟，亦即著作權法無法禁止他人以不同之程式碼撰寫功能相同之電腦程式，然專利法則不排除對於電腦程式「功能」之保護[44]。另外，依專利法第52條第3項，發明專利權之期限為自申請日起算二十年屆滿。總而言之，雖取得專利權之門檻較高，然專利法對於電腦程式可給予較著作權法更強之保護，但其保護期間則較著作權為短。

另須注意者係，無論申請人最後是否順利取得發明專利，依專利法第37條第1項，智財局於申請人提出申請後18個月即應將申請案予以公開，此項制度係為防止他人投入無謂之勞費研發他人已申請之發明。因此，若該技術最後無法取得專利權，恐無法防堵他人依早期公開內容撰寫類似功能之電腦程式，故金融科技業者於評估是否將其研發申請專利時，亦應考量上述風險。

（三）營業秘密法

按營業秘密法第2條規定：「本法所稱營業秘密，係指方法、技術、製程、配方、程式、設計或其他可用於生產、銷售或經營之資訊，而符合左列要件者：一、非一般涉及該類資訊之人所知者。二、因其秘密性而具有實際或潛在之經濟價值者。三、所有人已採取合理之保密措施者。」故金融科技業者若未將其所研發之應用程式申請專利，只要該程式具有秘密性、經濟性及已採取合理保護措施，亦得考慮以營業秘密法加以保護，且只要該程式持續符合上述營業秘密三要件，其保護期間並無限制。

然而，如若發生侵權情事，金融科技業者欲對侵權者提起侵害營業秘密之訴訟時，需對於該程式屬於營業秘密且其擁有該營業秘密負起舉證責任[45]；然該程式若已取得專利權，則當侵權者欲主張其專利有應撤銷之原因時，則係由侵權者負起專利無效之舉證責任[46]。且營業秘密法亦非如專

---

[44] 參見同前註，頁2-12-1；章忠信，前揭註30。

[45] 參見智慧財產法院107年度刑智上訴字第24號刑事判決：「自訴人係主張自證4之設計圖為其營業秘密，並非主張報價內容為其營業秘密，自應就該設計圖內容具有何等秘密性及經濟價值，負舉證之責任。」

[46] 參見最高法院100年度台上字第986號民事判決：「按當事人主張專利權有應撤銷之原因，依法應由其負舉證責任。」

利法賦予專利權人專有排他之權利，而無法禁止他人自行開發出相同或相容功能之程式[47]。故金融科技業者於評估將其研發以專利或是營業秘密加以保護時，即應將上述因素同時納入考量。而金融科技業者若選擇以營業秘密之方式保護其程式，即應於研發過程中留存其研發紀錄，並採取適足之保密措施（如：設置檔案密碼、限制檔案存取權限等等）以免未來於訴訟中遭到不利之認定。

（四）公平交易法─足以影響交易秩序之顯失公平行為

金融科技業者就其就透過API所取得之消費者資料另以獨特方式加以選擇與編排之著作除得受著作權法保護外，亦可能得受公平交易法予以保護。按公平交易法第25條規定：「除本法另有規定者外，事業亦不得為其他足以影響交易秩序之欺罔或顯失公平之行為。」復依行政院公平交易委員會公處字第100059號處分書亦明言：「所稱『顯失公平』，係指以顯失公平之方法從事競爭或商業交易，其具體內涵包括不符合商業競爭倫理之不公平競爭行為，而系爭行為是否構成不公平競爭，可從交易相對人間之交易行為，以及從市場上之效能競爭是否受侵害加以判斷，倘事業之行為已違反效能競爭原則，而使市場上公平競爭本質受到侵害，對於其他遵守公平競爭本質之競爭者而言，則構成顯失公平。……是倘事業不思創作及努力，逕以高度抄襲方式榨取它事業投入相當努力所建置之網站或資料庫資料，該等榨取他人努力成果之行為，侵害以品質、價格、服務等效能競爭本質之公平競爭，其行為從而具有商業競爭倫理非難性而構成（舊）公平交易法第24條之違反。」並經最高行政法院102年度裁字第398號行政裁定予以肯認。而違反上開規定者，依公平交易法第42條規定，主管機關得限期令停止、改正其行為或採取必要更正措施，並得處新台幣5萬元以上2,500萬元以下之罰鍰。

此外，依行政罰法第26條第1項前段及第2項規定：「一行為同時觸犯刑事法律及違反行政法上義務規定者，依刑事法律處罰之。」、「前項

---

[47] 章忠信，前揭註30。

行為如經不起訴處分、緩起訴處分確定或為無罪、免訴、不受理、不付審理、不付保護處分、免刑、緩刑之裁判確定者，得依違反行政法上義務規定裁處之。」亦即法院若已依著作權法對侵權人為刑事處罰，則公平交易委員會即無法再以公平交易法對該侵權人予以罰鍰；然而，若該侵權人就違反著作權法部分經檢察官為不起訴處分，金融科技業者尚可考慮請求公平交易委員會依公平交易法第25條及第42條要求該侵權人停止其行為並予以裁罰[48]。

四、結語

　　開放銀行無疑係促使更多金融科技業者得投入金融服務市場與傳統銀行為合作、競爭，為長期受傳統銀行掌握之金融服務市場注入一股活水。對於這些金融科技業者而言，欲於這波競爭浪潮中脫穎而出，所依賴者無非係其創新之思維而得提供與眾不同之金融服務。因此，事前完整之智慧財產權布局即為所有金融科技業者保障其新創競爭力不可忽視之重要議題。對於銀行而言，未來的金融服務市場或許將不再以銀行為主力服務者，銀行若欲與金融科技業者共創雙贏，除應確保其合作項目得受相關智慧財產權保障外，亦應於合作過程中就雙方所產出之各項智慧財產權權利歸屬、授權條件、合作結束後雙方就合作期間產出之智慧財產權為後續研發利用等相關事項為約定，以維雙方權益。對於消費者而言，良性競爭的市場則可促使更多新創金融服務商品的產生，使其得以享受更加便利、細緻、新穎的金融服務。雖然我國之開放銀行政策尚在研擬階段，然亦無礙許多銀行與金融科技業者已看到其中利基而紛紛投入，為我國之金融服務市場打開新的篇章。

---

[48]　參見行政院公平交易委員會公處字第100059號處分書。

國家圖書館出版品預行編目資料

變革中的金融科技法制／谷湘儀，臧正運編
審. -- 初版. -- 臺北市：五南，2019.06
面；　公分
ISBN 978-957-763-450-4（平裝）

1.金融業　2.金融管理　3.金融自動化

562.029　　　　　　　　　108008463

4U14

變革中的金融科技法制

編　　審 ─ 谷湘儀律師、臧正運博士（447）

出 版 者 ─ 協合國際法律事務所

地　　址：110台北市信義區信義路五段8號5樓

電　　話：(02)2729-8000

總 經 銷 ─ 五南圖書出版股份有限公司

地　　址：106台北市大安區和平東路二段339號4樓

電　　話：(02)2705-5066　　傳　　真：(02)2706-6100

網　　址：http://www.wunan.com.tw

電子郵件：wunan@wunan.com.tw

劃撥帳號：01068953

戶　　名：五南圖書出版股份有限公司

出版日期　2019年6月初版一刷
　　　　　2020年9月初版三刷

定　　價　新臺幣400元